법의 정신 3-2

나남
nanam

한국연구재단 학술명저번역총서
서양편 441

법의 정신 2

2023년 6월 15일 발행
2023년 6월 15일 1쇄

지은이　　몽테스키외
옮긴이　　진인혜
발행자　　趙相浩
발행처　　(주) 나남
주소　　　10881 경기도 파주시 회동길 193
전화　　　(031) 955-4601 (代)
FAX　　　(031) 955-4555
등록　　　제 1-71호 (1979. 5. 12)
홈페이지　http://www.nanam.net
전자우편　post@nanam.net

ISBN 978-89-300-4139-3
ISBN 978-89-300-8215-0 (세트)

책값은 뒤표지에 있습니다.

'한국연구재단 학술명저번역총서'는 우리 시대 기초학문의 부흥을 위해
한국연구재단과 (주)나남이 공동으로 펼치는 서양명저 번역간행사업입니다.

한국연구재단
학술명저번역총서
441

법의 정신 2

몽테스키외 지음
진인혜 옮김

De l'esprit des lois

par

Montesquieu

차례

제 3 부

풍토의 성질과 법의 관계

제 14편

제18편 토지의 성질과 법의 관계

제 19편 국민의 일반정신, 풍속, 생활양식을 형성하는 원리와 법의 관계

제 4부

상업의 본질 및 특성과 법의 관계

제 20편

3권 차례

제5부

제6부

제3부

풍토의 성질과 법의 관계

제1장 : 개요

정신적 특징과 마음의 정념이 다양한 풍토에 따라 매우 다른 것이 사실이라면, 법은 이 정념과 특징의 차이에 관련되어야 한다.

제 2장 : 인간은 다양한 풍토에 따라 얼마나 다른가

찬 공기는 우리 몸 외부 섬유질의 말단을 수축시킨다.[1] 또한 그것은 섬유질의 탄력을 증가시키고 말단에서 심장으로 피가 돌아가는 것을 도와준다. 그리고 이 섬유질들의 길이를 축소시킨다.[2] 그로 인해 섬

---

1   그것은 눈으로 보아도 그렇게 보인다. 추울 때는 사람이 더 야위어 보인다.
2   우리는 그 때문에 철의 길이가 짧아진다는 것을 알고 있다.

유질의 강도가 증대된다. 반대로 더운 공기는 섬유질의 말단을 이완시키고 늘어나게 한다. 따라서 그 강도와 탄력을 감소시킨다.

그러므로 추운 풍토의 사람들은 체력이 더 강하다. 심장의 작용과 섬유질 말단의 반작용이 더 잘 이루어지고, 체액의 균형이 더 잘 유지되고, 피는 심장을 향해 더 힘차게 움직이고, 심장도 더 힘이 세다. 이렇게 더 큰 힘은 당연히 많은 결과를 가져다준다. 예를 들어 자기 자신을 더 많이 신뢰하고(즉 용기가 더 많고), 자신의 우월성을 더 잘 알고(즉 복수욕이 더 적고), 자신이 안전하다는 생각을 더 많이 한다(즉 더 솔직하고 의심이나 전략이나 술책이 더 적다). 요컨대 풍토는 아주 다른 성격을 만들어 내는 것이 틀림없다.

어떤 사람을 더운 방에 가두어 놓아 보라. 그는 내가 방금 말한 이유로 심장 쇠약이 대단히 심해서 고통 받을 것이다. 그런 상황에서 그에게 대담한 행동을 하라고 제안한다면, 그에게 그럴 의향이 거의 없음을 발견하게 될 것이다. 그런 그의 나약함은 영혼을 의기소침하게 만들 것이다. 그는 아무것도 할 수 없다고 느끼기 때문에 모든 것을 두려워할 것이다.

더운 나라의 민족은 노인들처럼 소심하다. 추운 나라의 민족은 젊은이들처럼 용감하다. 먼 과거의 일은 세세하게 알 수 없지만, 우리 눈앞에 가장 가까이 있어서 사소한 결과를 더 잘 볼 수 있는 최근의 전쟁[3]에 주목해 보자. 그러면 남쪽 지방으로[4] 옮겨진 북방 민족은 그

---

3   스페인 왕위계승 전쟁.
4   예를 들면 스페인으로.

들 고유의 풍토에서 싸우면서 모든 용기를 발휘했던 동포만큼 훌륭한 행동을 하지 못했음을 알게 될 것이다.

북방 민족의 강한 섬유질은 입자가 가장 거친 즙의 형태로 음식에서 양분을 취한다. 여기서 두 가지 결과가 초래된다. 하나는 유미(乳糜) (1)나 림프의 표면이 넓어서 그것들이 섬유질에 달라붙어 양분을 제공하기에 더 적합하다는 것이다. 그리고 다른 하나는 그것들의 입자가 거칠기 때문에 신경 체액에 섬세함을 제공하기에는 적합하지 않다는 것이다. 따라서 이런 민족은 몸집은 크지만 민첩하지 못하다.

온 사방에서 우리의 피부 조직에 이르는 신경은 각각 신경다발을 이루고 있다. 보통 움직이는 것은 모든 신경이 아니라 그중 극히 작은 부분이다. 더운 지방에서는 피부 조직이 느슨해져 있으므로 가장 나약한 대상의 가장 작은 움직임에도 신경의 말단이 열리고 노출된다. 추운 지방에서는 피부 조직이 수축하고 돌기들이 압축된다. 말하자면 작은 신경얼기들도 마비되어 있다. 감각이 극도로 강할 때, 그리고 신경 전체에 관련될 때를 제외하고는 뇌에까지 전해지지 않는다. 그러나 상상력, 취향, 감수성, 민첩함은 무수한 작은 감각에 의존하는 것이다.

나는 양(羊)의 혀에서 육안으로는 돌기로 덮인 듯이 보이는 부분의 외부 조직을 관찰했다. 현미경으로 보니, 이 돌기 위에 작은 털, 일종의 솜털 같은 것이 보였다. 그리고 돌기들 사이에는 끝이 작은 붓처럼 생긴 피라미드 모양이 있었다. 이 피라미드들이 필시 미각의 주요 기관인 것 같았다.

나는 이 혀의 절반을 얼려 보았다. 그랬더니 육안으로 보기에도 돌기들이 상당히 작아진 것을 알 수 있었다. 심지어 돌기 몇 줄은 아예 피막 속으로 들어가 버렸다. 나는 현미경으로 그 조직을 살펴보았지만, 피라미드 모양은 더 이상 보이지 않았다. 혀가 녹아감에 따라 돌기들이 다시 일어서는 것이 육안으로도 보였다. 현미경으로 보니, 작은 신경얼기들이 다시 나타나기 시작했다.

이 관찰은 앞에서 내가 말한 것, 즉 추운 지방에서는 신경얼기들이 잘 열리지 않는다는 것을 확인시켜 준다. 그것은 피막 속에 파묻혀 외부 대상의 움직임으로부터 차단되어 있다. 따라서 감각이 별로 활발하지 않다.

추운 지방에서는 사람들에게 쾌락에 대한 감수성이 별로 없을 것이고, 온화한 지방에서는 더 많을 것이고, 더운 지방에서는 극도에 달할 것이다. 위도에 따라 기후를 구분하는 것처럼, 감수성의 정도에 따라서도 기후를 구분할 수 있을 것이다. 나는 영국과 이탈리아에서 똑같은 배우들이 공연하는 똑같은 오페라를 본 적이 있다. 그러나 똑같은 음악이 두 나라 국민에게 믿기 힘들 만큼 전혀 다른 효과를 초래했다. 영국인은 아주 침착했고, 이탈리아인은 몹시 열광했다.

고통에 대해서도 마찬가지일 것이다. 우리의 고통은 육체의 어떤 섬유질이 찢어지는 것에서 유발된다. 자연의 조물주는 상처가 클수록 고통이 강하도록 정해 놓았다. 그런데 북방 민족의 큰 몸집과 거친 섬유질은 더운 지방 민족의 섬세한 섬유질보다 상처가 잘 나지 않는다는 것은 명백하다. 따라서 그곳 사람들의 영혼은 고통에 더 둔감하다. 모스크바 사람에게 고통을 느끼게 하려면 살가죽을 벗겨야 할 것이다.

더운 지방 사람들이 가진 이러한 섬세한 기관 덕분에 그들의 영혼은 남녀의 결합에 관련된 모든 것에 극도로 흥분한다. 모든 것이 그 목표를 향한다.

북방의 풍토에서는 사랑의 생리적 측면이 거의 힘을 발휘하지 못해 이를 잘 느낄 수 없다. 온화한 풍토에서는 사랑에 수많은 부속물이 동반되므로, 처음에는 사랑 그 자체인 것 같지만 아직은 사랑이 아닌 여러 가지 사항에 의해 사랑이 유쾌한 것이 된다. 그리고 더 더운 풍토에서는 사람들이 사랑 그 자체를 좋아한다. 사랑은 행복의 유일한 이유이고 생명이 된다.

남쪽 지방에서는 섬세하고 나약하며 감각적인 육체가 사랑에 몰두한다. 후궁에서 끊임없이 생겨났다가 가라앉는 사랑, 여자들에게 좀 더 많은 독립성을 부여하면서 수많은 분쟁에 노출되는 사랑에 말이다. 북쪽 지방에서는 건강하고 크며 둔감한 육체가 정신을 움직이게 하는 모든 행위, 즉 사냥, 여행, 전쟁, 음주 등에서 쾌락을 찾는다. 북쪽의 풍토에서는 악덕은 거의 없고 덕성을 충분히 지니고 있으며 매우 성실하고 솔직한 사람들을 보게 될 것이다. 남쪽 지방으로 다가가면, 사람들이 도덕 자체로부터 멀어지는 것처럼 보일 것이다. 더 강한 정념이 범죄를 증가시키고, 모두가 그 정념을 조장시킬 수 있는 이점을 남보다 더 많이 차지하려고 애쓸 것이다. 온화한 지방에서는 예의범절, 악덕, 덕성이 유동적인 사람들을 보게 될 것이다. 그곳의 풍토는 그런 것들 자체를 고정시킬 만큼 확고한 성질을 가지고 있지 않다.

육체가 완전히 무력해질 정도로 더위가 심해질 수 있다. 그때는 쇠약함이 정신 자체에도 영향을 미쳐서, 어떤 호기심도 어떤 고귀한 계획도 어떤 관대한 감정도 없을 것이다. 그런 곳에서는 성향이 완전히 수동적이고, 게으름이 행복이 될 것이다. 대부분의 형벌도 영혼의 활동보다 더 견디기 쉬울 것이고, 노예 상태도 스스로 행동하는 데 필요한 정신력보다 힘들지 않을 것이다.

제3장 : 어떤 남방 민족의 모순적 성격

인도인들은 원래 용기가 없다.[5] 인도 지역에서 태어난 유럽인의 아이들조차 자신들의 풍토가 지닌 용기를 잃어버린다.[6] 그러나 그들의 잔인한 행동, 그들의 관습, 그들의 야만적 고행을 어떻게 이것과 일치시킬 수 있을까? 인도의 남자들은 믿을 수 없는 재난에 순응하고, 여자들은 자기 자신을 불에 태운다. 거기에 바로 나약함에 버금가는 강인함이 있다.

자연은 이 민족에게 그들을 겁쟁이로 만드는 나약함을 주었지만, 또한 모든 것이 그들에게 극단적으로 강한 인상을 줄 만큼 강렬한 상상력도 주었다. 이러한 예민한 기관 때문에 그들은 죽음을 두려워하

---

5 "백 명의 유럽 병사들은 천 명의 인도 병사들을 큰 어려움 없이 무찌를 것이다"라고 타베르니에(Tavernier, 17세기 프랑스의 인도 무역 개척자이자 여행가__옮긴이 주)는 말한다.

6 인도 지역에 정착하는 페르시아인도 3대째에 이르면 인도인의 무기력과 비겁함을 지니게 된다. 베르니에(François Bernier, 1620~1688, 프랑스의 여행가이자 의사이며 철학자__옮긴이 주), 《무굴제국에 대하여》, 제1권, 282쪽 참조.

지만, 또한 바로 그것 때문에 수많은 것들을 죽음보다 더 두려워하기도 한다. 그들이 모든 위험을 회피하게 하는 것도, 모든 위험에 용감히 맞서게 하는 것도 다 똑같은 감수성이다.

정신적으로 성숙한 사람보다 아이들에게 좋은 교육이 더 필요한 것처럼, 우리 풍토의 민족보다 이런 풍토의 민족에게 더 현명한 입법자가 필요하다. 쉽고 격하게 강한 인상을 받는 사람일수록, 적절한 방법으로 인상을 받아들이고 편견을 받아들이지 말고 이성에 의해 인도되는 것이 중요하다.

로마 시대에 유럽의 북방 민족은 기술도 교육도 없고, 법도 거의 없이 살고 있었다. 그러나 오직 그 풍토의 거친 섬유질에 결부된 양식(良識)에 의해 그들은 놀라운 지혜를 가지고 로마의 권력에 맞서 자신을 지켰고 마침내 그들의 숲에서 나와 로마의 권력을 무너뜨렸다.

제 4장 : 동방의 종교, 풍속, 생활양식, 법률의 불변성의 원인

동양의 민족에게 가장 강한 인상을 받게 하는 이 나약한 기관에다가 육체의 게으름에 자연히 연결되는 정신의 게으름, 즉 정신이 어떤 행동도 노력도 긴장도 할 수 없게 만드는 정신의 게으름을 덧붙인다면, 일단 어떤 인상을 받아들인 영혼은 더 이상 그것을 바꾸지 못한다는 것을 이해할 수 있을 것이다. 바로 그 때문에 오늘날 동양의 법률, 풍속,7 생활양식, 심지어 옷 입는 방식과 같이 사소하게 보이는 생활양

---

7 콘스탄티노스 포르피로옌니토스가 기록한 다마스쿠스의 니콜라오스의 단편을 보

식까지도 천 년 전과 같다.

제 5장 : 나쁜 입법자는 풍토의 악습을 조장하고
　　　　좋은 입법자는 이에 저항한다

인도인은 휴식과 무(無)가 만물의 토대이고 만물이 귀결되는 결말이라고 믿는다. 따라서 그들은 완전한 무위(無爲)를 가장 완전한 상태이자 욕망의 목표로 여긴다. 그들은 최고의 존재8에게 부동(不動)이라는 다른 이름을 부여한다. 샴 사람들은 최고의 행복은 불가피하게 기관을 작동시키거나 몸을 움직일 필요가 없는 데에 있다고 믿는다. 9

　과도한 더위가 사람들을 무기력하게 만들고 괴롭히는 이들 나라에서는 휴식이 너무도 달콤하고 움직이는 것은 몹시 괴로우므로 그런 형이상학 체계가 자연스러워 보인다. 인도의 입법자 석가모니는 인간을 극도로 수동적인 상태로 놓았을 때 자신이 느낀 바를 따른 것이다. 10 그러나 풍토의 게으름에서 생겨난 이 교리가 다시 게으름을 조

　　면, 동양에서 마음에 들지 않는 통치자의 목을 조르도록 암살자를 보내는 것은 오래된 관습이었다. 그것은 메디아(현재의 이란 북서부에 있었던 고대 국가와 고대 이란인을 부르는 이름_옮긴이 주) 시대의 관습이었다.

8　파나마낙(Panamanack). 키르허(Kircher, 17세기 독일 태생의 예수회 성직자이자 학자_옮긴이 주) 참조.

9　라 루베르(Simon de La Loubère, 1642~1729, 프랑스의 시인이자 외교관으로 루이 14세의 샴 특파원이었다_옮긴이 주), 《샴 왕국 견문기》, 446쪽.

10　석가모니는 마음을 완전히 비우고자 한다. "우리는 눈과 귀를 가지고 있으나, 완전함은 보지도 듣지도 않는 것에 있다. 입, 손, 그 밖의 것도 마찬가지이다. 완전함이란 이런 사지를 움직이지 않는 것이다." 이것은 중국의 한 철학자의 대화에서

장하고 수많은 악습을 야기했다.

　중국의 입법자들은 더 분별력이 있었다. 언젠가 이르게 될 평화로운 상태가 아니라 생활의 의무를 완수하게 하는 데 적합한 행동으로 인간을 고찰함으로써 그들의 종교와 철학과 법을 매우 실용적인 것으로 만들었으니 말이다. 신체적 원인이 사람을 휴식으로 이끌면 이끌수록 정신적 원인은 휴식에서 멀어지게 해야 한다.

제6장 : 더운 풍토에서의 토지 경작

토지 경작은 인간의 가장 중요한 노동이다. 풍토 때문에 사람들이 이 노동을 피하려 할수록 종교와 법은 그것을 북돋아야 한다. 그러므로 토지를 군주에게 부여함으로써 개인에게서 소유권의 정신을 빼앗는 인도의 법은 풍토의 나쁜 결과, 즉 자연적 게으름을 증가시킨다.

제7장 : 수도원 제도

수도원 제도도 농업에 똑같은 폐해를 준다. 그것은 사람들이 행동보다는 사변(思辨)으로 향하는 동양의 더운 나라에서 생겨난 것이다. 아시아에서는 수도승이나 수도자의 수가 풍토의 더위와 함께 증가하는 것 같다. 더위가 극심한 인도는 수도승들로 가득하다. 유럽에서도 이와 똑같은 차이를 볼 수 있다.

―――

　인용한 것으로, 뒤 알드 신부가 제3권에서 이야기하고 있다.

풍토로 인한 게으름을 극복하기 위해서는 노동 없이 생활하는 모든 수단을 법을 통해 없애도록 애써야 한다. 그러나 유럽의 남부 지방에서는 법이 정반대의 일을 한다. 즉, 법은 아무 일도 안 하고 싶은 사람들에게 사변적 생활에 알맞은 지위를 부여하고 거기에 막대한 부를 결부시킨다. 부담스러울 정도의 풍요 속에서 생활하는 이 사람들이 잉여분을 하층민에게 주는 것은 당연한 일이다. 하층민은 재산의 소유권을 잃었는데, 그들은 하층민에게 무위를 즐기게 함으로써 그에 대해 보상해 준다. 그래서 하층민은 자신의 가난 자체를 좋아하게 된다.

제8장 : 중국의 좋은 관습

중국 견문기11는 해마다 황제가 밭갈이를 시작하는 의식에 대해 이야기한다.12 이 공식적이고 공개적인 행동을 통해 사람들에게 농사일을 부추기고자 한 것이다.13

게다가 황제는 매년 가장 뛰어난 수확을 한 농부에 대해 보고를 받고, 그를 제8급의 관리로 삼는다.

고대 페르시아에서는 '코렘-루즈'(Chorrem-ruz) 라고 불리는 달의

---

11 뒤 알드 신부, 《중국 제국에 대한 묘사》, 제2권, 72쪽.

12 인도 지역의 몇몇 왕들도 똑같이 한다. 라 루베르, 《샴 왕국 견문기》, 69쪽.

13 제3왕조의 제3대 황제 문제(한나라 황제 문제를 말하는 것인데, 제17편 제5장 각주 5에서는 제5왕조의 제5대 황제라고 말한 것으로 보아 여기서는 몽테스키외가 잠시 착각한 것으로 판단된다_옮긴이 주)는 직접 토지를 경작했고, 궁정에서 황후와 후궁들에게 명주실을 잣게 했다. 《중국 제국에 대한 묘사》.

제 8일에 왕이 호사를 버리고 농부들과 함께 식사했다. 14 이런 제도는 농업을 장려하기에 매우 좋다.

제 9장 : 산업을 장려하는 방법

나는 제 19편에서 게으른 민족이 대개 교만하다는 것을 보여줄 것이다. 그런데 결과가 원인에 반대로 작용하여 교만함으로 게으름을 없앨 수도 있다. 사람들이 명예와 관련된 일을 매우 중시하는 유럽의 남부 지방에서는 밭을 가장 잘 경작한 농부나 자신의 생업에서 가장 진보를 이룬 장인에게 상을 주는 것이 좋다. 이런 방법은 어느 나라에서든 성공할 것이다. 이 방법은 오늘날 아일랜드에서 유럽의 가장 중요한 직물 공장이 설립되는 데에도 도움이 되었다.

---

14 하이드(Thomas Hyde, 17세기 영국의 동양학자__옮긴이 주), 《페르시아인의 종교》.

제 10장 : 여러 민족의 절제에 관한 법

더운 지방에서는 땀에 의해 혈액의 수분이 많이 소진된다. 15 따라서 비슷한 액체를 보충해야 하는데, 물을 사용하는 것이 좋다. 독한 술은 수분이 증발한 후에 남는 혈구16를 응고시키기 때문이다.

추운 지방에서는 땀으로 혈액의 수분이 발산되는 일이 거의 없다. 수분은 풍부하게 남아 있다. 따라서 거기서는 알코올이 많이 함유된 음료를 사용해도 혈액이 응고되지 않는다. 그곳 사람들은 체액으로 가득 차 있으므로, 혈액을 움직이게 하는 독한 술이 적절할 수 있다.

따라서 음주를 금지하는 무함마드의 법은 아라비아 풍토의 법이다. 무함마드 이전에도 아랍인의 일반적인 음료는 물이었다. 카르타고인에게 음주를 금지한 법17도 풍토법이었다. 사실 이 두 지방의 풍토는 거의 같다.

이와 같은 법은 추운 지방에는 좋지 않다. 거기서는 풍토가 어느

---

15 베르니에는 라호르에서 카슈미르까지 여행하면서 다음과 같이 썼다. "내 몸이 마치 체 같다. 물 1파인트(옛날의 부피 단위로 0. 93리터에 해당__옮긴이 주)를 마시자마자 손가락 끝에 이르기까지 온 사지에서 이슬처럼 물이 나오는 것이 보인다. 나는 하루에 물을 10파인트나 마시는데, 그래도 전혀 고통스럽지 않다." 베르니에, 《여행기》, 제 2권, 261쪽.

16 혈액 속에는 적혈구, 섬유질 부분, 백혈구, 그리고 이 모든 것이 잠겨 있는 물이 있다.

17 플라톤, 《법률》, 제 2편. 아리스토텔레스, "집안일의 관리에 대하여". 에우세비우스(Eusebius, 265?~339?, 신학자이자 역사가로 313년경 팔레스타인의 고대 도시 카이사레아의 대주교가 되었다__옮긴이 주), 《복음서의 교리에 맞는 준비》, 제 12편, 제 17장.

정도 국민적인 음주벽을 강요하는 것처럼 보이는데, 그것은 개인의 음주벽과는 전혀 다르다. 음주벽은 전 지구상에서 풍토의 추위와 습기에 비례하여 확립되어 있다. 적도에서 북극까지 가 보면, 위도와 함께 음주벽이 증가하는 것을 보게 될 것이다. 또 적도에서 반대 극지방으로 이동해 보면, 음주벽이 북쪽을 향해 전진했던 것처럼 이번에는 남쪽을 향해 나아가는 것을 보게 될 것이다.[18]

음주벽이 개인이나 사회에 별로 나쁜 영향을 끼치지 않고 사람을 광폭하게 만드는 것이 아니라 단지 멍청하게 만드는 데 불과한 나라에 비해, 술이 풍토에 어긋나고 따라서 건강에 해로운 곳에서 지나친 음주가 더 엄격하게 처벌되는 것은 당연한 일이다. 그러므로 술 취한 사람을 그가 저지른 잘못뿐만 아니라 취했다는 이유로 처벌한 법들은[19] 국민적 음주벽이 아니라 개인의 음주벽에만 적용될 수 있었다. 독일인은 관습에 의해서 술을 마시고, 스페인 사람은 선택에 의해 술을 마신다.

더운 나라에서는 섬유질이 느슨해져서 많은 수분이 땀으로 빠져나간다. 그러나 단단한 부분은 잘 소모되지 않는다. 섬유질은 아주 약한 활동만 하고 거의 탄력이 없으므로 별로 소모되지 않는다. 그것을

---

18 이것은 호텐토트족(서남아프리카의 종족_옮긴이 주)과 남쪽에 가장 가까운 칠레 남단의 주민에게서 볼 수 있다.

19 아리스토텔레스《정치학》제 2편 제 3장에 의하면, 피타코스(Pittacos, BC620 ~BC550년에 영리하다고 불린 그리스 7현인 중 한 명으로 현명한 지도자이자 입법자로 이름이 알려졌다_옮긴이 주)가 만든 법이 그러했다. 그는 음주벽이 국민적인 악습이 아닌 풍토에서 살았다.

회복시키기 위한 영양액이 별로 필요하지 않다. 따라서 사람들은 매우 적게 먹는다.

다양한 풍토에서 다양한 욕구들이 여러 가지 생활양식을 만들어 냈다. 그리고 이 다양한 생활양식은 여러 종류의 법을 만들었다. 사람들이 서로 많이 교류하는 국민에게는 그에 알맞은 법이 필요하고, 거의 교류하지 않는 민족에게는 또 다른 법이 필요한 것이다.

제11장 : 풍토병에 관한 법

문둥병에 대한 유대인의 법은 이집트인의 관행에서 빌려온 것이라고 헤로도토스[2]는 말한다. 20 사실 같은 질병은 같은 치료법을 요구했다. 이 법은 질병과 마찬가지로 그리스인과 초기 로마인에게는 생소한 것이었다. 이집트와 팔레스타인의 풍토로 인해 그런 법이 필요했던 것이다. 이 질병이 쉽게 전파되는 것을 생각하면, 그 법의 지혜와 선견지명을 잘 느낄 수 있다.

우리도 그 효과를 경험했다. 십자군이 우리에게 문둥병을 가져왔는데, 현명한 규칙이 제정되어 대중에게 퍼지는 것을 막았다.

롬바르드족의 법을 보면, 21 이 질병이 십자군 이전에 이탈리아에 퍼져서 입법자들의 주의를 끈 것을 알 수 있다. 로타리는 자기 집에서 쫓겨나 특별한 장소에 유폐된 문둥병자는 자기 재산을 마음대로 사용

---

20 제2편.
21 제2편, 제1조 제3항, 제18조 제1항.

할 수 없다고 명령했다. 집에서 쫓겨나는 순간부터 그는 죽은 사람으로 간주되기 때문이었다. 문둥병자와의 모든 접촉을 금지하기 위해, 그를 시민적 권리를 행사하지 못하는 자로 만든 것이다.

나는 이 질병이 그리스 황제들의 정복에 의해 이탈리아에 들어왔다고 생각한다. 그들의 군대 안에 팔레스타인이나 이집트의 병사가 있었을 것이다. 어찌 되었든 그 병의 전파는 십자군 시대에 이르기까지 저지되었다.

폼페이우스(3)의 병사들이 시리아에서 돌아올 때 문둥병과 거의 흡사한 질병을 가져왔다고 한다. 그 당시 만들어진 어떤 규칙도 지금 우리에게 전해지는 것은 없지만, 롬바르드족의 시대에 이르기까지 그 질병의 전파가 중단되었던 것을 보면 분명 어떤 규칙이 있었을 것이다.

2세기 전에, 우리 선조들이 몰랐던 병(4)이 신세계로부터 우리 세계로 옮겨와서 생명과 쾌락의 근원에서까지 인간을 공격했다. 우리는 남유럽의 가장 훌륭한 가문 대부분이 창피해하기에는 너무 일반적인 것이 되어 버린 이 병, 치명적인 이 병에 의해 무너지는 것을 보았다. 이 병을 영속시킨 것은 황금에 대한 욕망이었다. 사람들은 끊임없이 아메리카로 갔다가 늘 새로운 병균을 가지고 돌아왔다.

경건한 종교적 이유를 내세워 죄에 대한 이 벌을 그대로 내버려 두기를 원한 사람도 있었으나, 이 재앙은 결혼생활의 내부로 들어가 이미 어린아이까지 오염시켰다.

시민의 건강에 신경 쓰는 것은 현명한 입법자가 해야 할 일이므로, 모세 법을 토대로 만들어진 법에 의해 이 병의 전파를 막는 것은 매우 합당한 일이었다.

페스트는 그 피해가 훨씬 더 즉각적이고 빠른 질병이다. 그 본거지는 이집트였는데, 거기서부터 전 세계로 퍼져나간다. 유럽 대부분의 나라에서는 이 병의 침투를 막기 위해 아주 좋은 규칙이 만들어졌다. 그리고 오늘날에는 그것을 차단하는 훌륭한 방법이 고안되었다. 즉, 페스트에 감염된 지방의 주위에 군대를 배치하여 모든 교통을 가로막는 것이다.

그 점에 관해 아무런 단속 규정도 없는 터키인은 같은 도시 안에서도 기독교인은 위험을 모면하고 오직 자신들만 죽어가는 것을 보게 된다.[22] 그들은 페스트 환자의 옷을 사서 입고 평소와 다름없이 살아간다. 그리고 모든 것을 지배하는 엄격한 숙명론은 집정자를 조용한 방관자로 만든다. 그는 신이 이미 모든 것을 행하였으므로 자기가 할 일은 아무것도 없다고 생각하는 것이다.

제 12장 : 자살하는 사람[23]에 대한 법

로마인이 이유 없이 자살했다는 것은 역사상 본 적이 없다. 그러나 영국인은 그런 결심을 할 이유를 전혀 생각할 수 없는데도 자살을 한다. 그들은 심지어 행복한 가운데서도 자살을 한다. 로마인에게 이 행동은 교육의 결과였다. 그것은 그들의 사고방식과 관습에 기인했다. 그런데 영국인에게 이 행동은 질병의 결과이다.[24] 그것은 기관의 건강

---

22 리코트, 《오스만 제국》, 284쪽.
23 자살하는 사람의 행동은 자연법과 계시 종교에 위배된다.

상태에 기인하는 것으로, 다른 모든 이유와는 무관하다.

아마도 신경액 여과의 결함인 것 같다. 육체 기관은 그 원동력이 늘 활동하지 않으면 자기 자신에게 싫증을 내게 된다. 정신은 아무 고통도 느끼지 않지만, 어떤 생존의 어려움을 느끼는 것이다. 고통은 국부적인 질병으로, 우리에게 그 고통이 끝나기를 바라게 한다. 그런데 삶의 중압감은 특정한 환부가 없는 질병으로 우리에게 그 삶이 끝나기를 바라게 한다.

몇몇 나라의 시민법이 자살을 굴욕적인 형벌에 처한 데에는 분명 그만한 이유가 있었다. 그러나 영국에서는 정신이상에서 비롯된 결과를 벌할 수 없는 것과 마찬가지로 자살을 처벌할 수 없다.

제13장 : 영국의 풍토로 인한 결과

풍토병이 영혼을 침범하여 모든 것에 대한 혐오, 삶에 대한 혐오까지 불러올 수 있는 나라에서, 모든 것을 참을 수 없어 하는 사람들에게 가장 알맞은 정체란 그들의 괴로움을 야기하는 것에 대해 한 사람의 책임으로 돌릴 수 없는 정체, 사람보다는 오히려 법이 지배하고 있으므로 국가를 변화시키려면 법 자체를 뒤엎어야 하는 정체라는 것을 잘 알 수 있다.

---

24 그것은 괴혈병을 수반할 경우 더욱 복잡해질 수 있다. 괴혈병은 특히 어떤 나라에서는 사람을 이상하게 만들고 자기 자신을 참을 수 없게 만든다. 프랑수아 피라르, 《여행기》, 제2부, 제21장.

만약 이 국민이 풍토로 인해 똑같은 것을 오래 참지 못하는 조급한 성격도 갖게 되었다면, 더욱 우리가 방금 말한 정체가 가장 적합할 것이다.

조급한 성격은 그 자체로는 훌륭한 것이 아니지만, 용기와 결합될 때는 얼마든지 훌륭해질 수 있다.

그것은 이유 없이 착수하고 이유 없이 포기하게 만드는 경솔함과는 다르다. 그것은 오히려 완고함에 더 가깝다. 고통에 익숙해져도 절대 약해지지 않는, 고통에 대한 강렬한 느낌에서 유래하는 것이기 때문이다.

자유로운 국민에게 이런 성격은 참주정체25의 계획을 좌절시키기에 매우 적절하다. 참주정체는 언제나 느리고 약하게 시작되지만, 끝에 가서는 신속하고 맹렬해진다. 처음에는 도와준다고 한 손을 내밀 뿐이지만, 그다음에는 수많은 팔로 억압한다.

노예 상태는 항상 수면 상태에서부터 시작된다. 그러나 어떤 상황에서도 휴식을 취하지 않고 끊임없이 자기 몸을 만져보며 모든 곳이 다 아프다고 생각하는 민족은 결코 잠들 수 없을 것이다.

정치란 무딘 줄칼과 같아서 한참을 사용해야 천천히 그 목적을 달성한다. 그런데 우리가 방금 말한 사람들은 협상의 지연, 세세한 사항, 냉정함을 견딜 수 없다. 그들은 다른 어떤 국민보다 협상에 성공하지 못할 것이다. 그래서 그들은 무기를 통해 얻은 것을 협정을 통해

---

25 나는 여기서 이 단어를 기존의 권력, 특히 민주정체를 전복시키려는 의도로 사용한다. 그것은 그리스인과 로마인이 이 단어에 부여한 의미이다.

잃게 될 것이다.

제14장 : 풍토로 인한 그 밖의 결과

우리 선조인 고대 게르만족은 정념이 매우 평온한 풍토에서 살았다. 그들의 법은 사물에서 눈에 보이는 것만 찾아냈고 그 이상은 아무것도 상상하지 않았다. 그 법은 남자에게 가해진 모욕을 상처의 크기로 판단했으므로, 여자에게 가해진 모욕에 대해서도 더 정교하게 다루지 않았다. 그 점에 관해 알라만니족(5)의 법은 매우 기이하다.[26] 여자의 머리를 드러나게 한 사람은 6솔(6)의 벌금을 낸다. 다리를 무릎까지 드러나게 하면 같은 금액의 벌금을 내고, 무릎 위를 드러나게 하면 두 배를 낸다. 법은 마치 기하학의 도형을 측정하듯 여자의 일신에 가해진 모욕의 크기를 측정한 듯하다. 이 법은 상상의 죄를 벌하지 않고 눈에 보이는 죄를 벌한 것이다.

그러나 게르만족이 스페인으로 옮겨갔을 때, 그 풍토는 다른 법들을 찾아냈다. 서고트족의 법은 아버지나 어머니, 남자 형제, 아들, 백부와 숙부의 면전 이외에는 자유인 여자의 피를 뽑는 것을 의사에게 금하였다. 사람들의 상상력에 불이 켜지자 입법자의 상상력도 마찬가지로 고조되었고, 모든 것을 의심할 수 있는 인민을 대신해 법이 모든 것을 의심한 것이다.

따라서 이런 법들은 남녀 양성에 극도의 주의를 기울였다. 그러나

---

[26] 제58장, 제1항과 제2항.

그 처벌에 있어 공적인 징벌을 실행하기보다는 사적인 보복을 부추기고자 했다. 그리하여 대부분의 경우에서 이런 법들은 두 죄인을 친족이나 모욕당한 남편의 노예로 만들었다. 기혼 남성에게 몸을 맡긴 자유인 여자는 그 남자의 아내 손에 넘겨져 마음대로 처분하게 했다. 27 법은 노예가 주인 아내의 간통 현장을 목격했을 경우 그녀를 포박하여 남편에게 데려갈 것을 의무로 정하였다. 28 그리고 자식에게 그녀를 고발하는 것을 허용하고, 29 그녀의 죄를 입증하기 위해 그녀의 노예들을 심문할 수 있게 했다. 이와 같이 법은 좋은 치안을 형성하는 것보다 명예에 관한 일을 극도로 신경 쓰는 것에 더 적합했다.

율리안 백작(7)이 이런 종류의 모욕은 조국과 국왕의 멸망을 요구하는 것이라고 믿었다 해도 놀랄 일이 아니다. 이와 동일한 풍속을 지닌 무어인이 쉽게 스페인에 정착하고 거기서 자신을 유지하며 그 제국의 몰락을 지연시킬 수 있었던 것도 결코 놀랄 일이 아니다.

제 15장 : 풍토에 따라 법이 인민에게 갖는 신뢰의 차이

일본 민족은 아주 잔인한 성격이어서 입법자와 집정자가 인민에 대한 신뢰를 전혀 가질 수 없었다. 그래서 그들은 인민의 눈앞에 재판관과 위협과 징벌만 제시했고, 모든 행동에 대해 경찰의 취조를 받도록 했

---

27 서고트족의 법, 제3편, 제4조, 제9항.
28 위의 책, 제3편, 제4조, 제6항.
29 위의 책, 제3편, 제4조, 제13항.

다. 5명의 가장 중 1명을 나머지 4명의 가장에 대한 심판관으로 임명하는 법, 단 하나의 범죄 때문에 온 가족 또는 온 동네 전체를 처벌하는 법, 한 사람의 죄인이 있을지도 모르는 곳에서는 누구든 결백한 사람으로 보지 않는 법, 이런 법들은 모든 사람이 서로 의심하고 서로의 행동을 탐색하고 서로에 대한 감시자이자 증인이자 재판관이 되게 하려고 만들어진 것이다.

이와 반대로 인도의 인민은 온화하고 상냥하고 동정심이 많다.[30] 그래서 인도의 입법자들은 인민을 대단히 신뢰했다. 그들은 형벌을 거의 정하지 않았고,[31] 그 형벌도 별로 가혹하지 않다. 심지어 엄격하게 집행되지도 않는다. 그들은 다른 나라에서 자식을 아버지에게 맡기듯 조카를 백부에게, 고아를 후원자에게 맡겼다. 그리고 상속인이 인정받은 가치에 따라 상속을 정했다. 그들은 각 시민이 다른 사람의 착한 본성을 믿어야 한다고 생각했던 것 같다.

그들은 노예에게 쉽사리 자유를 준다.[32] 그들은 노예를 결혼시키고 자기 자식처럼 대한다.[33] 행복한 풍토가 순진무구한 풍속을 낳고 온화한 법을 만드는 것이다!

---

30 베르니에, 제2권, 140쪽 참조.
31 《교훈적이고 신기한 편지들》, 제14집, 403쪽, 갠지스강 너머 반도의 인도 민족의 주요 법 혹은 관습을 참조할 것.
32 《교훈적이고 신기한 편지들》, 제9집, 378쪽.
33 나는 인도의 노예제가 온화한 것 때문에 디오도로스가 이 나라에는 주인도 노예도 없다고 말했다고 생각했다. 그러나 스트라본의 저서 제15편에 의하면, 특별한 한 종족에게만 해당되는 특성을 디오도로스는 인도 전체가 지닌 장점으로 간주한 것이다.

제15편

시민적 노예제 법은 풍토의 성질과
어떻게 관련되나

제1장 : 시민적 노예제

엄밀한 의미에서 노예제란 어떤 사람이 다른 사람의 생명과 재산에
대한 절대적 지배자가 될 정도로 그를 소유하는 권리를 설정하는 것
이다. 그것은 본질적으로 좋지 않은 것으로, 주인에게도 노예에게도
유익하지 않다. 노예에게 유익하지 않은 이유는 그가 아무것도 덕성
에 의해서 할 수 없기 때문이다. 주인의 경우는 노예를 가짐으로써 온
갖 종류의 나쁜 습관에 물들게 되고 모든 정신적 덕성을 저버리는 일
에 자기도 모르게 익숙해져서 오만하고, 성급하고, 몰인정하고, 화
를 잘 내고, 향락적이고, 잔인해지기 때문이다.

　사람들이 이미 정치적 노예 상태에 있는 전제국가에서는 시민적 노
예제가 다른 곳보다 더 잘 용인된다. 거기서는 각자 식량과 생명이 있
는 것으로 충분히 만족해야 한다. 그러므로 노예의 처지가 신민의 처

지보다 더 힘든 것도 아니다.

그러나 인간의 본성을 약화시키거나 천하게 만들지 않는 것을 가장 중요하게 여기는 군주정체에서는 노예가 있어서는 안 된다. 모든 사람이 평등한 민주정체와 정체의 본질이 허락하는 한 모든 사람이 평등할 수 있도록 법이 노력하는 귀족정체에서는 노예란 국가 구조의 정신에 어긋나는 것이다. 노예는 결코 가져서는 안 될 권력과 사치를 시민에게 주는 데 쓰일 뿐이다.

제 2장 : 로마의 법률가에게 있어 노예제 권리의 기원

노예제가 연민에 의해 설립되었고 그것을 위해 다음과 같은 세 가지 방법으로 연민이 작용했다는 것1을 그 누구도 믿지 못할 것이다.

만민법은 사람들이 포로를 죽이지 않도록 포로는 노예가 된다고 정했다. 로마인의 시민법은 채권자에게 학대당할 수 있는 채무자가 자기 자신을 팔 수 있도록 허용했다. 그리고 자연법은 노예인 아버지가 더 이상 양육할 수 없는 아이들을 아버지처럼 노예가 되도록 했다.

법률가들이 내세우는 이런 이유들은 합리적이지 않다. 첫째, 어쩔 수 없는 경우를 제외하고 전쟁에서 살인이 허용되는 것은 잘못이다. 그리고 한 사람이 다른 사람을 노예로 만든다면, 그를 죽이지 않았으니까 불가피하게 그를 죽일 수밖에 없는 상황이었다고 말할 수 없다. 포로에 대해 전쟁이 부여해 줄 수 있는 권리는 포로들이 더 이상 위해

---

1   유스티니아누스 황제의 《법학제요》, 제 1편.

(危害)를 가할 수 없도록 그들의 신병을 확보하는 것뿐이다. 전투의 열기가 지나간 후에 병사들이 저지르는 냉혹한 살인은 전 세계 모든 민족이 배척하는 것이다. 2

둘째, 자유로운 인간이 자신을 팔 수 있다는 것은 거짓이다. 판매는 대가를 전제로 한다. 그런데 노예가 자기 자신을 팔 경우, 그의 모든 재산은 주인의 소유가 될 것이다. 따라서 주인은 아무것도 주지 않고 노예는 아무것도 받지 않는 셈이 된다. 노예가 개인 재산을 가질 것이라고 말할 수도 있을 것이다. 그러나 개인 재산은 몸의 부속물에 불과하다. 자살이 조국으로부터 자신을 빼 내는 것이기 때문에 허용되지 않는다면, 자기 자신을 파는 것도 허용되지 않는다. 각 시민의 자유는 공공의 자유의 일부분이다. 그것은 민중적 국가에서 주권의 일부이기도 하다. 시민의 자격을 판다는 것은 인간으로서는 상상할 수도 없을 정도로 기이한 행동이다. 3 자유는 그것을 사는 사람에게는 값이 있더라도, 그것을 파는 사람에게는 값이 없다. 시민법은 사람들에게 재산의 분할을 허용했지만, 재산 분할을 해야 하는 사람들 중 일부를 재산 목록에 집어넣을 수는 없다. 뭔가 손해 행위를 포함하는 계약을 무효로 만드는 시민법이 무엇보다도 중대한 손해를 포함하는 합의를 무효로 하지 않을 리가 없다.

세 번째 방법은 출생인데, 이것은 위의 두 가지와 함께 무너진다.

---

2 포로를 먹는 민족을 예로 들지 않는다면.
3 내가 말하는 것은 로마인의 노예제나 우리의 식민지에 설치되었던 것과 같이 엄밀한 의미에서의 노예제이다.

인간이 자기 자신을 팔 수 없었다면 태어나지도 않은 자기 자식을 파는 것은 더더욱 할 수 없기 때문이다. 그리고 전쟁 포로가 노예로 전락할 수 없다면 그의 자식들은 더더욱 노예가 될 수 없다.

죄인의 사형을 합법적으로 만들어 주는 것은 그를 처벌하는 법이 그를 위해서 만들어진 것이기 때문이다. 예를 들어 살인자는 그를 단죄하는 법의 혜택을 누려 왔다. 법은 매 순간 그의 생명을 보존해 주었으므로, 그는 그 법에 대해 항의할 수 없다. 노예에 대해서는 상황이 다르다. 노예제 법은 결코 노예에게 유익한 적이 없었다. 그 법은 모든 경우에 노예에게 불리하고 절대 노예를 위한 것이 아니다. 이것은 모든 사회의 근본적 원칙에 어긋난다.

주인이 먹을 것을 주었으니까 노예제 법이 노예에게 유익했을 수 있다고 말할지도 모르겠다. 그렇다면 노예제는 자신의 생활비를 벌 수 없는 사람에게만 한정해야 할 것이다. 그러나 사람들은 그런 노예는 필요로 하지 않는다. 아이들의 경우는 어머니에게 젖을 준 자연이 아이들에게 먹을 것을 제공한 것이다. 그리고 나머지 유년기는 스스로 유용한 사람이 될 수 있는 최대한의 능력을 내부에 지닌 나이에 매우 가까워져 있으므로 주인이 되기 위해 아이들을 양육한 사람이더라도 뭔가를 주었다고 말할 수 없을 것이다.

게다가 노예제는 자연법뿐만 아니라 시민법에도 어긋난다. 노예는 사회의 구성원이 아니므로 어떤 시민법에도 관련되지 않는 마당에, 어떤 시민법이 노예가 도망치는 것을 막을 수 있겠는가? 노예는 오직 가족의 법, 즉 주인의 법에 의해서만 붙잡아둘 수 있다.

제 3장 : 노예제 권리의 또 다른 기원

차라리 나는 관습의 차이를 근거로 한 민족이 다른 민족에 대해 갖는 경멸에서 노예제의 권리가 유래한다고 말하고 싶다.

로페즈 데 고마라(1)는 "스페인 사람들은 산타마르타 근처에서 주민들이 식량을 담아 놓은 바구니를 발견했다. 그것은 게, 달팽이, 매미, 메뚜기였다. 정복자들은 피정복자들에게 이런 것을 식량으로 하는 것을 범죄로 만들었다"라고 말한다. 4 아메리카 원주민을 스페인 사람들의 노예로 만든 권리는 바로 그런 점을 근거로 한 것이라고 저자는 고백한다. 게다가 그들은 담배도 피웠고 스페인식으로 수염을 기르지도 않았다.

지식은 사람들을 온화하게 만들고, 이성은 인류애로 이끈다. 그것을 포기하게 만드는 것은 오직 편견뿐이다.

제 4장 : 노예제 권리의 그 밖의 기원

또한 나는 종교가 쉽게 포교하기 위해 종교를 신봉하는 자에게 종교를 신봉하지 않는 자를 노예로 만들 권리를 준 것이라고 말하고 싶다.

아메리카 파괴자들이 죄를 저지르도록 조장한 것은 바로 그러한 사고방식이었다. 5 그들은 그런 관념을 근거로 그토록 많은 민족을 노예

---

4 《영국 총서 (*Bibliothèque anglaise*)》, 제 13권, 제 2부, 제 3항.
5 솔리스(Antonio de Solis, 1610~1686, 스페인의 역사가이자 극작가_옮긴이

로 만드는 권리를 내세웠다. 완전히 강도인 동시에 기독교인이기를
원했던 그 강도들은 매우 신앙심이 깊었기 때문이다.

루이 13세는 식민지의 흑인을 노예로 만드는 법에 대해 몹시 마음
아파했다.[6] 그러나 그들을 개종시키기 위한 가장 확실한 방법이라는
설명을 듣자, 그는 그 법에 동의했다.

제5장 : 흑인 노예제

만약 우리가 흑인을 노예로 만드는 권리를 가졌던 것을 옹호해야 한
다면, 나는 다음과 같이 말할 것이다.

유럽 민족은 아메리카 민족을 몰살시켰으므로 그 드넓은 땅을 개간
하는 데 이용하기 위해서 아프리카 민족을 노예로 만들어야만 했다.

노예를 통해 사탕수수를 재배하지 않는다면, 설탕은 너무 비쌀 것
이다.

문제가 되는 사람들은 발끝에서 머리끝까지 검다. 그리고 그들의
코는 몹시 납작해서 그들을 동정하기가 거의 불가능하다.

매우 현명한 존재인 신이 영혼, 특히 선량한 영혼을 온통 시커먼
육체에 깃들게 했다고는 생각되지 않는다.

피부색이 인간성의 본질을 구성한다고 생각하는 것은 매우 자연스

주) 의 《멕시코 정복사》와 가르실라소 데 라 베가의 《페루 정복사》 참조.

6   라바 신부(Jean-Baptiste Labat, 1663~1738, 도미니크회 사제이자 식물학자로
서 탐험가이며 작가였다_옮긴이 주), 《아메리카 제도로의 새로운 여행》, 제4
권, 1722, 22절판, 114쪽.

럽다. 그래서 환관(宦官)을 만드는 아시아의 민족은 더욱 분명하게 흑인에게서 우리와의 유사성을 박탈한다.

피부색은 머리카락 색깔로 판단할 수 있다. 세상에서 가장 뛰어난 철학자인 이집트인에게 머리카락 색깔은 매우 중요한 의미를 지니고 있었으므로, 그들은 자기들 수중에 들어온 붉은 머리카락을 가진 인간을 모두 죽였다.

흑인에게 상식이 없다는 증거는 그들이 문명국에서 매우 중요한 의미를 지니는 금목걸이보다 유리목걸이를 더 중시한다는 것이다.

그런 자들을 사람이라고 상상하는 것은 불가능한 일이다. 만약 우리가 그들을 사람이라고 생각한다면, 우리 자신을 기독교인이 아니라고 생각하는 의심이 시작될 것이기 때문이다.

소인배들은 아프리카인에게 행해지는 부당함을 너무 과장하고 있다. 만일 그들이 말하는 것처럼 그토록 부당하다면, 유럽 군주들의 머릿속에 자비와 연민을 고려하여 일반적 협정을 만들고자 하는 생각이 들지 않았겠는가? 자기들끼리 쓸데없는 협정을 그토록 많이 만들고 있는 유럽의 군주들이니 말이다.

제 6장 : 노예제 권리의 참된 기원

이제 노예제 권리의 참된 기원을 찾을 때가 되었다. 그것은 사물의 본성을 토대로 해야 한다. 노예제가 사물의 본성에서 유래하는 경우가 있는지 보도록 하자.

모든 전제정체에서는 사람들이 아주 쉽게 자신을 판다. 말하자면 거기서는 정치적 노예 상태가 시민적 자유를 없애는 것이다.

페리는 러시아 사람들이 매우 쉽게 자신을 판다고 말한다. 7 나는 그 이유를 잘 알고 있다. 그것은 그들의 자유가 아무 가치가 없기 때문이다.

아체(2)에서는 모든 사람이 자신을 팔려고 애쓴다. 몇몇 대제후는 1천 명이 넘는 노예를 가지고 있고, 이 노예들은 큰 상인으로 그 밑에 또 많은 노예를 가지고 있으며 그 노예들도 또 다른 많은 노예를 가지고 있다. 8 사람들은 그들을 상속하고 그들에게 상거래를 시킨다. 이런 나라에서는 자유로운 사람들이 정부에 맞서기에는 너무 나약하므로 정부에게 강한 영향력을 행사하는 사람들의 노예가 되기를 원하는 것이다.

이것이 바로 몇몇 나라에서 볼 수 있는 매우 온화한 노예제 권리의 정당하고도 이성에 부합하는 기원이다. 그것은 어떤 사람이 자신의 이익을 위해 스스로 자기 주인을 자유롭게 선택하는 것에 근거를 두고 있고, 두 당사자 사이의 상호 합의를 이루는 것이기 때문에 당연히 온화할 수밖에 없다.

---

7   존 페리, 《대러시아의 현재 상태》, 파리, 1717, 12절판.
8   윌리엄 댐피어(William Dampier, 1651~1715. 영국의 모험가로 원래는 해적이었지만 나중에 영국 해군성을 위하여 오스트레일리아, 뉴기니, 뉴브리튼섬의 일부 해안을 탐험했다. 세계 일주를 두 번 달성한 최초의 인물이며, 세 번째 항해도 성공했다. 몽테스키외는 프랑스식으로 Guillaume Dampierre로 쓰고 있다_옮긴이 주), 《새로운 세계 일주》, 제 3권, 암스테르담, 1711.

제 7장 : 노예제 권리의 또 다른 기원

노예제, 심지어 사람들 사이에서 볼 수 있는 그 잔인한 노예제 권리의 또 다른 기원이 있다.

더위가 육체를 무기력하게 만들고 기운을 너무 약화시키므로 사람들이 벌에 대한 두려움에 의하지 않고는 힘든 의무를 이행하려고 하지 않는 지역이 있다. 따라서 거기서는 노예제가 그다지 이성에 어긋나지 않는다. 그리고 거기서는 노예가 주인에 대해 무기력한 것처럼 주인도 군주에 대해 무기력하므로, 시민적 노예제는 정치적 노예제를 동반하게 된다.

아리스토텔레스는 자연적인 노예제가 있다는 것을 증명하고자 했으나,9 그의 말은 그것을 증명하지 못하고 있다. 만약 그런 것이 있다면, 그것은 방금 내가 말한 것이라고 생각한다.

그러나 모든 사람이 평등하게 태어나므로, 노예제는 자연에 어긋난다고 말해야 한다. 비록 어떤 지역에서는 노예제가 자연적인 이유에 토대를 두고 있더라도 말이다. 그리고 그런 지역과 매우 다행스럽게도 노예제가 이미 폐지된 유럽처럼 자연적인 이유에 의해 그것이 배척되는 지역을 구분해야 한다.

플루타르코스는 누마(3) 전기에서 사투르누스 시대에는 주인도 노예도 없었다고 말한다. 우리의 풍토에서는 기독교가 그 시대를 다시 오게 했다.

---

9 《정치학》, 제1편, 제1장.

제 8장 : 우리에게 있어 노예제의 무용성

따라서 자연적 노예제는 이 땅의 특정한 지역으로 한정해야 한다. 다른 모든 지역에서는 사회가 요구하는 노동이 아무리 힘들더라도 모두 자유인과 함께할 수 있다고 생각한다.

내가 이런 생각을 하는 것은 기독교가 유럽에서 시민적 노예제를 폐지하기 이전에는 광산노동이 몹시 힘들다고 여겨 노예나 죄수를 동원할 수밖에 없다고 생각했기 때문이다. 그러나 오늘날 우리는 광산에 고용된 사람들이 행복하게 살고 있다는 것을 알고 있다. 10 고용주는 작은 특권을 통해 이 직업을 장려했고, 노동의 증가와 수입의 증가를 결합시켜 노동자들이 다른 어떤 조건보다도 자신의 조건을 더 좋아하게 만들었다.

탐욕이 아니라 이성에 의해 규제되기만 한다면, 노동하는 사람의 힘에 합당한 비례를 못 맞출 만큼 힘든 노동은 없다. 기술을 통해 발명되거나 응용된 편리한 기계가 다른 곳에서 노예에게 시키는 과도한 노동을 대신할 수 있다. 티미쇼아라(4) 지역에 있는 터키인의 광산들은 헝가리의 광산보다 더 풍부했지만, 많은 양을 생산하지 못했다. 그들은 오직 노예의 팔밖에 생각하지 못했기 때문이다.

이 항목을 쓰게 하는 것이 나의 이성인지 감성인지 나는 잘 모르겠다. 아마도 이 지구상에 자유인에게 노동을 촉구할 수 없는 풍토는 없

---

10 이 점에 대하여 저지대 독일의 하르츠 광산과 헝가리 광산에서 벌어지는 일을 살펴볼 수 있다.

을 것이다. 법이 잘못 만들어졌기 때문에 게으른 사람들이 생기게 되었고, 그들이 게을렀기 때문에 그들을 노예로 만든 것이다.

제 9장 : 시민적 자유가 전반적으로 확립된 국민

우리에게 노예가 있었으면 좋았을 것이라는 말을 우리는 날마다 듣는다.

　그러나 그 점에 대해 올바르게 판단하려면, 국민 중 부유하고 향락적인 일부 소수에게 노예가 유익할 것인지 아닌지를 검토해서는 안 된다. 물론 그런 사람들에게는 노예가 유익할 것이다. 그러나 다른 관점에서 생각할 때, 이 일부 소수의 사람들 중에서 자유로운 국민과 노예를 각각 누가 할 것인지 정하기 위해 추첨하기를 원하는 사람은 아무도 없을 것이다. 노예제에 가장 찬성하는 사람들이 그것을 가장 싫어할 것이고, 가장 가난한 사람들도 마찬가지로 싫어할 것이다. 따라서 노예제에 찬성하는 외침은 사치와 향락의 외침이지, 공공의 행복에 대한 사랑의 외침이 아니다.

　사람은 누구나 다른 사람의 재산과 명예와 생명의 주인이 된다고 하면 개인적으로 매우 만족할 것이다. 인간의 모든 정념은 본디 그런 생각에서 활발해지게 마련이다. 누가 그것을 의심할 수 있겠는가? 그런 일에 있어서 각자의 욕망이 정당한지 아닌지 알고 싶은가? 그러면 모든 사람의 욕망을 살펴보라.

제10장 : 노예제의 여러 종류

노예제에는 물적 노예제와 인적 노예제, 두 종류가 있다. 물적 노예제는 노예를 토지와 결부시키는 것이다. 타키투스가 이야기하는 게르만족의 노예가 바로 그런 것이었다.[11] 그들은 집안에서는 하는 일이 없었고, 일정한 양의 곡물과 가축 또는 직물을 주인에게 바쳤다. 그 노예제의 목적은 그뿐, 그 이상은 아니었다. 이런 종류의 노예제는 헝가리, 보헤미아, 그리고 저지대 독일의 여러 장소에서 아직도 확립되어 있다. 인적 노예제는 집안일에 관련되고 주인의 일신에 더 많이 관계된다.

노예제의 극단적 악용은 인적인 동시에 물적인 노예제이다. 스파르타에서의 헬로트 노예제가 그러했다. 그들은 집 밖의 모든 노동과 집안의 온갖 모욕을 견뎌야 했다. 이런 노예제는 사물의 본성에 어긋난다. 순박한 민족은 물적 노예제밖에 갖지 않는다.[12] 그들의 아내와 자식들이 집안일을 하기 때문이다. 향락적인 민족은 인적 노예제를 갖는다. 사치한 탓에 집안에서 노예에게 섬김 받고자 하기 때문이다. 그런데 스파르타의 노예제는 향락적인 민족에게서 확립된 노예제와 순박한 민족에게서 확립된 노예제가 같은 사람에게 결합된 것이다.

---

11 《게르만족의 풍속》.

12 《게르만족의 풍속》에서 타키투스는 생활의 즐거움으로는 주인과 노예를 구분할 수 없을 거라고 말한다.

제 11장 : 노예제에 관하여 법이 해야 할 일

그러나 노예제가 어떤 성질의 것이든 간에, 시민법은 한편으로는 그 폐습을 없애고, 다른 한편으로는 그 위험을 없애고자 노력해야 한다.

제 12장 : 노예제의 남용

이슬람교의 나라에서는 사람들이 여자 노예의 생명과 재산뿐만 아니라 그녀들의 덕성과 명예라 불리는 것에 대해서까지 주인이 된다.[13] 국민 대다수가 오직 다른 사람의 향락에 봉사하기 위해서만 존재하는 것은 그런 나라들의 불행 중 하나이다. 이런 노예제에서는 노예들이 게으름을 누림으로써 보상을 받는데, 이 또한 나라를 위해서는 새로운 불행이다.

이 게으름은 동양의 후궁(後宮)을 거기에 감금되는 사람들에게조차 쾌락의 장소로 만든다.[14] 오직 노동만 두려워하는 사람들은 그 고요한 장소에서 행복을 발견할 수 있다. 그러나 그로 인해 노예제의 설립 정신 자체가 훼손된다는 것을 알 수 있다.

이성(理性)은 주인의 권력이 그의 업무에 속하는 것 이상으로 확대되는 것을 원하지 않는다. 노예제는 효용성을 위한 것이어야지, 향락을 위한 것이어서는 안 된다. 순결의 법은 자연법에 속하는 것으로,

---

13 샤르댕, 《페르시아 여행》 참조.
14 샤르댕, 제 2권, "이자구르 시장의 묘사" 참조.

세상의 모든 국민이 존중해야 한다.

한없는 권력이 모든 것을 농락하는 나라에서 노예의 순결을 보호하는 법이 좋은 것이라면, 군주국가에서는 얼마나 좋은 것이겠는가? 또 공화국에서는 얼마나 좋은 것이겠는가?

롬바르드족의 법[15]에 있는 다음과 같은 규정은 모든 정체를 위해서도 좋은 것 같다. "주인이 노예의 아내를 겁탈하면, 노예 부부는 둘 다 자유인이 된다." 주인의 방탕을 지나치게 엄격하지 않게 예방하고 저지할 수 있는 훌륭한 타협책이다.

로마인은 이 점에 대하여 좋은 단속 기능을 갖지 못했던 것 같다. 그들은 주인의 방탕을 방임했고, 심지어 어떻게 보면 노예에게서 혼인의 권리까지 빼앗았다. 노예는 국민의 가장 비천한 계층이지만, 아무리 비천해도 그들도 풍속을 갖는 것이 좋았다. 게다가 그들에게서 혼인을 빼앗음으로써 결국 시민의 혼인을 부패시켰다.

제13장 : 노예의 수가 많은 것의 위험

노예의 수가 많은 것은 여러 정체에서 상이한 결과를 가져다준다. 그것은 전제정체에는 전혀 부담되지 않는다. 국가에 확립된 정치적 노예제로 인해 시민적 노예제가 거의 느껴지지 않는다. 자유인이라 불리는 사람들이 그런 지위를 갖지 못한 사람들보다 더 자유로운 것도 아니다. 그리고 자유인의 지위를 갖지 못한 사람들은 환관(宦官), 해

---

15 제1편, 제32조, 제5항.

방된 자 혹은 노예라는 자격으로 거의 모든 일을 수중에 가지고 있으므로, 자유인의 신분과 노예의 신분이 별로 차이가 나지 않는다. 따라서 노예 신분으로 사는 사람이 많건 적건 거의 상관이 없다.

그러나 제한된 나라에서는 노예가 너무 많지 않아야 하는 것은 매우 중요한 문제이다. 여기서는 정치적 자유가 시민적 자유를 귀중한 것으로 만들어 주므로, 시민적 자유를 빼앗긴 사람은 정치적 자유도 빼앗긴다. 그는 행복한 사회를 보면서도 그 사회의 일부가 될 수 없다. 그는 안전이 확립되어 있다고 생각하지만, 그것은 그를 위한 것이 아니라 다른 사람들을 위한 것이다. 그는 주인의 영혼은 향상될 수 있지만 자신의 영혼은 끊임없이 비굴해질 수밖에 없다고 느낀다. 언제나 자유인을 눈앞에서 보면서 자신은 자유인이 아닌 것만큼 인간을 짐승의 처지와 비슷하게 만드는 것은 없다. 그런 사람들은 자연히 사회의 적이 되므로, 그들의 수가 많으면 위험하다.

따라서 제한된 정체에서는 노예의 반란으로 국가가 몹시 혼란을 겪어도 전제국가에서는 그런 경우가 매우 드물다는 것은 놀라운 일이 아니다. 16

---

16 맘루크(무슬림 노예 군인이나 노예 출신 지배자를 일컫는 말로, 9~19세기에 존재했다. 맘루크는 아랍어로 '소유된 자'라는 뜻으로, 9세기 초 이슬람권에서는 군사의 대부분을 맘루크로 충당했다. 이것은 아바스 왕조 칼리프 알 무타심이 바그다드에서 처음 시행한 이후 곧 이슬람 세계 전체로 확산되었다. 노예들은 군사력을 이용해 기존의 정부를 무너뜨리고 권력을 장악했는데, 대개 단기간에 끝났지만 놀라울 정도로 오랜 기간 계속되기도 했다. 13세기가 되자 맘루크는 이집트와 인도에 자신들의 왕조를 세웠는데, 이들 왕조의 술탄은 모두가 노예 출신이거나 노예의 자손들이었다_옮긴이 주) 의 반란은 특수한 경우였다. 그것은 제국을 찬

제14장 : 무장한 노예

노예를 무장시키는 것은 공화정체보다는 군주정체에서 덜 위험하다. 거기서는 호전적인 인민과 귀족 단체가 무장한 노예들을 충분히 제압할 것이다. 공화정체에서는 손에 무기를 들고 시민과 평등해졌다고 생각하는 사람들을 오로지 시민이기만 한 사람들이 제압할 수 없을 것이다.

고트족은 스페인을 정복하고 그 지방에 퍼졌는데, 곧 매우 약해졌다. 그래서 그들은 세 가지 중대한 규칙을 만들었다. 그들은 로마인과의 혼인을 금지한 낡은 관습을 폐지했고,[17] 국가 소유였던 모든 해방된 자들은 전쟁에 나가지 않으면 노예로 만든다고 정했다.[18] 그리고 고트인 각자가 자기 노예의 10분의 1을 무장시켜 전쟁에 데리고 나올 것을 명령했다.[19] 이 숫자는 남는 사람들에 비하면 그리 많은 수가 아니었다. 게다가 주인이 전쟁터에 데려온 노예들은 별개의 부대를 이루지는 않았다. 그들은 군대 안에 있으면서도, 말하자면 여전히 집안에 남아 있었던 셈이다.

탈한 군단이었다.

17 서고트족의 법, 제3편, 제1조, 제1항.
18 위의 책, 제5편, 제7조, 제20항.
19 위의 책, 제9편, 제2조, 제9항.

제15장 : 같은 주제 계속

국민 전체가 호전적일 때 무장한 노예는 더욱 두려워할 것이 못 된다.

알라만니족의 법에 의하면, 놓여 있는 물건을 훔친 노예는 자유인에게 가하는 것과 똑같은 형벌에 처해졌다.[20] 그러나 만약 그가 폭력으로 물건을 빼앗았다면, 빼앗은 물건을 돌려주기만 하면 되었다.[21] 알라만니족에게 용기와 힘을 원리로 하는 행동은 추악하지 않았다. 그들은 전쟁에서 노예를 이용했다. 대부분의 공화국에서는 언제나 노예의 용기를 꺾으려고 애썼다. 그런데 자신의 힘을 확신했던 알라만니족은 노예의 대담성을 증대시키고자 했다. 언제나 무장하고 있던 그들은 노예를 전혀 두려워하지 않았다. 노예는 그들의 약탈과 영광을 위한 도구였다.

제16장 : 제한된 정체에서 조심해야 할 것

노예에게 인정을 베풀면, 제한된 정체에서 노예의 수가 너무 많아 초래될 수 있는 위험을 예방할 수 있다. 인간은 모든 것에 익숙해지게 마련이다. 주인이 노예제보다 더 가혹하지 않은 한 노예제에도 익숙해진다. 아테네인은 노예를 매우 다정하게 대했다. 노예가 스파르타의 상황은 뒤흔들어 놓았지만, 아테네에서 혼란을 일으킨 것은 보지

---

20 알라만니족의 법, 제5장, 제3항.
21 위의 책, 제5장, 제5항, per virtutem(힘으로).

못했다.

초기 로마인은 노예에 대해 불안감을 가졌던 것 같지 않다. 포에니 전쟁에 비견되는 그 내전이 발발한 것은22 그들이 노예에 대해 모든 인간적 감정을 잃어버렸을 때였다.

직접 노동에 열중하는 순박한 국민은 보통 노동을 거부하는 국민보다 노예에게 더 다정하다. 초기 로마인은 노예와 함께 생활하고 일하고 식사했다. 그들은 노예에게 많은 온정과 공정함을 갖고 있었다. 그들이 노예에게 가한 가장 큰 형벌은 두 갈래로 갈라진 나무 조각을 등에 지고 이웃 사람들 앞을 지나가게 하는 것이었다. 노예의 충성심을 유지하기 위해서는 그 풍속으로 충분했고, 법은 필요하지 않았다.

그러나 로마인이 강해져서 노예가 더 이상 노동의 동료가 아니라 사치와 교만의 도구가 되자, 풍속은 사라지고 법이 필요해졌다. 마치 적에게 둘러싸여 사는 것처럼 노예들 속에서 생활하는 잔인한 주인의 안전을 확보하기 위해서는 심지어 무서운 법도 필요했다.

주인이 살해되었을 때 한 지붕 밑 또는 사람의 소리가 들릴 만큼 집과 가까운 장소에 있던 모든 노예는 무차별적으로 사형에 처하도록 정한 실라누스 원로원 의결 및 그 밖의 법들이 만들어졌다. 23 이런 경우 노예를 구하기 위해 피난시킨 사람들은 살인범으로 처벌되었다. 24 주인의 명령에 복종하여 주인을 죽인 자도 유죄가 되었고, 25 주인이

---

22 "시칠리아는 포에니 전쟁보다 노예 전쟁에 의해 더 참혹하게 황폐해졌다"라고 플로루스는 말했다. 제3편.

23 de senat. consult. Sillan. 이라는 항목 전체를 볼 것.

24 Leg. Si quis, § 12. au ff. de senat. consult. Sillan.

자살하는 것을 막지 않은 자도 처벌되었다. 26 주인이 여행 중 살해되었을 때는 주인과 함께 남아 있던 자나 도망간 자나 모두 사형에 처해졌다. 27 이 모든 법은 심지어 결백이 증명된 자에게도 적용되었다.

이런 법들의 목적은 주인에 대한 경이로운 공경심을 노예에게 부여하려는 것이었다. 그것은 시민 통치가 아니라 시민 통치의 악습이나 결함에서 기인했다. 그것은 시민법의 원리에 어긋나므로 시민법의 공정함에서 유래된 것이 아니었다. 그것은 적이 나라의 내부에 있다는 점만 다를 뿐, 사실상 전쟁의 원리를 토대로 한 것이었다. 실라누스 원로원 의결은 비록 불완전하게라도 사회가 유지되기를 바라는 만민법에서 유래된 셈이다.

집정자가 이토록 잔인한 법을 만들 수밖에 없는 것은 불행한 통치이다. 불복종에 대한 형벌을 더 무겁게 하거나 충성심을 의심하지 않을 수 없게 되는 것은 복종하기 어렵게 만들었기 때문이다. 신중한 입법자는 무서운 입법자가 되는 불행을 예방한다. 로마에서 법이 노예를 신뢰하지 못하게 된 것은 노예들이 법에 대한 신뢰를 가질 수 없었기 때문이다.

---

25 안토니우스가 에로스에게 자신을 죽이라고 명령했을 때, 그것은 그를 죽이라는 것이 아니라 자살하라는 명령이나 마찬가지였다. 에로스가 명령에 복종했다면 주인 살해범으로 처벌되었을 것이기 때문이다.

26 Leg. 1. § 22. ff. de senat. consult. Sillan.

27 Leg. 1. § 31. ff. ibid.

제 17장 : 주인과 노예 사이에 만들어야 할 규칙

집정자는 노예가 식량과 의복을 가질 수 있도록 신경을 써야 한다. 그것은 법으로 규정되어야 한다.

법은 노예가 병들고 늙는 것에 대해 보살핌을 받도록 주의를 기울여야 한다. 클라우디우스는 병들어 주인에게 버림받은 노예는 병이 나으면 자유인이 되도록 정했다. 28 이 법은 노예의 자유를 보장해 주었는데, 그들의 생명도 보장해 주었어야 했다.

법이 주인에게 노예의 생명을 빼앗는 것을 허락할 때, 주인은 주인이 아니라 재판관으로서 권리를 행사하는 것이다. 그러므로 법은 폭력 행위의 의혹을 없애주는 절차를 정해야 한다.

로마에서 더 이상 아버지가 자식을 죽이는 것이 허락되지 않았을 때, 아버지가 하려는 처벌을 사법관이 부과했다. 29 주인에게 생사여탈권이 있는 나라에서는 주인과 노예 사이에도 이러한 관행이 합리적일 것이다.

모세의 법은 매우 가혹했다. "어떤 사람이 자기 노예를 때려서 당장에 죽으면 처벌을 받지만, 노예가 하루나 이틀을 더 살면 처벌받지 않을 것이다. 노예는 그의 자산이기 때문이다." 시민법이 자연법을 포기해야 했다니, 이 무슨 이상한 민족인가!

그리스인의 법에 의하면, 30 주인에게 지나치게 가혹하게 다루어진

---

28 크시필리노스, "클라우디우스".
29 세베루스 알렉산데르 황제의 법전 de patria potestate에서 제 3법 참조.

노예는 다른 사람에게 팔리는 것을 요청할 수 있었다. 로마에서도 말기에 이런 법이 있었다. 31 노예에게 화가 난 주인과 주인에게 화가 난 노예는 서로 분리되어야 한다.

한 시민이 다른 시민의 노예를 학대할 때, 이 노예는 재판관에게 고소할 수 있어야 한다. 플라톤의 법32과 대부분의 민족의 법은 노예에게서 자연적인 방위권을 빼앗았다. 따라서 그들에게 시민적 방위권을 주어야 한다.

스파르타에서 노예는 모욕에 대해서든 중상에 대해서든 어떤 재판권도 가질 수 없었다. 그들의 극단적 불행은 한 시민의 노예일 뿐만 아니라 공공의 노예였다는 점이다. 그들은 한 사람에게 속해 있으면서 모든 사람에게도 속해 있었다. 로마에서는 노예에게 행한 나쁜 행위에 대해서 오직 주인의 이익만 고려했다. 33 아킬리아 법이 효력을 발휘하던 시기에는 짐승에게 입힌 상처와 노예에게 입힌 상처가 구별되지 않았고, 단지 그 가격의 감소에만 주의를 기울였다. 아테네에서는 다른 사람의 노예를 학대한 자를 심하게 처벌했고, 때로는 사형에 처하기도 했다. 34 아테네의 법이 자유의 상실에 안전의 상실까지 덧붙이려 하지 않은 것은 옳은 일이었다.

---

30 플루타르코스, "미신에 대하여".
31 안토니누스 피우스의 법전, 《법학제요》, 제1편, 제7조 참조.
32 제9편.
33 이것은 종종 게르마니아 출신 여러 민족의 법의 정신이기도 했다. 그들의 법전에서 그것을 볼 수 있다.
34 데모스테네스, "메이디아스 탄핵 연설"(orat. contra Midiam), 1604년, 프랑크푸르트 간행본, 610쪽.

제18장 : 노예 해방

공화정체에서 노예가 많을 때는 많은 노예를 해방해야 한다는 것은
잘 알 수 있는 일이다. 어려운 점은 노예가 너무 많으면 그들을 억제
할 수가 없고 해방된 자가 너무 많으면 그들이 먹고살 수 없어서 공화
국에 부담이 된다는 것이다. 게다가 공화국은 해방된 자의 숫자가 너
무 많은 경우에도, 노예의 숫자가 너무 많은 경우에도, 똑같이 위험
에 처할 수 있다. 따라서 법은 이 두 가지 위험을 주시해야 한다.

노예의 이익 혹은 불이익을 위해서, 때로는 해방을 방해하고 때로
는 해방을 용이하게 하기 위해서 로마에서 제정된 여러 법과 원로원
의결은 이 점에 대해 사람들이 얼마나 곤란해 했는지를 잘 알게 해준
다. 심지어 아예 법을 만들지 않던 시대도 있었다. 네로의 치하에서
해방된 자가 배은망덕할 경우 그를 다시 노예로 만들 것을 주인에게
허락해 달라고 사람들이 원로원에 요구했을 때, 황제는 개별적인 사
건을 판단해야지 일반적인 규정을 만들어서는 안 된다는 서신을 보
냈다.[35]

그 점에 대해 좋은 공화국이 어떤 규칙을 만들어야 하는지 나는 말
할 수 없다. 그것은 상황에 따라 매우 다르기 때문이다. 다만 다음과
같은 몇 가지 고찰을 해 볼 수 있다.

일반적인 법을 통해 갑자기 엄청나게 많은 수의 노예를 해방해서는
안 된다. 볼시니(5)인의 경우, 해방된 자들이 투표의 지배자가 되어

---

35 타키투스 《연대기》, 제13편.

태생적 자유인과 혼인하는 딸과 먼저 동침하는 권리를 자신들에게 부여한 고약한 법을 만든 것을 우리는 알고 있다. 36

여러 가지 방법으로 공화국에 조금씩 새로운 시민을 받아들일 수 있다. 노예의 개인 자산을 장려하는 법을 만들어 노예가 자유를 살 수 있게 만들 수 있다. 또 헤브라이 노예의 기한을 6년으로 한정한 모세의 법처럼, 37 법으로 노예 신분의 기한을 정할 수도 있다. 나이, 건강, 근면성 등에 의해 생활수단을 가질 수 있는 노예 중에서 해마다 일정한 수의 노예를 해방하는 것은 쉬운 일이다. 그 해악을 근본적으로 치유할 수도 있다. 많은 수의 노예가 주어진 여러 일자리에 관련되어 있으므로, 그 일자리의 일부를, 예를 들어 상업이나 항해와 같은 일자리를 태생적 자유인에게로 옮기면 노예의 수를 줄이게 된다.

해방된 자가 많을 때는 시민법이 주인에 대한 그들의 의무를 확정하거나 해방 계약이 시민법을 대신해 그 의무를 확정해야 한다.

그들의 조건은 정치적 신분에서보다 시민적 신분에서 더 혜택을 받아야 한다고 생각된다. 심지어 민중적인 정부에서도 권력이 하층민의 수중에 들어가서는 안 되기 때문이다.

해방된 자가 매우 많았던 로마에서는 그들에 대한 정치법이 훌륭했다. 그들에게는 지극히 사소한 것이 주어졌지만 거의 어떤 것에서도 제외되지는 않았다. 그들은 입법에도 어느 정도 참여했지만, 사람들의 결정에는 거의 영향을 미치지 못했다. 그들은 공직과 심지어 사제

---

36 프라인스하임의 보완판, 10편 묶음집 제 2권, 제 5편.
37 〈출애굽기〉 21장.

직에도 참여할 수 있었다. 38 그러나 이 특권은 그들이 선거에서 갖는 불리함으로 인해 무익한 것이 되었다. 그들은 군대에 들어갈 권리를 가지고 있었다. 그러나 병사가 되기 위해서는 호구조사의 일정한 등급이 있어야 했다. 해방된 자가 태생적 자유인의 집안과 혼인하는 것을 방해하는 것은 아무것도 없었다. 39 그러나 원로원 의원의 가문과 맺어지는 것은 허용되지 않았다. 어떻든 그들 자신은 그렇지 못하더라도 그들의 자식은 태생적 자유인이었다.

제 19장 : 해방된 자와 환관

이와 같이 공화정체에서는 해방된 자의 지위가 태생적 자유인의 지위보다 별로 낮지 않아야 하고, 법이 그들에게서 그 지위에 대한 혐오를 제거하도록 작용하는 것이 종종 유익하다. 그러나 사치와 자의적 권력이 지배하는 일인 통치에서는 그 점에 대하여 할 일이 아무것도 없다. 해방된 자가 거의 언제나 자유인보다 더 우위에 있다. 그들은 군주의 궁정과 귀족의 저택에서 절대적인 영향력을 가지고 있다. 그들은 주인의 덕성이 아니라 약점을 연구했으므로, 덕성이 아니라 약점에 의해 주인을 통치하게 만든다. 로마에서 황제 시대의 해방된 자가 바로 그러했다.

주된 노예가 환관일 때는 그들에게 어떤 특권을 준다 해도 그들을

---

38 타키투스, 《연대기》, 제 3편.
39 디오 제 56편의 아우구스투스의 연설.

해방된 자로 보기 어렵다. 그들은 가족을 가질 수 없으므로 본질적으로 어떤 가문에 결부되기 때문이다. 그들을 시민으로 볼 수 있는 것은 일종의 의제(擬制)(6)에 의해서일 뿐이다.

그러나 그들에게 모든 관직을 부여하는 나라들도 있다. "통킹(7)에서는 문무의 고급 관리가 모두 환관이다"40라고 댐피어는 말한다. 41 그들에게는 가족이 없다. 그런데 그들에게도 당연히 탐욕이 있으므로 주인이나 군주가 결국 그들의 탐욕 자체를 이용하는 것이다.

또 댐피어의 말에 의하면, 42 그 나라에서는 환관이 아내 없이 지낼 수 없으므로 혼인을 한다고 한다. 그들에게 혼인을 허용하는 법은 한편으로는 그런 사람들에 대해 갖는 존중을 토대로 한 것이지만, 다른 한편으로는 여자들에 대한 경멸을 토대로 한 것이다.

이처럼 그런 사람들에게는 가족이 없기 때문에 관직이 맡겨지고, 다른 한편으로는 그들이 관직을 가지고 있기 때문에 혼인하는 것이 허용된다.

바로 그때 남아 있는 감각은 잃어버린 감각을 집요하게 보완하고자 하므로, 필사적 시도는 일종의 향락이 된다. 그래서 밀턴(8)에서는 오직 욕망만 남아 있는 정령이 타락에 깊이 빠져 자신의 성불능 자체를 이용하고자 한다.

중국 역사에는 환관에게서 문무의 관직을 빼앗기 위한 많은 법을

---

40 옛날에는 중국에서도 마찬가지였다. 9세기에 그곳을 여행한 두 명의 이슬람교도 아랍인은 도시의 통치자에 대해 말할 때 "환관"이라고 말했다.
41 제3권, 91쪽.
42 위의 책, 94쪽.

볼 수 있지만, 그들은 언제나 되돌아온다. 동양에서 환관은 필요악인 듯하다.

제16편

가내 노예제 법은 풍토의 성질과
어떻게 관련되나

제1장 : 가내 노예제

노예는 가족의 일원이라기보다는 가족을 위해서 설정된 것이다. 그
러므로 나는 그들의 노예 상태와 어떤 나라에서 여자들이 처해 있는
노예 상태를 구분하여 후자의 경우를 문자 그대로 '가내 노예제'라고
부르고자 한다.

제 2장 : 남부 지방에는 남녀 사이에 자연적인 불평등이 존재한다

더운 풍토에서는 여자가 8살, 9살, 10살이면 결혼 적령기이다.1 그러
므로 거기서는 유년시절과 결혼생활이 거의 언제나 함께 진행된다.
그녀들은 20살에 노인이 된다. 따라서 그녀들에게 이성은 아름다움과
함께 존재하지 않는다. 아름다움이 지배권을 요구할 때 이성은 그것
을 거부하게 한다. 그리고 이성이 지배권을 획득할 수 있을 때는 이미
아름다움은 존재하지 않는다. 여자들은 종속되지 않을 수 없다. 청춘
기에도 아름다움이 주지 않았던 지배권을 노년에 이성이 제공할 수는
없기 때문이다. 따라서 종교가 반대하지 않는다면 남자가 아내를 버
리고 다른 여자를 맞아들여 일부다처제가 도입되기가 매우 쉽다.

여자들의 매력이 더 잘 보존되어 결혼 적령기가 더 늦으며 여자들
이 더 나이 들어 아이를 갖게 되는 온화한 지방에서는 남편의 나이가
어느 정도 여자의 나이를 따라간다. 그리고 여자들이 혼인할 때 단순
히 더 오래 살았다는 이유에 불과할지라도 더 많은 이성과 지식을 가
지고 있으므로 당연히 양성 사이에 일종의 평등이 생기고, 그 결과 일

---

1   무함마드는 5살의 카디자와 결혼했고 그녀가 8살 때 동침했다(카디자는 40살에
무함마드와 결혼했다. 6살에 그의 부인이 된 사람은 아이샤인데, 몽테스키외가
혼동한 것으로 보인다__옮긴이 주). 아라비아와 인도 지역의 더운 지방에서는 여
자들이 8살에 결혼 적령기가 되고 다음 해에 출산한다. 프리도(Humphrey
Prideaux, 1648~1724, 영국의 동양학자이자 신학자__옮긴이 주), 《무함마드의
생애》. 알제 왕국에서는 여자들이 9살, 10살, 11살에 아이를 낳는 것을 볼 수 있
다. 로지에 드 타시(Laugier de Tassy, 1724년에 알제에서 근무한 프랑스 외교관
__옮긴이 주), 《알제 왕국의 역사》, 61쪽.

부일처제 법이 도입된다.

추운 지방에서는 독한 술을 사용할 수밖에 없는데, 그로 인해 남자들이 방탕해진다. 여자들은 항상 자기 자신을 지켜야 하므로 음주에 대해 태생적으로 신중함을 지니고 있고, 따라서 이성적인 면에서 남자들보다 우위를 차지한다.

남자를 힘과 이성으로 특징지은 자연은 오로지 이 힘과 이성이 끝날 때만 남자의 권력이 끝나게 했다. 자연은 여자에게는 매력을 주었고, 여자들의 영향력은 그 매력과 함께 끝나기를 바랐다. 그러나 더운 나라에서는 그 매력이 생애 초기에만 존재하고 생애 전 과정에는 결코 존재하지 않는다.

그러므로 한 사람의 아내만 허락하는 법은 아시아의 풍토보다는 유럽의 풍토에 더 어울린다. 그것은 이슬람교가 아시아에서는 매우 쉽게 확립되었지만 유럽에서는 전파되기가 아주 어려웠고, 기독교가 유럽에서는 유지되는데 아시아에서는 소멸되었으며, 또 중국에서 이슬람교인이 그토록 많이 늘었는데 기독교인은 거의 늘지 않은 이유 중 하나이다. 언제나 인간의 이성은 무엇이든 원하는 대로 행하고 원하는 모든 것을 이용하는 최고의 원리인 신에게 종속되기 마련이다.

발렌티니아누스는 특수한 몇몇 이유로 인해 제국 안에 일부다처제를 허용했다.[2] 우리의 풍토에 난폭한 이 법은 테오도시우스, 아르카

---

2   요르다네스(Jordanes. 6세기 라틴어로 집필한 역사가로 고트족의 기원과 이주의 역사를 다룬 《게티카(Getica)》와 로마의 전설적인 건국자 로물루스 시대부터 유스티니아누스 황제 때까지 로마의 발전 과정을 기록한 《로마나(Romana)》를 썼다. 《로마나》는 《왕국과 시대의 계승(De Regnorum ac Temporum Successione)》

디우스, 호노리우스에 의해 폐지되었다. 3

제 3장 : 다처제는 부양 능력에 많이 좌우된다

일부다처제가 일단 정착된 나라에서 아내의 수가 많은 것은 남편의 재산에 많이 좌우되더라도, 한 나라에 일부다처제를 정착시키는 것이 재산이라고 말할 수는 없다. 가난도 똑같은 결과를 가져올 수 있는데, 이에 대해서는 미개인에 대해 말할 때 이야기할 것이다.

국력이 강한 나라에서 일부다처제는 사치라기보다는 커다란 사치를 유발하는 계기가 된다. 더운 풍토에서는 사람들의 욕구가 더 적어서, 4 처자를 부양하는 데에 돈이 더 적게 든다. 따라서 거기서는 더 많은 수의 아내를 가질 수 있다.

이라는 제목으로도 알려져 있는데, 몽테스키외는 이 서명을 사용하고 있으나 일반적인 서명인 《로마나》로 옮긴다_옮긴이 주)의 《로마나》와 성직자 역사가들의 저서 참조.

3 법전 De Judæis et cælicolis에서 제7법, 《신칙법》 18 제5장 참조.

4 실론(스리랑카의 옛 이름_옮긴이 주)에서는 1인당 한 달 생활비가 10솔이다. 거기서는 사람들이 쌀과 생선만 먹는다. 《동인도회사 설립에 도움을 준 여행기 모음집》, 제2권, 제1부.

제 4장 : 일부다처제에 관한 여러 가지 사정

유럽의 여러 장소에서 계산된 것에 의하면, 유럽에서는 여자보다 남자가 더 많이 태어난다. 5 이와 반대로 아시아6와 아프리카7의 보고서는 남자보다 여자가 훨씬 더 많이 태어난다고 말한다. 따라서 유럽의 일부일처제 법과 아시아와 아프리카에서 여러 명의 아내를 허용하는 법은 풍토와 상당한 관련이 있다.

아시아의 추운 풍토에서는 유럽과 마찬가지로 여자보다 남자가 더 많이 태어난다. 그 때문에 한 여자에게 여러 명의 남편을 허용하는8 법이 생긴 것이라고 라마승들은 말한다. 9

그러나 나는 다처제나 다부제를 도입할 수밖에 없을 만큼 불균형이 큰 나라가 많으리라고는 생각하지 않는다. 그것은 다만 어떤 나라에서는 다른 나라에 비해 다처제나 다부제가 자연에 덜 어긋난다는 뜻에 지나지 않는다.

5　아버스넛(John Arbuthnot, 1667~1735, 스코틀랜드의 의사이자 수학자_옮긴이 주)은 영국에 남자가 여자보다 많다는 것을 발견했다. 그러나 그것으로 모든 풍토에서 다 똑같다고 결론을 내린 것은 잘못이었다.

6　남자 182,072명, 여자 223,573명이라고 미야코(일본의 종교적, 지적 수도이며 천황의 거주지였던 곳으로 오늘날의 교토를 가리킨다_옮긴이 주)의 인구조사를 이야기하는 캠퍼의 저서 참조.

7　스미스, 《기니 여행》, 제2부, 안테 지방 참조.

8　9세기에 인도와 중국에 갔던 두 명의 아랍 이슬람교도 중 하나인 알부제이르 엘 하센은 이 관행을 매춘으로 여겼다. 이슬람교의 사상에 그보다 더 어긋나는 것은 없기 때문이다.

9　뒤 알드, 《중국 제국에 대한 묘사》, 제4권, 46쪽.

반탐에서는 남자 1명에 여자가 10명이란 보고서가 사실이라면, 10 그것은 일부다처제의 매우 특별한 경우라는 것을 인정한다.

이 모든 경우에서, 나는 관행을 정당화하는 것이 아니라 단지 그 이유를 말하는 것이다.

제 5장 : 말라바르의 어떤 법의 이유

말라바르 해안의 나야르(1) 카스트에서는 남자는 한 명의 아내밖에 가질 수 없는 반면, 여자는 여러 명의 남편을 가질 수 있다. 11 나는 이 관습의 기원을 찾을 수 있을 것 같다. 나야르는 귀족의 카스트로서, 그 지역 모든 민족의 군인이다. 유럽에서는 군인에게 혼인을 금지한다. 그런데 풍토로 인해 덜 엄격할 수밖에 없는 말라바르에서는 그들에게 혼인을 최대한 방해가 되지 않게 만드는 것으로 그쳤다. 그래서 여러 명의 남자에게 한 명의 여자를 주었다. 이것은 그만큼 가정에 대한 애착과 집안에 대한 책무를 줄여주므로, 남자들에게 군인 정신을 남겨준다.

---

10 《동인도회사 설립에 도움을 준 여행기 모음집》, 제1권.

11 프랑수아 피라르, 《여행기》, 제27장. 《교훈적이고 신기한 편지들》, 제3집과 제10집, 말라바르 해안의 말레아미에 대한 부분. 이것은 군인 직업의 폐해로 여겨진다. 그리고 피라르가 말한 것처럼, 브라만 카스트의 여자는 결코 여러 명의 남편과 결혼하지 않는다.

제 6장 : 일부다처제 그 자체에 대하여

일부다처제를 어느 정도 용인할 수 있는 사정과 관계없이 일반적으로 고찰한다면, 그것은 인류에게 유익하지 않다. 그것을 남용하는 사람이나 남용의 대상이 되는 사람이나 남녀 양성 어느 쪽에도 도움이 되지 않는다. 그것은 아이들에게도 유익하지 않다. 가장 큰 단점 중의 하나는 아버지와 어머니가 자식에 대해 똑같은 애정을 가질 수 없다는 것이다. 어머니가 두 명의 자식을 사랑하는 것만큼 아버지는 20명의 자식을 사랑할 수 없다. 여자가 여러 명의 남편을 가질 때는 사정이 더욱 나쁘다. 그 경우, 부성애는 한 아버지가 어떤 자식을 내 자식이라고 믿으려 할 수 있는지 혹은 다른 아버지들이 그렇게 믿을 수 있는지 하는 생각에 기인할 뿐이기 때문이다.

모로코 왕은 살결이 흰 여자, 검은 여자, 황색인 여자를 후궁에 두고 있다 한다. 가련한 자여! 고작 색깔에 대한 욕구를 가지고 있다니.

아내를 많이 소유하는 것이 항상 다른 사람의 아내에 대한 욕망을 방지해 주는 것은 아니다. 12 색욕이나 탐욕이나 마찬가지이다. 보물을 손에 넣음으로써 갈망은 더 증가할 따름이다.

유스티니아누스 시대에 기독교의 구속을 불편해한 여러 철학자가 페르시아의 호스로(2) 왕 곁으로 물러났다. 그들에게 가장 큰 충격을 준 것은 간통까지 서슴지 않는 사람들에게 일부다처제가 허용되어 있었다는 사실이었다고 아가티아스(3)는 말한다. 13

---

12 바로 그 때문에 동양에서는 그토록 수고스럽게 아내를 숨겨 두는 것이다.

다처제는 자연이 인정하지 않는 그 사랑으로도 이끌게 된다고 말할 수 있으리라! 하나의 방탕은 언제나 또 다른 방탕을 초래하기 때문이다. 콘스탄티노폴리스에서 혁명이 일어나 술탄 아흐메트가 폐위되었을 때, 사람들이 고관의 집을 약탈했지만 여자는 단 한 명도 발견되지 않았다고 견문기는 전하고 있다. 알제에서는 대부분의 후궁에 여자가 없을 지경에 이르렀다고 한다.14

제 7장 : 일부다처제에서의 평등한 대우

일부다처제 법은 평등한 대우의 법을 수반한다. 4명의 아내를 허용한 무함마드는 아내들 사이에 음식, 의복, 부부의 동침 등 모든 것이 평등하기를 원했다. 이 법은 3명의 여자와 결혼할 수 있는 몰디브에도 확립되어 있다.15

모세의 법16에는 어떤 사람이 아들을 노예 여자와 혼인시켰는데, 그 후에 그 아들이 자유인 여자와 혼인할 경우 첫 아내로부터 옷, 음식, 부부의 동침을 아무것도 빼앗으면 안 된다고 정해져 있다. 새 아내에게 더 많은 것을 줄 수는 있으나 첫 아내가 가진 것이 적어져서는 안 되었다.

---

13 《유스티니아누스의 생애와 업적》, 403쪽.
14 로지에 드 타시, 《알제 왕국의 역사》.
15 프랑수아 피라르, 《여행기》, 제12장.
16 〈출애굽기〉 21장 10절과 11절.

제 8장 : 남녀의 분리

일부다처제의 결과, 향락적이고 부유한 나라에서는 사람들이 매우 많은 아내를 갖는다. 그 숫자가 매우 많다 보니 자연히 여자들을 남자와 분리시키고 가두게 된다. 집안의 질서도 그것을 요구한다. 빚을 갚을 능력이 없는 채무자가 채권자의 추적을 피해 안전한 곳으로 피신하려고 하는 것과 마찬가지이다. 육체적 충동이 너무 강해서 도덕이 거의 아무 소용이 없는 풍토가 있다. 남자를 여자와 함께 두면, 유혹은 타락이 되어 틀림없이 공격이 일어나고 전혀 저항하지 못할 것이다. 그런 나라에서는 계율 대신에 문의 빗장이 필요하다.

중국의 어떤 고전에서는 외딴 방에 여자와 단둘이 있으면서도 여자에게 폭력을 행사하지 않는 것을 경탄할 만한 덕성으로 여긴다. 17

제 9장 : 집안 통치와 국가 정치의 연관성

공화정체에서는 시민의 지위가 한정되어 있고 평등하고 안락하고 적절하므로, 모든 것에서 공적인 자유의 영향이 느껴진다. 거기서는 여자에 대한 절대적 지배권이 제대로 행사될 수 없을 것이다. 풍토가 그런 지배권을 요구할 때는 일인 통치가 가장 적합했다. 바로 그것이 동

---

17 "멀리 떨어진 곳에서 남의 보석을 발견하거나 외딴 방에 홀로 있는 아름다운 여자를 발견할 경우, 도와주지 않으면 죽게 될 적의 목소리를 듣는 경우, 그것은 훌륭한 시금석이 된다." 도덕에 대한 중국 서적의 번역, 뒤 알드 신부, 제 3권, 151쪽.

양에서 늘 민중적 정체가 수립되기 어려웠던 이유 중의 하나이다.

그와 반대로, 여자들의 예속은 모든 것을 남용하기 좋아하는 전제 정체의 특성에 매우 적합하다. 그래서 아시아에서는 모든 시대에 가내 노예제와 전제정체가 함께 존립하는 것을 볼 수 있었다.

특히 평온이 요구되고 극도의 복종이 '평화'로 불리는 정체에서는 여자를 유폐해야 한다. 여자의 간통이 남편에게 치명적일 수 있기 때문이다. 신민의 행동을 살펴볼 시간이 없는 정부는 단지 용의자로 보이거나 그렇게 느껴지는 것만으로 그들을 범인으로 지목한다.

우리네 여자들의 경박한 정신과 경솔함, 그녀들이 좋아하는 것과 싫어하는 것, 그녀들의 크고 작은 열정이 동양의 국가로 옮겨져서 우리나라에서처럼 활발하고 자유롭게 작용한다고 잠시 가정해 보자. 어떤 가장이 한 순간이라도 평온할 수 있겠는가? 온 사방에 수상한 사람들과 적이 생길 것이다. 국가는 흔들리고, 피의 강물이 흐르는 것을 보게 될 것이다.

제 10장 : 동양의 도덕 원리

아내가 많은 경우, 가족이 분리되면 분리될수록 법은 이 분리된 부분들을 하나의 중심에 결합시켜야 한다. 그리고 이해관계가 다양할수록 법이 그것을 하나의 이해관계로 귀착시키는 것이 좋다.

그것은 특히 유폐(幽閉)를 통해 이루어진다. 여자들은 집의 울타리에 의해 남자들과 분리되어야 할 뿐만 아니라 같은 울타리 안에서도 분리되어 가정 안에서 자신의 고유한 가정 같은 것을 만들어야 한다. 거기에서 여자로서의 모든 도덕적 관행이 유래한다. 수줍음, 순결, 신중함, 침묵, 평화, 종속, 존경, 사랑, 요컨대 본질적으로 이세상의 가장 좋은 것에 대한 전반적 감정, 즉 자신의 가정에 대한 유례없는 애착 말이다.

여자들은 당연히 여자 고유의 수많은 의무를 완수해야 하므로 그녀들에게 다른 생각을 불러일으킬 수 있는 모든 것, 오락으로 여겨지는 모든 것, 용무라고 불리는 모든 것으로부터 충분히 그녀들을 떼어 놓을 수 없다.

동양의 여러 나라에서는 여자의 유폐가 더 엄격할수록 더 순결한 풍속을 볼 수 있다. 대국에는 필연적으로 대(大) 영주들이 있다. 그들의 재산이 많으면 많을수록 그들은 여자들을 엄중한 울타리 안에 가두고 그녀들이 사회로 돌아가는 것을 막을 수 있다. 터키, 페르시아, 몽골, 중국, 일본의 제국에서 여자들의 풍속이 훌륭한 것은 바로 그 때문이다.

인도 지역에 대해서는 똑같이 말할 수 없다. 인도 지역은 수많은 섬과 토지의 상황으로 인해 많은 소국으로 나뉘어 있고, 내가 여기서 시간상 다 설명할 수 없는 많은 이유로 인해 전제적인 곳이다.

거기에는 약탈하는 빈민과 약탈당하는 빈민이 있을 뿐이다. 귀족으로 불리는 사람들도 매우 적은 재산밖에 없고, 부자라고 불리는 사람들도 단지 먹고살 수 있을 뿐이다. 따라서 여자들의 유폐가 엄중할 수 없고 여자들을 가두어두기 위해 그토록 대단한 주의를 기울일 수 없으므로, 그들 풍속의 부패는 상상을 초월한다.

풍토의 결함이 자유롭게 방임되었을 때 어느 정도까지 혼란을 초래할 수 있는지를 보여주는 곳이 바로 그곳이다. 본성이 강하고 이해할 수 없을 정도로 수치심이 약한 곳이 바로 그곳이다. 파탄(4)에서는 여자들의 음란함이 너무 심해서18 남자들이 여자의 유혹을 피하기 위해 어떤 기구를 착용하지 않을 수 없다. 19 스미스에 의하면, 20 기니의 소왕국들에서도 사정이 다르지 않다고 한다. 이들 나라에서는 남녀 양성이 그 고유의 법까지 잃어버린 듯하다.

제 11장 : 일부다처제와 무관한 가내 노예제

동양의 어떤 지역에서 여자들의 유폐를 요구하는 것은 단지 일부다처제만이 아니다. 풍토도 그것을 요구한다. 종교가 한 사람의 아내밖에 허용하지 않는 인도의 고아와 인도 지역의 포르투갈 식민지에서 여자들의 자유가 초래한 잔학행위, 범죄, 배신, 악랄함, 독약, 암살 등에 대한 보고를 읽고, 이를 터키, 페르시아, 몽골, 중국, 일본 여자들의 순수하고 결백한 풍속과 비교해 보면 아내를 한 사람밖에 갖지 않는

---

18 몰디브에서는 아버지가 딸을 10살이나 11살에 혼인시킨다. 딸이 남자에 대한 욕구를 참게 내버려두는 것은 큰 죄악이기 때문이라고 그들은 말한다. 프랑수아 피라르, 《여행기》, 제 12장. 반탐에서는 딸이 방탕한 생활을 하는 것을 원하지 않는다면 13살이나 14살이 되자마자 혼인시켜야 한다. 《동인도회사 설립에 도움을 준 여행기 모음집》, 348쪽.

19 《동인도회사 설립에 도움을 준 여행기 모음집》, 제 2권, 제 2부, 196쪽.

20 《기니 여행》, 번역본 제 2부, 192쪽. "여자들은 남자를 만날 때, 그를 붙잡고 자신을 무시하면 남편에게 고발하겠다고 위협한다. 그녀들은 남자의 침대로 슬며시 들어가서 남자를 깨운다. 만약 남자가 거절하면, 그녀들은 현장이 발각되게 하겠다고 그를 위협한다."

경우에도 여러 명의 아내를 갖는 경우와 마찬가지로 여자를 남자와 분리시킬 필요가 있다는 것을 잘 알게 될 것이다.

이런 것은 풍토에 의해 결정되어야 한다. 우리의 북쪽 지역에서 여자들을 유폐하는 것이 무슨 소용이 있겠는가? 그곳에서는 여자들의 풍속이 천성적으로 좋고, 그녀들의 모든 정념이 평온하여 활동적이거나 교묘하지 않으며, 마음에 미치는 사랑의 지배력이 매우 통제되어 있어서 최소한의 단속으로 충분히 여자들을 지도할 수 있는데 말이다.

상호 교류가 허용되는 풍토, 가장 매력적인 성(性)이 사회를 아름답게 장식하는 듯 보이는 풍토, 여자들이 한 사람의 기쁨을 위해 자기자신을 남겨 두고 있으면서 모든 사람의 즐거움에도 도움을 주는 풍토, 그런 풍토에서 살아간다는 것은 행복한 일이다.

제 12장 : 자연적 수치심

모든 민족은 여자의 방탕을 똑같이 경멸한다. 그것은 자연이 모든 민족에게 그렇게 가르쳤기 때문이다. 자연은 방어와 공격을 설정했고, 양쪽에 욕망을 갖게 한 다음 한쪽에는 대담함을 주고 다른 한쪽에는 수치심을 주었다. 자연은 개인에게 자신을 보존하는 데에는 긴 시간을 주었지만, 자손을 남기는 데에는 순간밖에 주지 않았다.

따라서 방탕함이 자연의 법칙을 따르는 것이라는 말은 사실이 아니다. 그것은 오히려 자연의 법칙을 위반하는 것이다. 이 법을 따르는 것은 절제와 신중함이다.

게다가 자신의 불완전함을 느끼는 것은 지적 존재의 본성에 속한다. 따라서 자연은 우리에게 수치심, 즉 우리의 불완전에 대한 부끄러움을 주었다.

그러므로 어떤 풍토의 물리적 힘이 남녀 양성의 자연법과 지적 존재의 자연법을 위반할 때는 풍토성을 억제하고 원래의 법을 회복하는 시민법을 만드는 것이 입법자가 해야 할 일이다.

제13장 : 질투

여러 민족에게 있어 정념의 질투와 관습이나 풍속이나 법에서 생기는 질투를 구별해야 한다. 전자는 불타올라 휩쓸어 버리는 열병이고, 후자는 냉정하지만 때로는 무서운 것으로서 무관심이나 경멸과 결합할 수 있다. 전자는 사랑의 남용으로 사랑 그 자체에서 생겨나는 것이다. 후자는 오로지 풍속, 민족의 품행, 나라의 법, 도덕, 때로는 종교와도 관계가 있다. 21

질투는 거의 언제나 풍토의 물리적 힘의 결과이고, 또 그 물리적 힘의 치료제이기도 하다.

---

21 무함마드는 신도들에게 아내를 감시하라고 권고했다. 어떤 이슬람 지도자도 죽어
    가면서 똑같은 말을 했고, 공자 역시 그런 의견을 설교했다.

제 14장 : 동양의 집안 관리

동양에서는 아내를 너무 자주 바꾸어서 아내가 집안 관리를 할 수 없다. 따라서 그 일을 환관에게 맡겨 모든 열쇠를 건네주고, 그들이 집안일을 처리한다. "페르시아에서는 마치 아이들에게 옷을 주는 것처럼 여자들에게 옷을 준다"라고 샤르댕은 말한다. 그러므로 여자들에게 아주 적합해 보이는 그 임무, 다른 곳이라면 여자들이 해야 할 첫 번째 임무가 그녀들과 아무 상관이 없다.

제 15장 : 협의이혼과 일방적 이혼

협의이혼과 일방적 이혼 사이에는 다음과 같은 차이가 있다. 협의이혼은 서로 화합하지 못하는 경우에 상호 동의를 통해 이루어지는 반면, 일방적 이혼은 상대방의 의지나 이익과 무관하게 두 당사자 중 어느 한쪽의 의지로 자신의 이익을 위해 이루어지는 것이다.

때때로 여자들도 일방적 이혼을 할 필요가 있고 여자들이 일방적 이혼을 하기는 항상 너무 난처한데, 그 권리를 여자들에게는 주지 않고 남자에게만 주는 법은 가혹하다. 남편은 집안의 주인으로, 아내를 가두거나 의무를 다하게 하는 수많은 수단을 가지고 있다. 그의 수중에 있는 일방적 이혼은 그의 권력을 새로이 남용하는 데 지나지 않는 것 같다. 그러나 일방적 이혼을 하는 여자는 단지 통탄할 해결책을 행사하는 것에 불과하다. 첫 결혼에서 매력을 대부분 잃어버린 후에 두 번째 남편을 찾아야 하는 것은 그녀에게는 언제나 큰 불행이다. 여자에게 젊은 시절의 매력이 지닌 이점 중의 하나는 나이가 들어서도 남편이 쾌락의 추억에 의해 호의를 베풀게 된다는 것이다.

따라서 법이 남자에게 일방적 이혼의 권한을 부여하는 모든 나라에서는 여자에게도 부여해야 하는 것이 일반적 규칙일 뿐만 아니라, 여자들이 가내 노예제 속에서 살아가는 풍토에서는 아내에게는 일방적 이혼을 허용하고 남편에게는 협의이혼만 허용해야 할 것이다.

아내가 하렘에 있을 때 남편은 풍속의 불일치를 이유로 일방적 이혼을 할 수 없다. 풍속이 안 맞는다면 그것은 남편의 잘못이다.

아내의 불임을 이유로 하는 일방적 이혼은 아내가 한 명일 경우에만 발생할 수 있을 것이다.[22] 아내가 여러 명 있을 때 그런 이유는 남편에게 전혀 중요하지 않다.

몰디브 법은 일방적으로 이혼한 아내와 다시 혼인하는 것을 허용한다.[23] 멕시코 법은 재결합을 금지했고 이를 어길 시 사형에 처했다.[24] 멕시코 법이 몰디브 법보다 더 합리적이었다. 멕시코 법은 헤어지는 순간에서조차 결혼의 영속성을 생각하고 있었다. 반면 몰디브 법은 결혼과 일방적 이혼을 똑같이 가볍게 여기는 것 같다.

멕시코 법은 협의이혼만 인정했다. 그것은 자발적으로 서로 헤어진 사람들에게 재결합을 허용하지 않는 또 다른 이유였다. 일방적 이

---

22 그렇다고 해서 불임을 이유로 하는 일방적 이혼이 기독교에서 허용된다는 의미는 아니다.

23 프랑수아 피라르, 《여행기》. 다른 아내를 택하느니 차라리 헤어진 여자를 택한다. 그 경우에는 비용이 더 적게 들기 때문이다.

24 솔리스, 《멕시코 정복사》, 499쪽.

혼은 성급한 생각과 영혼의 어떤 정념에 기인하는 듯이 보이고, 협의이혼은 논의의 대상인 것 같다.

협의이혼은 보통 커다란 정치적 유용성을 갖는다. 그러나 시민적 유용성에 대해 말하자면, 그것은 남편과 아내를 위해 설정된 것이므로 자녀에게는 항상 이로운 것은 아니다.

제16장 : 로마의 일방적 이혼과 협의이혼

로물루스는 아내가 간통을 저지르거나 독약을 준비하거나 열쇠를 위조한 경우에 남편에게 일방적 이혼을 허락했다. 그는 아내에게는 일방적 이혼의 권리를 주지 않았다. 플루타르코스는 이 법을 매우 가혹한 법이라고 부른다. [25]

아테네의 법은 남편과 똑같이 아내에게도 일방적 이혼의 권한을 주었고,[26] 초기 로마에는 로물루스 법에도 불구하고 아내가 일방적 이혼의 권리를 획득했던 것을 볼 수 있다. 그러므로 그 제도는 로마의 사절이 아테네에서 가져온 것 중 하나로서, 그것이 12표법에 들어가게 된 것이 분명하다.

키케로는 일방적 이혼의 이유가 12표법에서 유래했다고 말한다. [27]

---

25 "로물루스의 생애".

26 솔론의 법이었다.

27 Mimam res suas sibi habere jussit, ex duodecim tabulis causam addidit (그는 여배우에게 그녀의 재산을 가져가라고 명령했는데, 자신의 경우를 12표법에 근거를 두었다). "필리피카" II. ("필리피카"는 키케로가 마르쿠스 안토니우스를 탄핵

따라서 이 법이 로물루스가 정한 일방적 이혼 이유의 수를 증가시킨 것은 의심의 여지가 없다.

협의이혼의 권한 역시 12표법의 한 규정, 혹은 적어도 그 결과였다. 아내나 남편이 각자 일방적 이혼의 권리를 갖는 마당에, 하물며 협의와 상호 의사에 의해 서로 헤어질 수 있다는 것은 말할 필요도 없기 때문이다.

법은 협의이혼에 대해 이유를 제시할 것을 요구하지 않았다. 28 사물의 본성상 일방적 이혼에는 이유가 필요하지만, 협의이혼에는 필요하지 않다. 법이 혼인을 파기할 수 있는 이유로 정한 것 중에서 상호 불일치가 가장 강력한 이유이기 때문이다.

할리카르나소스의 디오니시오스, 29 발레리우스 막시무스, 30 아울루스 겔리우스31는 있을 것 같지 않은 한 가지 사실을 이야기하고 있다. 그들의 말에 의하면, 로마에서는 아내와 일방적 이혼을 하는 권한이 주어져 있었지만, 사람들이 새점(鳥占)을 너무도 존중했던 탓에 카르빌리우스 루가(5)가 불임을 이유로 아내와 일방적 이혼을 했을 때에 이르기까지 520년 동안 아무도 그 권리를 사용하지 않았다고 한다. 32 그러나 법이 모든 사람에게 그런 권한을 주었는데 아무도 그것

하는 연설문으로 총 14편으로 이루어져 있다_옮긴이 주)

28 유스티니아누스 황제가 이것을 변경했다. 《신칙법》 117, 제 10장.

29 제 2편.

30 제 2편, 제 4장.

31 제 4편, 제 3장.

32 520년은 할리카르나소스의 디오니시오스와 발레리우스 막시무스에 의한 것이다. 아울루스 겔리우스에 의하면 523년이다. 그러니까 그들은 그 사건이 똑같은 집정

을 사용하지 않은 것이 얼마나 기적적인 일인지 알려면, 인간 정신의 본성을 아는 것만으로 충분하다.

코리올라누스는 유배를 떠날 때 아내에게 자신보다 더 행복한 남자와 결혼하라고 권했다. 33 우리는 앞에서 12표법과 로마인의 풍속이 로물루스 법을 크게 확대한 것을 보았다. 만약 아무도 일방적 이혼의 권한을 사용하지 않았다면, 그런 확대를 왜 했겠는가? 게다가 만약 시민들이 새점을 그토록 존중해서 결코 일방적 이혼을 하지 않는다면, 어째서 로마의 입법자들은 시민들보다 새점을 존중하지 않았을까? 어떻게 법은 끊임없이 풍속을 부패시킨 것일까?

플루타르코스의 두 대목을 살펴보면, 문제의 사실에서 그 경이로움이 사라질 것이다. 국왕의 법은 우리가 앞에서 말한 세 가지 경우에 남편에게 일방적 이혼을 허용했다. 34 "이 법에는 다른 경우에 일방적 이혼을 하는 자는 재산의 절반을 아내에게 주고 나머지 절반은 케레스 여신에게 바치도록 정해져 있었다"라고 플루타르코스는 말한다. 35 따라서 그 벌을 받기만 하면 모든 경우에 일방적 이혼을 할 수 있었다. 하지만 카르빌리우스 루가 이전에는 아무도 일방적 이혼을 하지 않았다. 36 또 플루타르코스는 카르빌리우스 루가가 "로물루스로부터

관 밑에서 발생한 것으로 보지 않았다.

33 할리카르나소스의 디오니시오스, 제 8편에서 베투리아(Veturia, BC5세기경 고대 로마의 전설적인 장군 코리올라누스의 어머니__옮긴이 주) 의 이야기를 참조할 것.

34 플루타르코스, "로물루스의 생애".

35 위의 책.

36 실제로는 불임의 이유는 로물루스 법에 들어 있지 않았다. 그는 감찰관의 명령을 따랐기 때문에 재산 몰수를 당하지 않은 것 같다.

230년 후에 불임을 이유로 아내와 일방적 이혼을 했다"라고 말한다. 37(6) 그렇다면 그는 일방적 이혼의 권리와 이유를 확대한 12표법이 생기기 71년 전에 일방적 이혼을 한 셈이다.

내가 인용한 저자들은 카르빌리우스 루가가 아내를 사랑했다고 말한다. 하지만 불임 때문에 감찰관들이 그가 공화국에 자식을 제공할 수 있도록 아내와 이혼하겠다는 서약을 하게 했다는 것이다. 그리고 그 일로 그는 인민에게 미움을 받게 되었다고 한다.

로마의 인민이 카르빌리우스에게 품은 증오의 진짜 이유를 알려면 로마 인민의 특성을 알아야 한다. 카르빌리우스가 인민의 미움을 샀던 것은 아내와 이혼했기 때문이 아니다. 그것은 인민이 신경 쓰지 않는 문제다. 그런데 카르빌리우스는 아내의 불임을 이유로 공화국에 자식을 제공하기 위해 이혼하겠다고 감찰관들에게 서약했다. 인민은 그것을 감찰관들이 인민에게 가하려는 억압이라고 생각한 것이다. 나는 이 책의 뒷부분에서 로마 인민이 그런 규칙에 대해 언제나 혐오감을 가지고 있었다는 것을 보여주고자 한다. 38 그런데 앞서 말한 저자들 사이의 그런 모순은 어디에서 유래한 것일까? 그것은 플루타르코스는 하나의 사실을 조사했고, 저자들은 경이로운 것을 이야기했기 때문이다.

---

37 "테세우스와 로물루스의 비교"에서.
38 제 23편 제 21장에서.

제 17 편

정치적 노예제 법은 풍토의 성질과
어떻게 관련되나

제 1장 : 정치적 노예제

이제 고찰하려는 바와 같이, 정치적 노예제는 시민적 노예제나 가내
노예제와 마찬가지로 풍토의 성질에 달려 있다.

제 2장 : 용기에 대한 민족의 차이

심한 더위가 사람들의 힘과 용기를 약화시키고, 추운 풍토에는 고통
스럽고 위대하며 대담한 행동을 사람들이 장기적으로 할 수 있게 만
드는 육체와 정신의 어떤 힘이 있다는 것을 우리는 이미 이야기했다.
그것은 민족의 차이만이 아니라 같은 나라 안의 지역의 차이에 따라
서도 드러난다. 중국의 북부 사람은 남부 사람보다 더 용감하고,[1] 한
국의 남부 사람은 북부 사람만큼 용감하지 못하다.[2]

따라서 더운 풍토에서 사는 민족의 비겁함이 거의 언제나 그들을 노예로 만들고, 추운 풍토에서 사는 민족의 용기가 그들의 자유를 유지했다는 것에 놀랄 필요가 없다. 그것은 자연적 이유에서 파생되는 결과이다.

아메리카에서도 그랬다. 멕시코와 페루의 전제국가는 적도 근처에 있었고, 거의 모든 소국의 자유 민족은 극지방 부근에 있었다. 그것은 지금도 그렇다.

제 3장 : 아시아의 풍토

여행기들은 우리에게 다음과 같이 말한다.[3]

"아시아의 북쪽은 북위 40도 부근에서 거의 북극까지, 그리고 러시아 국경에서 동쪽 바다까지 이르는 광대한 대륙으로 매우 추운 기후이다. 이 거대한 땅은 서쪽에서 동쪽에 이르기까지 산맥으로 나누어지는데, 산맥의 북쪽에는 시베리아가 있고, 남쪽에는 대(大) 타타리아[(1)]가 있다. 시베리아의 기후는 몹시 추워서 몇몇 군데를 제외하고는 경작을 할 수가 없다. 러시아인은 이르티시강을 따라 식민지를 가지고 있으나 거기서 아무것도 경작하지 않는다. 그 지방에는 작은 전나무와 관목 몇 그루밖에 자라지 않는다. 지역의 토착민은 캐나다의

1　뒤 알드 신부, 제1권, 112쪽.

2　중국의 책들이 그렇게 말한다. 위의 책, 제4권, 448쪽.

3　《북쪽 지방의 여행기 모음집》 제8권 및 《타타르족의 역사》와 뒤 알드 신부의 《중국 제국에 대한 묘사》 제4권 참조.

토착민처럼 극빈한 중소부족으로 나누어져 있다.

그토록 추운 이유는 한편으로는 고지대이기 때문이고, 다른 한편으로는 남쪽에서 북쪽으로 감에 따라 산이 평평해져서 북풍이 아무런 장애물 없이 사방에서 불어오기 때문이다. 노바야제믈랴 제도(2)를 아무도 살지 않는 곳으로 만드는 이 바람은 시베리아에 불어와서 그곳을 불모의 땅으로 만든다. 그와 반대로 유럽에서는 노르웨이와 라플란드(3)의 산들이 그 바람으로부터 북쪽 나라들을 보호하는 훌륭한 보루가 된다. 그 결과 북위 59도 근처에 있는 스톡홀름의 토지에서는 과일과 곡식과 채소가 생산된다. 그리고 북위 61도에 위치한 오보(4) 주변에도 63도나 64도 부근과 마찬가지로 은 광산이 있고, 토지는 상당히 비옥하다."

여행기에는 또 다음과 같은 내용도 있다.

"대 타타리아는 시베리아 남쪽에 있는데 역시 매우 춥다. 이곳에서는 경작이 안 되고, 가축 떼를 위한 방목지만 볼 수 있다. 나무는 자라지 않지만, 아이슬란드처럼 덤불은 있다. 중국과 몽골 근처에는 조류의 곡물이 자라는 몇몇 지역이 있긴 하지만 밀이나 쌀은 여물지 못한다. 43도, 44도, 45도에 있는 중국 타타리아에는 1년 중 7~8개월 동안 얼지 않는 곳이 없다. 그래서 이 지방은 남프랑스보다 더 더워야 하는데도 아이슬란드처럼 춥다.

동쪽 바다 근처의 네댓 개 도시와 중국인이 정치적 이유로 중국 근처에 세운 몇몇 도시를 제외하면 도시라고는 없다. 대 타타리아의 나머지 지역에도 부샤리, 투르키스탄, 카리즘(5)에 있는 몇 군데 도시밖에 없다. 이렇게 극도로 추운 이유는 초석이 잔뜩 들어있는 아질산의 모래로 된 토질인 데다가 땅이 높은 지대에 있기 때문이다. 페르비스트(6) 신부는 카밤후람 호수 근처의 만리장성 북쪽 120km쯤 되는 지점에 있는 어떤 장소가 베이징 부근의 해안보다 3천 보가 더 높고4 이 높이로 인해 아시아의 거의 모든 큰 강들의 수원이 바로 이 지역에 있음에도 불구하고 물이 부족해서 강과 호수 근처에서만 사람이 살 수 있다는 것을 발견했다."

이런 사실들을 인정한다면 다음과 같이 추론할 수 있다. 아시아에는 본래 온대가 없고, 매우 추운 풍토에 위치한 장소가 매우 더운 풍토에 있는 장소, 즉 터키, 페르시아, 몽골, 중국, 한국, 일본과 직접 접한다.

반대로 유럽에는 온대가 매우 넓다. 비록 매우 상이한 풍토에 위치하고 있어서 스페인이나 이탈리아의 풍토와 노르웨이나 스웨덴의 풍토 사이에 아무 유사성이 없지만 말이다. 그러나 남쪽에서 북쪽으로 가면서 각 지방의 위도에 거의 비례해서 조금씩 추워지므로, 각 지방은 이웃한 지방과 거의 유사하고 뚜렷한 차이가 없으며 방금 말한 것처럼 온대가 매우 넓어진다.

그 결과 아시아에서는 강한 국민과 약한 국민이 마주하게 된다. 즉, 호전적이고 용감하고 활동적인 민족이 유약하고 게으르고 소심한 민족과 직접 접촉하는 것이다. 따라서 한쪽은 정복당하고 다른 한쪽은 정복자가 될 수밖에 없다. 반대로 유럽에서는 강한 국민이 강한 국민과 마주하고 있고, 서로 인접한 국민은 거의 똑같은 용기를 가지

---

4 따라서 타타리아는 일종의 평탄한 산과 같다.

고 있다. 이것이 바로 아시아의 나약함과 유럽의 강대함, 유럽의 자유와 아시아의 예속을 만든 커다란 이유인데, 이런 원인에 주목한 사람이 있었는지는 모르겠다. 아시아에서는 결코 자유가 증가하는 일이 없지만 유럽에서는 상황에 따라 자유가 증가하기도 하고 감소하기도 하는 것은 바로 그 때문이다.

러시아의 귀족계급은 군주 한 사람에게 예속되어 있긴 하지만, 그들에게는 남부의 풍토에서는 볼 수 없는 조급한 특성이 여전히 보인다. 비록 며칠 동안이었지만 거기서 수립된 귀족정체를 우리는 보지 않았는가? 북방의 다른 한 왕국은 그 법을 잃어버렸으나, (7) 풍토를 신뢰할 수 있으므로 회복할 수 없을 정도로 법을 잃은 것은 아니다.

제4장 : 그 결과

앞서 말한 것은 역사적 사건과 일치한다. 아시아는 열세 번 정복되었다. 열한 번은 북방 민족에 의해서, 두 번은 남방 민족에 의해서였다. 고대에는 스키타이족이 세 번이나 정복했다. 이어서 메디아와 페르시아가 각각 한 번, 그리고 그리스인, 아랍인, 몽골인, 터키인, 타타르족, 페르시아인, 아프간인이 그 뒤를 이었다. 나는 상부 아시아에 대해서만 말하는 것이고, 남부 아시아의 나머지 지역에서 행해지는 침략에 대해서는 말하지 않고자 한다. 이 지역은 끊임없이 매우 큰 혁명을 겪어 왔다.

반대로 유럽에서는 그리스와 페니키아의 식민지 건설 이래 단 네 번의 큰 변화밖에 없었다. 첫 번째는 로마인의 정복이 야기한 변화였고, 두 번째는 그 로마인을 멸망시킨 야만족의 범람에 의한 것이었고, 세 번째는 카롤루스 마그누스 대제의 승리에 의한 것이었고, 마지막은 노르만족의 침입에 의한 것이었다. 이것을 잘 살펴보면, 이 변화에서조차 유럽 전역에 일반적인 힘이 퍼져 있음을 발견하게 될 것이다. 우리는 로마인이 유럽을 정복할 때 겪은 어려움과 아시아를 침략할 때의 수월함을 알고 있다. 또한 북방 민족이 로마 제국을 전복시킬 때 겪었던 어려움, 카롤루스 마그누스의 전쟁과 노고, 노르만족의 여러 차례에 걸친 공격을 알고 있다. 파괴자들은 끊임없이 파괴된 것이다.

제 5장 : 아시아의 북방 민족과 유럽의 북방 민족이 정복했을 때, 그 결과는 같지 않았다

유럽의 북방 민족은 자유인으로서 유럽을 정복했다. 아시아의 북방 민족은 노예로서 아시아를 정복했고, 오직 주인을 위해서 승리했다.

그 이유는 원래 아시아의 정복자인 타타르족이 스스로 노예가 되었기 때문이다. 타타르족은 끊임없이 아시아 남부를 정복하고, 제국을 형성한다. 그러나 고국에 남아 있는 국민은 한 사람의 강한 주인에게 복종하고, 남부에서 전제군주가 된 그 주인은 북부에서도 전제군주가 되고자 한다. 그리고 피정복 신하에 대한 독재적 권력뿐만 아니라 정복자인 신하에 대해서도 독재적 권력을 주장한다. 이것은 오늘날 '중국령 타타리아'라고 불리는 방대한 지역에서 잘 볼 수 있다. 황제는 이 지역을 중국 자체와 거의 똑같이 전제적으로 지배하고, 날마다 정복을 통해 확장하고 있다.

또 중국의 역사를 보면 황제들이 중국인 식민자들을 타타리아에 보냈다는 것을 알 수 있다. 5 이 중국인들은 타타르족이 되어 중국의 원수가 되었다. 그러나 그들을 통해 중국의 통치 정신이 타타리아에 도입되었다.

종종 정복한 타타르족의 일부가 쫓겨나기도 했는데, 그들은 노예제의 풍토에서 얻은 예속 정신을 가지고 사막으로 돌아온다. 중국의 역사는 우리에게 그에 대한 좋은 예를 제공하고, 우리의 고대사도 마찬가지이다. 6

타타르족이나 제트족(8)의 민족성이 늘 아시아 제국의 민족성과 유사했던 것은 바로 그 때문이다. 아시아 제국의 여러 민족은 몽둥이에 의해 지배받고, 타타르족은 긴 채찍에 의해 지배받는다. 유럽의 정신은 그런 풍속과는 늘 상반되었다. 어떤 시대에서든 아시아의 민족이 처벌이라고 부른 것을 유럽의 민족은 모욕이라고 불렀다. 7

타타르족은 그리스 제국을 멸망시키고, 정복한 지역에 노예제와 전제정체를 수립했다. 고트족은 로마 제국을 정복하고 사방에 군주정체와 자유를 수립했다.

5　제5왕조의 제5대 황제 문제처럼.
6　스키타이인은 세 번 아시아를 정복했고, 거기서 세 번 쫓겨났다. 유스티누스, 제2편.
7　이것은 제23편 제20장에서 몽둥이에 대한 게르만족의 사고방식에 관해 이야기할 내용과 일치한다. 어떤 도구로든 그들은 때린다는 자의적인 권력이나 행동을 늘 모욕으로 여겼다.

자신의 저서 《아틀란티카》에서 스칸디나비아를 그토록 찬양한 그 유명한 루드베크(9)가 그곳에 사는 민족을 세상의 모든 민족보다 우위에 놓아야 하는 그 위대한 특권에 대해 말했는지 아닌지는 모르겠다. 그 민족이 유럽의 자유의 원천이었고, 다시 말해 오늘날 사람들 사이에 존재하는 거의 모든 자유의 원천이라는 것 말이다.

고트인 요르다네스는 유럽의 북부를 인류 제작소8라고 불렀다. 나는 차라리 남부에서 만들어진 쇠사슬을 부수는 도구의 제작소라고 부르겠다. 바로 거기서 그 용맹한 민족들이 성장한 것이다. 그들은 자신들의 나라에서 나와 폭군과 노예를 멸망시켰고, 자연이 사람들을 평등하게 만들었으므로 사람들의 행복을 위해서가 아니면 어떤 이유로도 종속시킬 수 없다는 것을 사람들에게 가르쳤다.

제 6장 : 아시아의 노예 상태와 유럽의 자유에 대한 새로운 물리적 원인

아시아에서는 언제나 대제국을 볼 수 있었는데, 유럽에는 대제국이 결코 존속할 수 없었다. 그것은 우리가 아는 아시아가 더 넓은 평원을 가지고 있기 때문이다. 아시아는 바다에 의해 더 넓은 부분으로 나누어진다. 그리고 더 남쪽에 있으므로 샘이 더 쉽게 마르고 산이 눈으로 덮이는 경우도 더 적으며 물이 덜 불어나는 강9은 그다지 큰 장벽이 되지 못한다.

---

8 Humani generis officinam (인류 공장).
9 물은 모이기 전에 혹은 모인 후에라도 없어지거나 증발해 버린다.

따라서 아시아에서는 권력이 항상 전제적일 수밖에 없다. 만약 노예 상태가 극단적이지 않으면 즉시 분열이 생길 텐데, 분열은 이 지역의 자연이 허용할 수 없는 것이기 때문이다.

유럽에서는 자연적인 분할로 적당한 넓이의 나라가 여러 개 형성되고, 그 나라들 안에서 법의 지배와 나라의 유지가 양립할 수 있다. 오히려 법의 지배가 매우 이로워서 법이 없는 나라는 쇠퇴에 빠지고 다른 모든 나라에 뒤지게 된다.

그것이 바로 자유의 정신을 만들었고, 법과 무역의 효용성에 의해서가 아니면 어떤 지역이든지 쉽게 외세에 정복되거나 복종하지 않는다.

반대로 아시아에는 예속의 정신이 지배하고 있고, 그것은 지금까지 한 번도 거기서 떠난 적이 없었다. 그 지역의 모든 역사에서는 자유로운 영혼을 표시하는 단 하나의 특성도 찾아볼 수 없다. 거기서는 단지 노예 상태의 영웅주의만 보게 될 것이다.

제 7장 : 아프리카와 아메리카

아시아와 유럽에 대해 내가 할 수 있는 말은 위와 같다. 아프리카는 아시아 남부와 유사한 풍토이고, 똑같은 노예 상태다. 아메리카는 파괴된 후 유럽과 아프리카의 민족이 그곳에 이주하여 정착했는데, 오늘날 그 고유의 특성을 거의 보여주지 못한다. 10 그러나 우리가 알고

10 스페인 사람들은 멕시코와 페루의 대제국보다 복종시키기가 훨씬 더 어려웠던 아

있는 그 옛날 역사는 우리의 원리에 매우 부합된다.

제 8장 : 제국의 수도

위에 말한 것에서 초래되는 결과 중의 하나는 제국의 중심을 잘 선택하는 것이 대군주에게 중요하다는 사실이다. 제국의 중심을 남부에 두는 군주는 북부를 잃을 위험을 무릅쓰는 것이고, 북부에 두는 군주는 남부를 보존하기가 쉬울 것이다. 나는 개별적 경우에 대해서는 말하지 않겠다. 기계장치에도 이론적 결과를 변화시키거나 방해하는 마찰이 있듯이, 정책에도 그런 것이 있다.

메리카의 소수 야만족들을 "용감한 인디오"라고 불렀다.

제 18 편   토지의 성질과 법의 관계

제 1장 : 토지의 성질이 어떻게 법에 영향을 미치나

토질이 좋은 나라에는 자연적으로 종속 관계가 수립된다. 그곳 주민
의 대다수를 이루는 농민은 자유를 그다지 열망하지 않는다. 그들은
자신들의 개인적인 일이 너무 많고 거기에 열중하기 때문이다. 재화
가 넘쳐나는 농촌은 약탈을 두려워하고 군대를 두려워한다. "좋은 당
파를 만드는 것은 누구인가? 상인과 농민이 군주정체에 반대한다고
우리가 생각하지만 않는다면, 바로 그들이 아니겠는가? 평온하게 지
낼 수만 있다면 그들에게는 어떤 정체든 다 똑같으니 말이다"라고 키
케로는 아티쿠스(1)에게 말했다. 1

그러므로 일인 통치는 비옥한 지역에서 더 자주 볼 수 있고, 비옥

---

1   제 7편.

하지 않은 나라에는 다수에 의한 통치를 볼 수 있다. 그것은 때때로 일종의 보상이기도 하다.

아티카(2)의 불모의 토지는 그곳에 민중적 정체를 수립했고, 스파르타의 비옥한 토지는 귀족정체를 수립했다. 그 시대에 그리스 사람들은 일인 통치를 바라지 않았는데, 귀족정체는 일인 통치와 더 관련이 많기 때문이다.

플루타르코스는 우리에게 다음과 같이 말한다. 2

"아테네에서 킬론(3)의 반란이 진압되자, 도시는 다시 예전의 대립에 빠져 아티카 지역의 땅 종류만큼 많은 당파로 갈라졌다. 산에 있는 사람들은 무슨 수를 써서라도 민중적 정체를 바랐고, 평지의 사람들은 유력자의 통치를 요구했고, 바다 근처에 있는 사람들은 그 둘이 혼합된 정체를 지지했다."

제 2장 : 같은 주제 계속

비옥한 지역은 강한 자에게 아무런 대항을 할 수 없는 평야이다. 따라서 사람들은 강자에게 복종한다. 강자에게 복종하면, 자유의 정신은 다시 돌아올 수 없다. 농촌의 재화는 충성의 담보인 것이다. 그러나 산악 지역에서는 사람들이 자신이 가지고 있는 것을 지킬 수 있고, 지킬 것도 별로 없다. 자유, 즉 사람들이 누리는 지배권이 방어할 가치가 있는 유일한 재산이다. 따라서 자유는 자연의 혜택을 더 많이 받은

---

2 "솔론의 생애".

것처럼 보이는 지역보다 살기 어려운 산악 지역에 더 많이 퍼져있다.

산악 지역 사람들은 정복당할 위험이 그다지 많지 않기 때문에 더 제한된 정체를 유지한다. 그들은 방어하기가 쉽고, 그들을 공격하는 것은 어렵다. 그들과 맞서 군수품과 식량을 모아 수송하려면 비용이 많이 든다. 그 지방에서는 군수품과 식량이 제공되지 않기 때문이다. 따라서 그들과 전쟁하는 것은 더 어렵고, 그것을 감행하는 것은 더 위험하다. 그래서 인민의 안전을 위해 만들어지는 모든 법이 산악 지역에서는 덜 만들어진다.

제 3장 : 가장 많이 경작된 지역은 어떤 곳인가

토지는 비옥함에 비례해서가 아니라 자유에 비례해서 경작된다. 만약 머릿속으로 지구를 분할해 보면, 대부분의 시대에서 가장 비옥한 지역에 사람이 살지 않는 땅이 있고, 토지가 모든 것을 거부하는 듯한 지역에 많은 사람이 있음을 보고 놀랄 것이다.

어떤 민족이 더 좋은 땅을 찾아 나쁜 땅을 떠나는 것은 자연스러운 일이지만, 더 나쁜 땅을 찾아 좋은 땅을 떠나는 것은 자연스럽지 못하다. 따라서 대부분의 침략은 자연이 행복할 수 있게 만들어 준 지역에서 벌어진다. 침략만큼 황폐함과 가까운 것은 없으므로, 가장 좋은 지역에 주민이 없는 일이 매우 빈번하다. 반면 북부의 고약한 지역은 사람이 살 만한 곳이 아니라는 이유로 항상 사람이 거주하고 있다.

스칸디나비아 민족이 도나우강변으로 이동한 것에 대해 역사가들이 말하는 바에 따르면, 그것은 정복이 아니라 단지 사람이 없는 땅으로의 이주에 불과했음을 알 수 있다.

따라서 이 좋은 풍토에는 이미 그전의 다른 이주로 인해 사람이 살지 않게 된 것이고, 우리는 거기서 어떤 비극적인 일이 벌어졌는지 알지 못한다.

아리스토텔레스는 다음과 같이 말한다. 3

"몇몇 유적으로 미루어 사르데냐는 그리스 식민지였던 것 같다. 사르데냐는 옛날에는 매우 부유했다. 농업에 대한 애정으로 사람들에게 많은 찬양을 받은 아리스타이오스(4)가 사르데냐에 법을 제공했다. 그러나 그 후 사르데냐는 매우 쇠퇴했다. 카르타고인이 그곳의 주인이 되어 인간의 양식에 적합할 수 있는 모든 것을 파괴했고, 토지 경작을 금지하고 이를 위반하면 사형에 처했기 때문이다."

사르데냐는 아리스토텔레스 시대에 재건되어 있지 않았는데, 오늘날에도 여전히 그렇다.

페르시아, 터키, 러시아, 폴란드의 기후가 가장 온화한 지역은 여러 타타르족이 저지른 황폐에서 회복될 수 없었다.

제 4장 : 국토의 비옥과 불모의 새로운 결과

토지의 불모(不毛)는 사람을 근면하고 검소하게 만들고, 노동에 익숙해지게 하며, 용감하고 전쟁에 적합하게 만든다. 그들은 토지가 거부하는 것을 스스로 마련해야 하기 때문이다. 토지의 비옥함은 안락

---

3   또는 《경이로운 것들(de Mirabilibus)》이라는 책을 쓴 저자.

함과 함께 유약함, 생명의 보존에 대한 애착을 준다.

작센과 같이 농민이 부유한 지방에서 징집된 독일 군대는 다른 군대보다 별로 좋지 않다는 것이 지적되었다. 군법은 더 엄격한 규율을 통해 이러한 단점을 보완할 수 있을 것이다.

제 5장 : 섬의 민족

섬의 민족은 대륙의 민족보다 자유를 더 좋아한다. 섬은 보통 면적이 좁고, 4 일부 주민을 고용해 다른 주민을 억압할 수 없다. 바다가 그들을 대제국으로부터 갈라놓고 있어서 폭정이 끼어들 수 없다. 바다가 정복자를 막아주므로 섬사람들은 정복에 휘말리지 않는다. 그래서 그들은 자신들의 법을 더 쉽게 유지한다.

제 6장 : 인간의 근면함에 의해 형성된 지역

인간의 근면함에 의해 사람이 살 수 있는 곳이 되었고, 존속하기 위해 똑같은 근면함을 필요로 하는 지역은 제한된 정체를 요구한다. 이런 종류의 지역으로는 특히 세 지역이 있다. 중국의 아름다운 두 지방 장난(江南)과 저장(浙江), 이집트, 네덜란드이다.

중국의 옛 황제들은 정복자가 아니었다. 그들이 영토 확장을 위해 제일 처음 한 일은 그들의 지혜를 가장 잘 증명하는 것이었다. 사람들

---

4   일본은 넓은 면적과 노예제로 인해 이에 해당하지 않는다.

은 제국의 가장 아름다운 두 지방이 강 하류에 형성되는 것을 보았는데, 그것은 인간이 일군 것이다. 그 두 지방의 이루 말할 수 없는 비옥함으로 인해 유럽 사람들은 그 방대한 고장이 행복을 누리고 있다고 생각했다. 그러나 제국의 그토록 중요한 지역이 파괴되지 않도록 하려면 끊임없는 노고가 필요했다. 그리고 그것은 향락적 민족의 풍속보다 현명한 민족의 풍속을, 전제군주의 폭군적 권력보다 군주의 합법적 권력을 요구했다. 예전에 이집트에서 그랬던 것처럼 거기서는 권력이 제한되어야 했다. 자연 덕분에 무기력이나 변덕스런 기분에 빠지지 않고 자기 자신에게 주의를 기울이게 된 네덜란드에서 오늘날 그러하듯, 거기서는 권력이 제한되어야 했다.

그리하여 자연히 노예적 근성의 복종으로 향하게 하는 중국의 풍토에도 불구하고, 제국의 지나치게 넓은 면적에서 초래되는 잔학행위에도 불구하고, 중국의 초기 입법자들은 매우 좋은 법을 만들 수밖에 없었고, 정체도 대부분 그 법을 따르지 않을 수 없었다.

제 7장 : 인간의 산물

인간은 그들의 노고와 좋은 법으로 땅을 주거에 더 적합하게 만들었다. 우리는 예전에 호수나 늪이 있던 곳에서 강이 흐르는 것을 볼 수 있는데, 그것은 자연이 만든 것이 아니라 자연에 의해 유지되는 재산이다. 페르시아인이 아시아를 지배할 때,[5] 그들은 물이 없는 어떤 장

---

5 폴리비오스, 제10편.

소에 샘에서 물을 끌어온 사람들에게 5대에 걸쳐 그 땅을 소유할 것을 허락했다. 그리고 토로스산에서 많은 개울이 흘러나왔으므로, 그들은 거기서 물을 끌어오기 위해 비용을 아끼지 않았다. 오늘날 사람들은 어디서부터 오는 물인지도 모른 채 밭과 정원에서 물을 발견한다.

이와 같이 파괴적인 국민이 그들보다 더 오래 지속되는 악습을 만들어 내듯이, 나라가 망해도 절대 사라지지 않는 자산을 이루는 근면한 국민이 있다.

제 8장 : 법의 일반적 관계

법은 여러 민족이 생계를 마련하는 수단과 매우 밀접한 관계가 있다. 상업과 해양업에 전념하는 민족에게는 자기 땅을 경작하는 것으로 만족하는 민족에게보다 더 광범위한 법전이 필요하다. 땅을 경작하는 민족에게는 가축 떼로 살아가는 민족에게보다 더 큰 규모의 법전이 필요하다. 가축 떼로 살아가는 민족에게는 사냥으로 살아가는 민족에게보다 더 큰 규모의 법전이 필요하다.

제 9장 : 아메리카의 토지

아메리카에 그토록 많은 미개 민족이 있는 이유는 그곳의 땅에서 먹고 살 수 있는 많은 과실이 저절로 생산되기 때문이다. 거기서는 여자들이 오두막 주변에 약간의 땅을 일구면, 곧 옥수수가 자란다. 사냥과 낚시는 남자들을 풍요롭게 만든다. 게다가 소나 물소처럼 풀을 먹는 동물이 육식동물보다 더 잘 자란다. 육식동물은 항상 아프리카를 지배해 왔다.

만약 유럽에서 땅을 경작하지 않고 내버려 둔다면 그 모든 이득을 얻지 못할 것이다. 유럽에서는 숲, 떡갈나무, 그 밖에 열매가 열리지 않는 나무밖에 자라지 않을 것이다.

제 10장 : 인간이 생계를 마련하는 방법과 인구의 관계

국민이 땅을 경작하지 않을 때, 그곳의 인구는 어떤 비율로 나타나는지 보기로 하자. 경작하지 않은 땅에서 나오는 생산물과 경작한 땅에서 나오는 생산물의 비율은 한 나라의 미개인 수와 다른 나라의 농부 수의 비율과 같다. 그리고 땅을 경작하는 민족이 기술에도 힘쓸 때는 상세한 설명이 필요한 비율을 따르게 된다.

그들은 큰 규모의 국민을 형성할 수 없다. 그들이 목축인일 경우, 일정한 인원이 존속할 수 있으려면 그들에게 큰 나라가 필요하다. 그들이 수렵인이라면, 그들은 더욱 적은 인원으로 존재하고 생활을 위하여 더 작은 국민을 형성한다.

그들의 나라는 보통 숲으로 가득하다. 그리고 사람들이 물길을 터주지 않았으므로 늪지가 매우 많은데, 그곳에 각 집단이 거처를 정하고 작은 나라를 형성한다.

제 11장 : 미개 민족과 야만 민족

미개 민족과 야만 민족 사이에는 다음과 같은 차이가 있다. 즉, 전자는 몇몇 특별한 이유로 인해 서로 모이지 못하고 흩어져 있는 작은 종족이지만, 야만 민족은 대개 모일 수 있는 작은 종족이다. 전자는 보통 수렵 민족이고 후자는 목축 민족이다. 아시아의 북부에서 그것을 잘 볼 수 있다. 시베리아의 여러 민족은 먹을 것을 구할 수 없을 것이기 때문에 집단으로 살 수 없다. 타타르족은 얼마간 집단생활을 할 수 있다. 그들의 가축 떼가 한동안 모여 있을 수 있기 때문이다. 따라서 모든 유목민은 모일 수 있다. 한 우두머리가 다른 많은 우두머리를 복종시켰을 때 그런 일이 일어난다. 그 후에 그들은 두 가지 중 하나를 해야 한다. 즉, 서로 흩어지거나 남쪽의 어떤 제국을 정복하러 가야 한다.

제 12장 : 토지를 경작하지 않는 민족의 만민법

이 민족들은 한정되고 제한된 땅에서 살지 않으므로 서로 수많은 싸움거리를 갖게 될 것이다. 우리 시민들이 유산을 두고 다투는 것처럼 그들은 미개간지를 두고 다툴 것이다. 그리하여 그들은 수렵, 어업, 가축의 먹이, 노예 납치 등의 이유로 전쟁의 기회를 자주 갖게 될 것이다. 그리고 그들은 영토를 가지고 있지 않으므로 시민법에 의해 결정할 일이 거의 없는 만큼 만민법에 의해 해결할 일이 많을 것이다.

제 13장 : 토지를 경작하지 않는 민족의 시민법

민법전이 두꺼워지는 것은 주로 토지의 분할 때문이다. 이런 분할을 하지 않는 국민에게는 시민법이 매우 적을 것이다. 이런 민족의 제도는 '법'이라기보다는 차라리 '풍속'이라고 부를 수 있다.

이런 나라에서는 지난 일들을 기억하는 노인이 커다란 권위를 가지고 있다. 거기서는 재산이 아니라 도움과 조언에 의해 특별대우를 받을 수 있다.

이런 민족은 방목지나 숲속에서 떠돌아다니고 흩어진다. 거기서는 주거가 고정되고 아내가 집에서 떠나지 않는 우리의 경우만큼 혼인이 확실하지 않다. 따라서 그들은 더 쉽게 아내를 바꾸거나 여러 명의 아내를 가질 수 있고, 때때로 짐승처럼 무차별적으로 서로 몸을 섞을 수도 있다.

목축 민족은 그들의 생계 수단인 가축 떼와 분리될 수 없다. 또 가축을 돌보는 아내와도 헤어질 수 없을 것이다. 따라서 모두가 함께 움직여야 한다. 대개 안전한 요새가 거의 없는 대평원에서 살기 때문에 처자식과 가축이 적의 먹이가 될 수 있으므로 더욱 그러하다.

그들의 법은 전리품의 분배를 결정하고, 우리의 살리카법(5)처럼 도둑에 대해 특별한 주의를 기울일 것이다.

제 14장 : 토지를 경작하지 않는 민족의 정치적 상태

이런 민족은 많은 자유를 누린다. 땅을 경작하지 않으므로 거기에 매여 있지 않기 때문이다. 그들은 떠돌아다니며 유랑한다. 만약 어떤 수장이 그들에게서 자유를 빼앗으려 한다면, 그들은 즉시 자유를 찾아 다른 수장에게 가거나 숲속에 들어가 가족과 함께 살아갈 것이다. 이런 민족에게는 인간의 자유가 매우 큰 것이므로 필연적으로 시민의 자유를 가져온다.

제 15장 : 화폐를 사용할 줄 아는 민족

난파당한 아리스티포스(6)는 헤엄을 쳐서 근처 해안에 이르렀다. 그는 모래 위에 기하학적 도형이 그려져 있는 것을 보고, 야만족이 아니라 그리스 민족의 나라에 도착한 것이라고 생각하여 기뻐했다.

혼자서 어떤 사고를 당해 낯선 민족이 사는 곳에 이르렀다고 하자. 만약 동전을 보게 된다면, 문명국에 도착한 것으로 생각해도 좋다.

토지의 경작은 화폐의 사용을 요구한다. 토지 경작은 많은 기술과 지식을 전제로 하는데, 기술과 지식과 욕구는 항상 같은 보조로 나아가는 것을 볼 수 있다. 이 모든 것은 가치의 표시를 정하도록 이끈다.

급류와 큰불로 인해 우리는 땅에 금속이 들어 있음을 발견하게 되었다.6 일단 금속을 땅에서 분리해 내자, 그것을 사용하기는 쉬웠다.

6 　디오도로스는 그렇게 해서 목동들이 피레네산맥에서 금을 발견했다고 말한다.

제16장 : 화폐를 사용할 줄 모르는 민족의 시민법

화폐를 사용하지 않는 민족의 경우, 사람들은 폭력에서 초래되는 부당행위밖에 모른다. 그리고 약한 사람들은 서로 결합하여 폭력에 저항한다. 거기서는 정치적 해결밖에 없다. 그러나 화폐가 정착되어 있는 민족의 경우에는 사람들이 계략에서 유래하는 부당행위를 하기 쉽고, 그 부당행위는 수많은 방법으로 행해질 수 있다. 따라서 거기서는 좋은 시민법을 가질 수밖에 없다. 악인이 되는 새로운 수단과 여러 가지 방법이 생김에 따라 시민법이 생기는 것이다.

화폐가 없는 나라에서는 도둑이 물건만 훔치는데, 물건들은 서로 비슷하지 않다. 화폐가 있는 나라에서는 도둑이 기호(記號)를 훔치는데, 기호는 항상 비슷하다. 전자의 경우에는 도둑이 언제나 유죄의 증거를 가지고 있으므로 아무것도 감출 수가 없다. 그러나 후자의 경우에는 사정이 다르다.

제17장 : 화폐를 사용할 줄 모르는 민족의 정치법

땅을 경작하지 않는 민족의 자유를 가장 잘 보장해 주는 요인은 그들이 화폐를 모른다는 사실이다. 사냥이나 고기잡이나 가축의 수확물은 어떤 사람이 다른 모든 사람을 부패시킬 수 있는 상황에 이를 정도로 너무 많이 모을 수도, 보존할 수도 없다. 반면 부(富)의 기호가 있을 때는 그 기호를 축적하고 그것을 원하는 다른 사람에게 분배할 수 있다.

화폐가 없는 민족의 경우에는 각자 욕구도 적고 그 욕구를 쉽사리, 그리고 평등하게 만족시킨다. 따라서 평등은 당연한 것이 된다. 그러므로 그들의 수장도 전제적이지 않다.

제18장 : 미신의 힘

여행기가 우리에게 이야기하는 것이 사실이라면, '나체스 족'이라 불리는 루이지애나의 한 민족의 정체는 이것에 부합되지 않는다. 그들의 수장은 모든 신하의 재산을 마음대로 사용하고 그들을 제멋대로 부린다.7 그들은 수장에게 자기 목숨도 거절할 수 없다. 그는 대제후와 같은 존재이다. 추정 계승자가 태어나면, 사람들은 그에게 모든 젖먹이를 바쳐서 평생 그를 섬기게 한다. 세소스트리스 대왕(7)이라고 해도 좋을 정도이다. 이 수장은 자기 집에서 일본이나 중국의 황제와도 같은 대접을 받는다.

미신의 편견은 다른 모든 편견을 능가하고, 미신의 이유는 다른 모든 이유보다 우선한다. 그러므로 미개한 민족은 원래 전제정체를 모르지만, 이 민족은 그것을 알고 있다. 그들은 태양을 숭배하는데, 수장이 자신을 태양의 형제라고 칭하지 않았다면 그들은 그를 자신들과 같은 하찮은 사람일 뿐이라고 여겼을 것이다.

---

7 《교훈적이고 신기한 편지들》, 제20집.

제 19장 : 아랍인의 자유와 타타르족의 노예 상태

아랍인과 타타르족은 목축 민족이다. 아랍인은 앞에서 말한 일반적인 경우에 포함되므로 자유롭다. 반면 타타르족(지구상에서 가장 특이한 민족)은 정치적 노예 상태에 처해 있다. 8 나는 그 이유에 대해 이미 몇 가지 이야기를 했다. 9 이제 새로운 이유를 말하고자 한다.

그들에게는 도시도 없고 숲도 없으며 늪지도 거의 없다. 강은 거의 언제나 얼어 있고, 그들은 드넓은 평원에서 산다. 그들은 목초지와 가축을 가지고 있고, 따라서 재산을 가지고 있다. 그러나 그들에게는 어떤 종류의 은신처도, 방어물도 없다. 칸은 패하면 즉시 목이 잘린다. 10 그의 자녀도 마찬가지이다. 그리고 모든 신하는 승리자의 것이 된다. 하지만 그 사람들을 시민적 노예 상태로 만들지는 않는다. 경작할 땅이 없고 집안일에 아무 도움도 필요하지 않은 소박한 국민에게는 노예가 부담이 될 것이기 때문이다. 따라서 그들은 국민을 증가시킨다. 그러나 시민적 노예제 대신 정치적 노예제는 당연히 도입되었다고 생각된다.

사실 여러 유목민이 계속 전쟁하고 끊임없이 서로를 정복하는 지역에서, 수장의 죽음으로 인해 정복당한 각 유목민의 정치 집단이 늘 파

---

8 칸의 즉위가 선포될 때, 모든 사람이 "그의 말씀이 그에게 칼의 구실을 하기를"이라고 외친다.

9 제 17편 제 5장.

10 그러므로 미르바이스가 이스파한의 주인이 되었을 때 모든 왕족을 죽였다고 놀랄 필요는 없다.

괴되는 지역에서, 일반 국민은 자유로울 수 없다. 모든 국민이 수없이 정복당해야 했기 때문이다.

피정복 민족이 그들의 상황에 따라 패배 후 조약을 체결할 수 있을 때는 어느 정도 자유를 유지할 수 있다. 그러나 항상 방어시설이 없는 타타르족은 일단 패하면 결코 그런 조건을 얻을 수 없었다.

나는 제 2장에서 경작된 평원의 주민들은 자유롭지 않다고 말한 바 있다. 그런데 타타르족은 경작되지 않은 땅에 사는데도 여러 사정 때문에 같은 처지가 된다.

제 20장 : 타타르족의 만민법

타타르족은 자기들끼리는 온화하고 인간적인 듯하지만, 매우 잔인한 정복자이다. 그들은 점령한 도시의 주민을 가차 없이 학살하고, 주민을 팔거나 병사들에게 나누어 줄 때는 은혜를 베푸는 것으로 생각한다. 그들은 동인도제도에서 지중해에 이르기까지 아시아를 파괴했고, 페르시아의 동부를 이루는 모든 지역을 불모지로 만들었다.

다음과 같은 이유로 그런 만민법이 생긴 것 같다. 이 민족에게는 도시가 없었고, 그들의 모든 전쟁은 빠르고 격렬하게 행해졌다. 그들은 이길 희망이 있을 때는 싸우고, 그렇지 못할 때는 가장 강한 자의 군대에 참가하였다. 이런 관습을 가지고 있었으므로, 그들은 자신들에게 저항할 수 없는 도시가 자신들을 가로막는 것은 만민법에 어긋난다고 생각했던 것이다. 그들은 도시를 주민들의 모임으로 보지 않고 그들의 무력을 피하기에 알맞은 장소로 보았다. 그들은 도시를 포위 공격하는 기술을 전혀 가지고 있지 않아서 포위 공격을 위해 많은 위험을 감수했다. 따라서 그들은 자신들이 흘린 피에 대해 피로써 복수한 것이다.

제 21장 : 타타르족의 시민법

타타르족은 언제나 막내아들이 상속자가 된다고 뒤 알드 신부는 말한다. 형들은 목축 생활을 할 수 있게 됨에 따라 아버지가 주는 상당한 양의 가축과 함께 집을 나가서 새로운 거처를 이루기 때문이다. 막내아들은 아버지와 함께 집에 남게 되므로 자연스럽게 아버지의 상속자가 되는 것이다.

이런 관습은 영국의 몇몇 작은 지역에서도 행해졌다고 들었다. 그리고 지금도 브르타뉴의 로앙(Rohan) 공작령에서 볼 수 있는데, 거기서는 평민 소유의 땅에서 행해지고 있다. 그것은 아마 브르타뉴의 어떤 소수민족으로부터 전래되었거나 어떤 게르만족이 가져온 목축법일 것이다. 카이사르와 타키투스를 통해, 우리는 게르만족이 땅을 별로 경작하지 않았다는 것을 알고 있다.

제 22장 : 게르만족의 시민법

나는 여기서 보통 '살리카법'으로 불리는 살리족 법의 특별한 법조문이 땅을 경작하지 않거나 아주 조금만 경작하던 민족의 제도와 어떻게 관련이 있는지 설명하고자 한다.

살리카법에는 어떤 사람이 자식을 남기고 죽으면 아들이 딸보다 우선적으로 살리족의 토지를 상속한다고 규정되어 있다. 11

살리족의 토지가 어떤 것인지 알기 위해서는 프랑크족이 게르마니아를 떠나기 전에 땅의 소유권이나 사용권이 어떤 것이었는지를 알아보아야 한다.

에크하르트(8)는 '살리'라는 말은 집을 뜻하는 '살라'(sala)라는 말에서 유래한 것이므로, 살리의 토지는 집의 토지라는 뜻이라고 매우 잘 증명하였다. 나는 좀 더 나아가서, 게르만족에게 '집'과 '집의 토지'란 무엇이었는지 살펴볼 것이다.

"그들은 도시에 살지 않는다. 그들은 집이 서로 붙어 있는 것을 참을 수 없어서, 각자 집 주위에 담으로 둘러싸인 작은 토지나 공간을 남겨 둔다"라고 타키투스는 말한다. 12 타키투스의 말은 정확했다. 초기 법전의 몇몇 법에는 이 울타리를 넘어뜨리는 자와 집안으로 침입하는 자에 대한 여러 규정이 담겨 있기 때문이다. 13

---

11 제62조.

12 Nullas Germanorum populis urbes habitari satis notum est, ne pati quidem inter se junctas sedes. Colunt discreti ac diversi, ut fons, ut campus, ut nemus placuit. Vicos locant, non in nostrum morem connexis et cohærentibus ædificiis : suam quisque domum spatio circumdat(게르만족에게는 도시가 없고 그들은 집이 서로 붙어 있는 것을 용납하지 않는다는 것은 잘 알려진 사실이다. 그들은 샘이나 들판이나 작은 빈터와 같이 자신들이 끌리는 곳에 흩어져서 따로 산다. 그들은 우리와 같은 방식으로 서로 연결되고 합쳐지는 건물들로 도시를 형성하지 않는다. 각각의 집은 빈터로 둘러싸여 있다). 《게르만족의 풍속》.

13 알라만니족의 법 제10장, 바바리족의 법 제10조 제1항과 제2항.

게르만족이 경작하는 토지는 단지 1년간만 그들에게 주어졌다는 것을 타키투스와 카이사르를 통해 알 수 있다. 그 후에는 다시 공유지가 되었다. 그들은 집과 집 주위의 울타리14 안에 있는 한 조각의 땅 이외에는 세습재산을 가지고 있지 않았다. 아들의 소유가 된 것은 바로 이 특별한 세습재산이다. 사실 그것이 왜 딸의 소유가 되겠는가? 딸들은 다른 집으로 시집을 가는데 말이다.

따라서 살리의 토지는 게르만인의 집에 속해 있는 이 울타리 안을 말하는 것이었다. 그것은 게르만인이 가졌던 유일한 소유재산이었다. 프랑크족은 정복한 후 새로운 소유재산을 얻었으나, 그것을 계속 '살리의 토지'라고 불렀다.

프랑크족이 게르마니아에 살고 있었을 때, 그들의 재산은 노예, 가축, 말, 무기 등이었다. 집과 거기에 딸린 작은 땅은 당연히 그 집에 살아야 하는 아들에게 주어졌다. 그러나 프랑크족은 정복 후 커다란 토지를 얻게 되자, 딸과 딸의 자식들이 자기 몫을 가질 수 없다는 것이 몰인정하다고 생각했다. 그래서 딸과 딸의 자식들을 불러 상속하는 것을 아버지에게 허용하는 관행이 도입되었다. 사람들은 법을 침묵하게 했다. 서식이 만들어졌던 것을 보니15 그런 종류의 상속이 빈

---

14 이 울타리는 소유나 상속 문서에서 '쿠르티스'(curtis)로 불린다.
15 마르쿨푸스(Marculfus, 프랑스어로는 Marculfe로 표기한다. 생드니의 수도사이자 사제로서 7세기 중반에 《서식집》을 작성했다_옮긴이 주), 제2편, 서식 10과 12 참조. 마르쿨푸스의 《부록》, 서식 49 참조. 시르몽(Jacques Sirmond, 1559~1651, 프랑스 예수회 사제이자 역사가로서 많은 저서를 남겼다_옮긴이 주)의 《옛 서식》, 서식 22 참조.

번했던 것이 분명하다.

이 모든 서식 중에서 나는 한 가지 기이한 것을 발견했다. 16 한 조부가 그의 아들딸과 함께 손자들이 상속하도록 한 것이다. 그러면 대체 살리카법은 어떻게 된 것일까? 그 시대에조차 살리카법은 더 이상 지켜지지 않았거나 딸에게 상속하는 관행이 계속되어 딸의 상속 자격을 아주 통상적으로 여기게 만든 것이 분명했다.

살리카법은 여성에 대한 남성 선호를 목적으로 한 것은 아니었고, 가문이나 이름의 영속성 혹은 토지의 상속을 목적으로 한 것은 더더욱 아니었다. 그런 모든 것은 게르만족의 머릿속에 들어 있지 않았다. 그것은 순전히 경제적인 법으로서, 집과 집에 딸린 토지를 그 집에 살 사람, 따라서 그 집에 가장 적합한 사람에게 준 것이다.

살리카법의 '상속 재산' 항목을 여기에 옮겨 적기만 하면 알 수 있다. 그토록 많은 사람이 말했으나 읽어 본 사람은 거의 없는 그 유명한 법조문 말이다.

"① 어떤 사람이 자식 없이 죽을 경우, 그의 아버지나 어머니가 상속한다. ② 그에게 아버지나 어머니가 없으면 형제나 자매가 상속한다. ③ 형제나 자매도 없을 때는 어머니의 자매가 상속한다. ④ 그의 어머니에게 자매가 없을 때는 아버지의 여형제가 상속한다. ⑤ 그의 아버지에게 여형제가 없을 때는 가장 가까운 남자 친척이 상속한

---

16 린덴브로크(Friedrich Lindenbrog, 1573~1648, 독일의 법학자이자 문헌학자이다. 몽테스키외는 줄곧 Lindembroch 혹은 Lindembrock로 잘못 표기했다_옮긴이 주)의 모음집, 서식 55.

다. ⑥ 살리의 토지는 어떤 부분도 여자에게 넘겨지지 않고, 남자에게 속해야 한다.[17] 즉, 아들이 아버지의 유산을 상속한다.”

처음 다섯 항은 자식 없이 죽은 자의 상속에 관한 것이고, 여섯 번째 항은 자식이 있는 자의 상속에 관한 것이 분명하다.

어떤 사람이 자식 없이 죽었을 때, 법은 일정한 경우에만 남녀 양성 중 한쪽이 다른 쪽에 대해 우선권을 갖도록 정했다. 상속의 첫 두 단계에서는 남자와 여자의 조건이 같았다. 그리고 세 번째와 네 번째 단계에서는 여자에게 우선권이 있었고, 다섯 번째 단계에서는 남자에게 우선권이 있었다.

나는 타키투스의 저서에서 이런 기이함의 원인을 찾을 수 있었다. 그는 “누이의 아이들은 외삼촌에게 친아버지와 같은 사랑을 받는다. 이 관계를 더 밀접하고 심지어 더 신성한 것으로 여기는 사람들도 있다. 그래서 그들은 인질을 잡을 때 이 관계를 선호한다”[18]라고 말한다. 우리의 초기 역사가들이 누이와 누이의 자식에 대한 프랑크족 왕

---

17 De terrâ vero salicâ in mulierem nulla portio hereditatis transit, sed hoc virilis sexus acquirit, hoc est filii in ipsa hereditate succedunt(살리의 토지는 여자에게 유산으로 넘어가는 몫이 없고, 남자가 차지하게 될 것이다. 즉, 아들이 유산을 물려받을 것이다). 제62조, 제6항.

18 Sororum filiis idem apud avunculum quam apud patrem honor. Quidam sanctiorem arctioremque hunc nexum sanguinis arbitrantur, et in accipiendis obsidibus magis exigunt, tanquam ii et animum firmius et domum latius teneant(외삼촌은 누이의 아이들을 친아버지와 똑같이 아낀다. 사실 어떤 사람들은 이 혈연관계를 더 신성하고 밀접하다고 판단하고, 인질을 잡을 때 누이의 아이들을 요구하는 경우가 많다. 그러면 그들의 정신과 가문에 더 확고하고 광범위한 영향력을 갖게 되리라고 생각하는 것이다). 《게르만족의 풍속》.

들의 사랑에 관해 그토록 많이 이야기하는 것은 바로 그 때문이다. [19] 누이의 아이들을 집에서 친자식처럼 여겼다면, 아이들이 이모나 고모를 친어머니처럼 여기는 것은 당연한 일이었다.

　어머니의 자매는 아버지의 여형제보다 우선하였다. 그것은 살리카 법의 다른 법조문에 의해 설명된다. 여자가 과부가 되었을 때, [20] 남편의 친족이 그녀의 후견을 맡았다. 이 후견을 위해 법은 남자 친족보다 여자 친족을 선호했다. 사실 어떤 집안에 들어가게 되는 여자는 동성인 사람들과 서로 어울리므로 남자 친족보다 여자 친족과 더 친밀한 관계를 맺는다. 또 사람을 죽인 어떤 남자가 자신에게 부과된 벌금을 낼 수 없을 때, 법은 그 남자에게 재산을 양도할 것을 허용했고 모자라

19　투르의 그레고리우스(Florentius Gregorius, 538～596. 6세기 프랑크-로마 왕국을 이해하는 데 주요 자료가 되는 《프랑크족의 역사》의 저자로, 당시 복잡한 정치 상황 속에서 수많은 정치사건 및 왕과의 공개 논쟁에 적극적으로 참여했다. 573년에는 투르의 주교가 되었으므로, 프랑스어로 Grégoire de Tours라고 한다. 가톨릭 성인으로, 성인 목록에는 '그레고리오'로 표기되어 있다_옮긴이 주), 제8편 제18장과 제20장, 제9편 제16장과 제20장 참조. 리우비길두스(Liuvigildus, 530～586, 서고트족 스페인의 왕이다. 영어 Leovigild, 프랑스어 Léovigild, 스페인어 Leovigildo로 표기한다_옮긴이 주)가 조카딸 인군디스(Ingundis, 영어 Ingund, 프랑스어 Ingonde)를 학대한 것에 대한 곤트라누스(Gontranus, 532～592. 프랑스어 Gontran, 독일어와 영어 Guntram으로 표기한다. 메로빙 왕조의 부르고뉴 왕이다_옮긴이 주)의 분노, 그리고 그녀의 남동생 킬데베르투스(Childebertus II, 570～598, 메로빙 왕조 출신 프랑크의 군주로 575년부터는 아우스트라시아의 왕, 592년부터는 부르고뉴의 왕을 지낸 킬데베르투스 2세를 말한다. 영어, 프랑스어, 독일어로는 Childebert로 표기한다_옮긴이 주)가 그녀의 복수를 위해 전쟁을 일으킨 것과 같은 경우이다.

20　살리카법, 제47조.

는 것은 친족이 채워주어야 했다. 21 아버지, 어머니, 형제 다음으로
지불해야 하는 사람은 어머니의 자매였다. 마치 이 혈연관계에 더 다
정한 뭔가가 있는 것처럼 말이다. 이렇게 부담을 주는 친척 관계라면
마찬가지로 이익도 주어야 했다.

살리카법은 아버지의 여형제 다음으로는 가장 가까운 남자 친족이
상속하는 것으로 정했다. 그러나 그가 5촌 관계를 넘어서는 친족이라
면 상속하지 않았다. 그리하여 5촌 여자가 6촌 남자를 제치고 상속했
다. 이것은 리푸아리 프랑크족(9)의 법에서 볼 수 있다. 22 이 법은 상
속 재산 항목에 대한 살리카법의 충실한 해석자로서 살리카법의 항목
을 하나하나 똑같이 따르고 있다.

아버지가 자식을 남겼다면, 살리카법은 살리 토지 상속에서 딸이
배제되고 그 땅은 아들에게 속하도록 정했다.

살리카법이 무차별적으로 딸을 살리의 토지에서 배제한 것이 아니
라 오직 남자 형제에 의해서만 배제된 것을 증명하기는 쉽다. 첫째,
그것은 살리카법 자체에도 드러나 있다. 살리카법은 여자들은 살리
의 토지에서 아무것도 소유할 수 없고 남자들만 소유한다고 말한 후
에, 스스로 해석하고 제한하여 "즉 아들이 아버지의 유산을 상속한다"
라고 말한다.

둘째, 살리카법의 법조문은 리푸아리 프랑크족의 법에 의해 명확

---

21 위의 책, 제61조, 제1항.
22 Et deinceps usque ad quintum genuculum qui proximus fuerit in hereditatem
    succedat(그리하여 5촌까지 올라가게 되면, 누구든 촌수가 더 가까운 사람이 유
    산을 상속하게 될 것이다). 제56조, 제6항.

해진다. 이 법도 살리카법과 매우 유사한 상속 재산 항목을 가지고 있다. 23

셋째, 모두 게르마니아 출신인 이들 야만족의 법은 거의 같은 정신을 가지고 있으므로 서로를 해석해 준다. 작센족의 법에 따르면, 부모가 아들에게 유산을 남기고 딸에게는 남겨주지 않지만 딸밖에 없다면 딸이 유산을 전부 갖는다. 24

넷째, 살리카법에 따라 딸이 남자에 의해 제외되는 경우를 제시하는 옛 서식이 두 가지 있다. 25 그것은 여자가 자기 남자 형제와 경쟁하는 경우이다.

다섯째, 또 다른 서식은 딸이 손자를 제치고 상속하는 것을 입증하고 있다. 26 그러므로 딸은 아들에 의해서만 배제된 것이다.

여섯째, 만일 살리카법에 의해 딸이 토지 상속에서 전반적으로 배제되었다면, 제1왕조에서 여자들의 토지와 재산에 대해 계속 이야기하는 역사, 서식, 증서를 설명하기란 불가능하다.

살리의 토지를 봉토(封土)라고 말한 것은 잘못이었다. 27 ① 이 항

---

23 제56조.
24 제7조 제1항. Pater aut mater defuncti, filio non filiæ hereditatem relinquant(부모가 죽으면 딸이 아니라 아들에게 유산을 물려준다). 제4항. Qui defunctus, non filios sed filias reliquerit, ad eas omnis hereditas pertineat(죽은 사람에게 아들 없이 딸만 있을 때는 모든 유산이 딸에게 속한다).
25 마르쿨푸스, 제2편, 서식 12. 마르쿨푸스의 《부록》, 서식 49.
26 린덴브로크 모음집, 서식 55.
27 뒤 캉주(Du Cange, 17세기 프랑스 역사학자이자 문헌학자_옮긴이 주), 피투(Pithou, 17세기 프랑스 법학자_옮긴이 주) 등.

목에는 '상속 재산'이라는 제목이 붙어 있다. ② 초기에는 봉토가 세습되지 않았다. ③ 만일 살리의 토지가 봉토였다면, 마르쿨푸스가 토지 상속에서 여자들을 배제하는 관습을 어떻게 불경한 것으로 다루었겠는가? 남자도 봉토를 상속하지 않았는데 말이다. ④ 살리의 토지가 봉토였다는 것을 증명하기 위해 인용된 증서는 단지 그것이 조세가 면제되는 토지였다는 것을 증명할 뿐이다. ⑤ 봉토는 정복 후에 설정된 것이다. 그리고 살리족의 관행은 프랑크족이 게르마니아를 떠나기 전부터 존재했다. ⑥ 살리카법이 여자의 상속을 제한하면서 봉토의 설정을 형성한 것이 아니라, 봉토의 설정이 여자의 상속과 살리카법의 규정에 제한을 둔 것이다.

앞에서 말한 것에 비추어 보면, 프랑스 왕위를 항상 남자가 계승하는 것이 살리카법에서 유래되었다고 믿기 어려울 것이다. 그러나 그것이 살리카법에서 유래한 것은 의심할 여지가 없다. 나는 야만족의 여러 법전을 통해 그것을 증명하고자 한다. 살리카법[28]과 부르군트족의 법[29]은 딸에게 남자 형제와 같이 토지를 상속하는 권리를 주지 않았다. 딸은 왕위도 계승하지 못했다. 이와 반대로 서고트족의 법[30]은 딸이 남자 형제와 같이 토지를 상속하는 것을 인정했다. [31] 여자가 왕위를 계승할 수도 있었다. 이런 민족에게는 시민법의 규정이 정치

---

28 제62조.

29 제1조 제3항. 제14조 제1항. 제51조.

30 제4편 제2조 제1항.

31 여러 게르만족은 공통된 관행을 가지고 있었지만, 고유한 관행도 가지고 있었다. 타키투스, 《게르만족의 풍속》, 제22장.

법에 영향을 주었다. 32

그것은 프랑크족에서 정치법이 시민법을 따랐던 유일한 경우는 아니었다. 살리카법의 규정에 의하면, 모든 남자 형제는 평등하게 토지를 상속했다. 그것은 부르군트족의 법 규정이기도 했다. 그래서 프랑크족의 군주국과 부르군트족의 군주국에서는 모든 형제가 왕위를 계승했다. 부르군트족에게 있었던 몇 가지 폭력, 살해, 찬탈의 경우를 제외하면 말이다.

---

32 동고트족에서, 왕위가 여자에게서 남자에게로 옮겨진 적이 두 번 있었다. 한 번은
아말라순타〔Amalasuntha, 498~535. 이탈리아의 동고트족 왕 테오도리쿠스
(Theodoricus, 454~526, 프랑스어 Théodoric, 영어 Theodoric, 동고트 왕국
의 초대 국왕이며 로마 제국의 군인이자, 이탈리아의 군주였다) 대왕의 딸로, 526
년 테오도리쿠스가 죽자 10세였던 그녀의 아들 아탈라리쿠스가 동고트 왕국의 왕
위를 이었으나 아말라순타가 섭정으로 권력을 잡았다_옮긴이 주)에게서 아탈라
리쿠스(Athalaricus, 프랑스어와 영어 Athalaric, 독일어 Athalarich)에게로, 또
한 번은 아말라프리다(Amalafrida, 460~525. 테오도리쿠스 대왕의 누이동생으
로 아들이 테오다하투스다_옮긴이 주)에게서 테오다하투스(Theodahatus, 프랑
스어 Théodat, 독일어와 영어 Theodahad)에게로 옮겨졌다. 그것은 그들의 사회
에서 여자가 직접 통치할 수 없었기 때문이 아니다. 아말라순타는 아탈라리쿠스
가 죽은 후 통치했고, 심지어 테오다하투스가 선출된 후에도 그와 함께 공동으로
통치했다. 카시오도루스(Cassiodorus, 485~580, 고대 역사가이자 정치가로
468편의 편지와 공식 문서를 모아놓은 《바리아이(Variae)》를 출판했다_옮긴이
주) 제 10편에 있는 아말라순타와 테오다하투스의 편지들을 참조할 것.

제 23장 : 프랑크 왕의 긴 머리카락

땅을 경작하지 않는 민족에게는 사치의 개념조차 없다. 타키투스의 저서를 보면, 게르만족의 검소함은 감탄할 만하다. 그들은 기술을 이용해 장식을 만들지 않고 자연에서 찾아냈다. 수장의 가문이 어떤 표식을 통해 눈에 띄어야 한다면, 그것도 자연에서 찾아야 했다. 프랑크족, 부르군트족, 서고트족의 왕은 왕관을 대신해 머리를 길게 길렀다.

제 24장 : 프랑크 왕의 혼인

땅을 경작하지 않는 민족에게는 혼인이 그다지 안정적이지 않고 보통 여러 명의 아내를 갖는다고 앞에서 말한 바 있다. "모든 야만족 중에서 게르만족은 한 명의 아내로 만족하는 거의 유일한 민족이다. 33 방탕에 의해서가 아니라 귀족 신분 때문에 여러 명의 아내를 갖는 몇몇 사람을 제외하면 말이다"34라고 타키투스는 말한다.

이것은 제 1왕조의 왕들이 어떻게 그토록 많은 아내를 두었는지를 설명해 준다. 그 혼인은 방탕의 증거가 아니라 위엄의 상징이었다.

---

33 Prope soli barbarorum singulis uxoribus contenti sunt(야만족들 중에서 그들은 거의 유일하게 한 명의 아내로 만족한다). 《게르만족의 풍속》.

34 Exceptis admodum paucis qui, non libidine, sed ob nobilitatem, plurimis nuptiis ambiuntur(욕정 때문이 아니라 귀족이라는 신분 때문에 여러 번 혼인하는 소수의 사람들은 제외한다). 위의 책.

그들에게서 그 특권을 빼앗는 것은 매우 민감한 부분에 상처를 입히는 것이었을 것이다. 35 그것은 왕의 예를 신하들이 따르지 않은 이유를 설명해 준다.

제 25장 : 킬데리쿠스(10)

"게르만족에게 혼인은 엄격하다. 그들에게는 악덕이 웃음거리의 주제가 되지 않는다. 타락시키거나 타락하는 것은 관행이나 생활 방식으로 불리지 않는다. 36 그토록 인구가 많은 민족인데도 부부의 신의를 저버린 예가 거의 없다"37라고 타키투스는 말한다.

이것은 킬데리쿠스의 추방을 설명해 준다. 그는 정복한 지 얼마 되지 않아 아직 바뀌지 않은 엄격한 풍속에 타격을 준 것이다.

---

35 《프레데가리우스 연대기》(8세기 프랑크 연대기에 사용된 일반적인 제목이다. 저자는 알려지지 않았으나 16세기에 이르러서야 Fredegarius Scholasticus라는 저자 이름이 주어진다. 프랑스어로는 Frédégaire로 표기한다__옮긴이 주), 628년을 참조할 것.

36 Severa matrimonia … Nemo illic vitia ridet ; nec corrumpere et corrumpi sæculum vocatur(혼인에 대한 엄격한 규칙 … 아무도 악덕에 대해 웃지 않는다. 타락시키고 타락하는 것이 시대정신이라고 아무도 말하지 않는다). 《게르만족의 풍속》.

37 Paucissima in tam numerosa gente adulteria(그토록 숫자가 많은 민족에게 간통은 매우 드물다). 위의 책.

제 26 장 : 프랑크 왕의 성년

토지를 경작하지 않는 야만족은 본래 영토를 갖지 않고, 앞에서 말한 것처럼 시민법보다 오히려 만민법에 의해서 통치된다. 따라서 그들은 거의 언제나 무장을 하고 있다. 그래서 타키투스는 "게르만족은 무장하지 않고는 어떤 공적인 일도, 사적인 일도 하지 않았다.38 그들은 무기를 가지고 신호하여 자신의 의견을 표시했다.39 그들은 무기를 들 수 있게 되면 곧바로 회의에 참석했다.40 사람들은 그들의 손에 투창을 쥐어 주었고,41 그 순간부터 그들은 미성년에서 벗어났다.42 가족의 일원이었던 그들이 이제 국가의 일원이 된 것이다"라고 말했다.

　　동고트족의 왕은 다음과 같이 말했다.43

38　Nihil, neque publicæ, neque privatæ rei, nisi armati agunt(그들은 무장하지 않는 한 공적인 일이든 사적인 일이든 아무것도 하지 않는다). 타키투스, 《게르만족의 풍속》.

39　Si displicuit sententia, aspernantur ; sin placuit, frameas concutiunt(그들은 의견이 마음에 안 들면 거부하고, 마음에 들면 창을 흔든다). 위의 책.

40　Sed arma sumere non ante cuiquam moris quam civitas suffecturum probaverit(국가가 권한을 승인해 주기 전에 무기를 드는 것은 관습에 맞지 않다).

41　Tum in ipso concilio, vel principum aliquis, vel pater, vel propinquus, scuto frameaque juvenem ornant(그러면 평의회에서, 군주나 아버지 혹은 친척이 청년에게 창과 방패를 갖춰준다).

42　Hæc apud illos toga, hic primus juventæ honos ; ante hoc domus pars videntur, mox reipublicæ(이것은 우리에게 토가와 같은 것으로, 청년의 첫 번째 명예이다. 그 전에는 청년이 집안의 일원이지만, 그 후에는 국가의 일원이 된다).

43　카시오도루스, 제1편, 편지 38에 나오는 테오도리쿠스.

"독수리는 새끼에게 깃털과 발톱이 나면 먹이를 주지 않는다. 새끼가 스스로 먹이를 찾아 나설 때는 남의 도움이 더 이상 필요하지 않다. 우리의 군대에 있는 젊은이가 자기 재산을 관리하고 삶의 행동 방식을 정하기에 너무 어린 나이라고 여기는 것은 부끄러운 일이다. 고트족에게 있어 성년을 만들어 주는 것은 바로 용기이다."

킬데베르투스 2세가 15세 때, **44** 그의 백부 곤트라누스는 그가 스스로 통치할 수 있는 성년이 되었다고 선언했다.

리푸아리아법(11)을 보면, 이 15세의 나이, 무기를 들 수 있는 능력, 성년이 같다는 것을 알 수 있다. 거기에는 다음과 같이 쓰여 있다. **45** "리푸아리 프랑크인이 죽거나 살해되었을 때, 아들이 있다면 그 아들은 만 15세가 되기 전에는 소송할 수도, 소송을 당할 수도 없다. 만 15세가 되면, 그는 직접 대응하거나 투사를 선택할 수 있다." 재판에서 자신을 변호할 수 있을 만큼 정신이 성숙하고 결투에서 자신을 방어할 수 있을 만큼 육체가 성장해야 했던 것이다. 법적 행위에서 결투의 관행도 있던 부르군트족에게도 성년은 15세였다. **46**

아가티아스는 프랑크족의 무기가 가벼웠다고 말한다. 그래서 그들은 15세에 성년이 될 수 있었다는 것이다. 그 뒤로 무기가 무거워졌다. 우리의 법령집과 중세소설에 나타나는 것처럼, 카롤루스 마그누

---

44 투르의 그레고리우스는 제5편 제1장에서, 킬데베르투스 2세가 575년에 아버지의 뒤를 이었을 때 겨우 5살이었다고 말했다. 곤트라누스는 585년에 그가 성년이 되었다고 선언했으니, 그가 15살이었을 때이다.

45 제81조.

46 제87조.

스 시대에도 무기는 이미 매우 무거웠다. 봉토를 가진 사람들, **47** 따라서 군에 복무할 의무가 있는 사람들은 21세가 되어야만 성년이 되었다. **48**

제27장 : 같은 주제 계속

앞에서 보았듯이, 게르만족은 성년이 되기 전에는 회의에 가지 않았다. 미성년자는 가족의 일원이지만 국가의 일원은 아니었다. 그 결과 오를레앙의 왕이며 부르고뉴의 정복자인 클로도메리우스(12)의 아들들은 왕으로 선언되지 못했다. 그들의 나이가 어려서 회의에 참석할 수 없었기 때문이다. 그들은 아직 왕이 아니었지만, 무기를 들 수 있게 되면 왕이 될 터였다. 그동안에는 조모인 클로데킬디스(13)가 나라를 통치했다. **49** 그런데 그들의 삼촌인 클로타리우스와 킬데베르투스가 그들을 죽이고 왕국을 나누어 가졌다. 이러한 예는 그 후로 아버지가 죽은 뒤 그 유자녀인 왕자들이 바로 왕으로 선포되는 원인이 되었다. 그리하여 군도발두스(14) 공작은 킬데베르투스 2세를 킬페리쿠스(15)의 잔악함에서 구출하여 5살의 나이에 왕으로 선포하게 했다. **50**

---

47 평민에게는 아무 변화가 없었다.

48 성왕 루이는 이 나이에 이르러서야 성년이 되었다. 이것은 1374년에 샤를 5세의 칙령에 의해 변경되었다.

49 투르의 그레고리우스 저서 제3편에 의하면, 그녀는 클로도메리우스가 정복한 부르고뉴에서 두 사람을 선택하여 투르의 주교구에서 그들을 양육하게 했던 것 같다. 투르 역시 클로도메리우스의 왕국에 속해 있었다.

50 투르의 그레고리우스, 제5편, 제1장. Vix lustro ætatis uno jam peracto qui die

그러나 이런 변화 속에서도 민족 고유의 정신은 지켜져서, 국가의 행위가 유자녀 왕의 이름으로 행해지는 일은 없었다. 그래서 프랑크족에게는 이중의 행정이 있었다. 하나는 유자녀 왕의 일신에 관한 것이고, 다른 하나는 왕국에 관한 것이었다. 그리고 봉토에 대해서도 일신을 보호하는 후견(*tutelle*)과 봉토를 관리하는 후견(*baillie*)이 따로 있었다.

제 28장 : 게르만족의 입양

게르만족은 무기를 받음으로써 성인이 되는 것처럼, 같은 표식에 의해 양자로 입양되었다. 그리하여 곤트라누스는 조카 킬데베르투스를 성년이라고 선언하고 또 그를 양자로 삼으면서, 그에게 다음과 같이 말했다. "나는 너에게 내 왕국을 주었다는 표식으로 네 손에 이 투창을 쥐어주었다."[51] 그리고 모인 사람들을 향해 "그대들은 내 아들 킬데베르투스가 남자가 된 것을 보았다. 그에게 복종하라"라고 말했다. 동고트족의 왕 테오도리쿠스는 에룰리족(16)의 왕을 양자로 삼고자 하여 다음과 같은 글을 보냈다.[52]

"무기를 증표로 양자를 삼을 수 있는 것은 우리의 아름다운 관습이다. 용기 있는 사람만이 우리의 자식이 될 자격이 있기 때문이다. 이

---

dominicæ natalis, regnare cœpit(겨우 5살밖에 안 되는데도, 그는 생일인 일요일에 통치하기 시작했다).

51 투르의 그레고리우스, 제 7편, 제 23장 참조.

52 카시오도루스, 제 4편, 편지 2.

행위의 힘은 대단해서, 그 대상이 되는 사람은 항상 수치스러운 것을 견디느니 차라리 죽음을 택할 것이다. 그러므로 민족의 관습에 따라, 또 그대가 남자이기 때문에, 우리가 보내는 이 방패와 칼과 말에 의해 그대를 양자로 맞아들인다."

제 29장 : 프랑크 왕의 유혈을 좋아하는 정신

프랑크족 중에서 클로도베쿠스(17)가 갈리아에 원정을 시도한 유일한 군주는 아니었다. 그의 여러 친척도 개개의 부족을 이끌고 그곳에 갔다. 그런데 그가 가장 큰 성공을 거두었고 그를 따른 사람들에게 상당한 식민지를 줄 수 있었으므로, 모든 부족의 프랑크인들이 그에게로 달려갔고 다른 수장들은 그에게 대항하기에 너무 무력해졌다. 그는 자기 집안을 몰살시킬 계획을 세웠고 이에 성공했다. 53

그는 프랑크족이 다른 수장을 택할까 두려웠던 것이라고 투르의 그레고리우스는 말한다. 54 그의 자식들과 계승자들은 최대한 이 관행을 따랐다. 그래서 형제, 숙부, 조카, 심지어 아들과 아버지까지도 집안 전체에 대해 끊임없이 음모를 꾸미는 것을 보게 되었다. 법은 줄곧 왕국을 분할하고 있었으나, 두려움과 야망과 잔인성이 왕국을 통합하고자 했다.

---

53 투르의 그레고리우스, 제 2편.
54 위의 책.

제 30장 : 프랑크족의 국민집회

토지를 경작하지 않는 민족은 많은 자유를 누렸다고 앞에서 말했다. 게르만족은 그런 경우였다. 타키투스는 그들이 왕이나 수장에게 매우 제한된 권력만 주었다고 말한다. 55 그리고 카이사르는 평화 시에는 그들에게 공동의 사법관이 없었고 각 마을에서 유력자들이 마을 사람들을 재판했다고 말한다. 56 그러니까 프랑크족은 게르마니아에서는 왕을 갖지 않았다. 이것은 투르의 그레고리우스가 매우 잘 증명해 준다. 57

"유력자들이 작은 일을 심의하고, 큰일은 국민 전체가 심의한다. 그렇지만 인민이 검토하는 사항은 유력자들에게도 똑같이 제출된다"58라고 타키투스는 말한다. 이 관행은 모든 기록에서 볼 수 있는

---

55 Nec regibus libera aut infinita potestas. Cœterum neque animadvertere, neque vincire, neque verberare, etc(왕들은 무제한적인 권력도, 무한한 권력도 가지고 있지 않다. 게다가 처벌, 구속, 태형 등도 할 수 없다). 《게르만족의 풍속》.

56 In pace nullus est communis magistratus; sed principes regionum atque pagorum inter suos jus dicunt(평화 시에는 공동의 사법관이 없고, 대신 지역이나 마을의 수장들이 사람들에게 판결을 내린다). 《갈리아 전기(戰記)》, 제6편, 제22장.

57 제2편.

58 De minoribus principes consultant, de majoribus omnes ; ita tamen ut ea quorum penes plebem arbitrium est, apud principes quoque pertractentur(사소한 문제에 대해서는 군주들이 상의하고, 중대한 문제에 대해서는 모든 사람이 상의한다. 그러나 결정이 인민의 재량에 속하는 일이더라도, 먼저 군주들이 그것을 철저히 숙고한다). 《게르만족의 풍속》.

것처럼 정복 후에도 유지되었다. 59

중대한 죄는 집회에 제출될 수 있었다고 타키투스는 말한다. 60 정복 후에도 마찬가지여서 중신들은 거기서 재판을 받았다.

제 31장 : 제 1왕조에서 성직자의 권위

야만족의 경우, 보통 성직자들이 권력을 가지고 있다. 그들이 종교로부터 당연히 얻게 되는 권위도 있지만 그런 야만족의 사회에서 미신이 주는 힘도 가지고 있기 때문이다. 그래서 타키투스의 저서에서 볼 수 있듯이, 게르만족의 사회에서는 성직자들이 매우 신임을 받았고 인민집회를 주재했다. 61 징벌하고 구속하고 때리는 것은 그들에게만 허용되었다. 그들이 그런 일을 행하는 것은 군주의 명령에 의해서도 아니고 벌을 주기 위해서도 아니며 전쟁하는 사람들이 언제나 염두에 두는 신의 계시에 의한 것이었다. 62

---

59 Lex consensu populi fit et constitutione regis(법은 인민의 합의와 왕의 법전에 의해 만들어진다). 대머리왕 카롤루스(Carolus II Calvus, 823~877, 프랑스어와 영어 Charles, 독일어 Karl이다. 카롤링 왕조의 일원으로, 840년부터 서프랑크 왕국의 왕이었고 875년에는 서로마 황제가 되었다__옮긴이 주)의 법령집, 864년, 제6항.

60 Licet apud concilium accusare, et discrimen capitis intendere(평의회에서 중대한 죄의 고발을 검토하는 것이 허용된다). 《게르만족의 풍속》.

61 Silentium per sacerdotes, quibus et coercendi jus est, imperatur(질서를 유지하는 권한을 가지고 있는 성직자들이 조용히 하라고 명령한다). 《게르만족의 풍속》.

62 Nec regibus libera aut infinita potestas. Cæterum neque animadvertere,

제 1왕조 초기부터 주교가 심판관이 된 것을 보더라도,**63** 그들이 국민집회에 나타나는 것을 보더라도, 그들이 왕의 결정에 매우 강력한 영향을 주더라도, 또 막대한 재산이 그들에게 주어지더라도 결코 놀랄 일이 아니다.

---

neque vincire, neque verberare, nisi sacerdotibus est permissum ; non quasi in pœnam, nec ducis jussu, sed velut Deo imperante, quem adesse bellatoribus credunt (왕들은 무제한적인 권력도, 무한한 권력도 가지고 있지 않다. 게다가 처벌, 구속, 태형은 오직 성직자들에게만 허용된다. 그것은 형벌이나 지도자의 명령으로 주어지는 것이 아니라, 전사들이 그 존재를 믿는 신의 명령으로 주어지는 것이다). 위의 책.

63 560년의 클로타리우스의 법전, 제 6항 참조.

제19편　국민의 일반정신, 풍속, 생활양식을 형성하는 원리와 법의 관계

제19편

제1장 : 이 편의 주제

이 분야는 매우 광범위하다. 내 머릿속에 떠오르는 수많은 생각 중에서, 나는 사물 자체보다 사물의 질서에 더 주의를 기울일 것이다. 나는 좌우로 헤치고 뚫고 들어가서 밝혀낼 것이다.

제 2장 : 가장 좋은 법을 위해서는 정신이 준비되어 있어야 한다

게르만족에게 바루스의 법정만큼 참을 수 없는 것은 없었다. 1 유스티니아누스가 라지족(1)의 사회에서 왕을 살해한 사람에 대한 소송을 하기 위해 세운 법정2도 그들에게는 끔찍하고 야만적인 것으로 보였다. 미트리다테스3는 로마인에 반대하는 연설을 하면서 특히 그들의 재판 절차4를 비난한다. 파르티아인은 로마에서 양육되어 모든 사람에게 상냥하고 개방적인 왕(2)을 견딜 수 없었다. 5 자유 자체는 그것을 향유하는 데 익숙하지 않은 민족에게는 참을 수 없었던 것 같다. 그래서 맑은 공기도 늪지대에서 살아온 사람들에게는 때때로 해롭다.

발비라고 하는 한 베네치아인이 페구에 갔을 때 왕에게 안내되었다. 왕은 베네치아에 왕이 없다는 말을 듣고 크게 폭소를 터뜨리는 바람에 기침이 나서 궁정 신하들에게 말하느라 몹시 애를 먹었다. 6 어떤 입법자가 이런 민족에게 민중적 정체를 제안할 수 있겠는가?

---

1 그들은 변호사들의 혀를 잘라버리고, "독사여, 소리내는 것을 멈춰라"라고 말했다. 타키투스(사실은 타키투스가 아니라 2세기 로마 역사가인 플로루스였다_옮긴이 주).

2 아가티아스, 제4편.

3 유스티누스, 제38편.

4 Calumnias litium. 위의 책.

5 Prompti aditus, nova comitas, ingnotal Parthis virtutes, nova vitia (다가가기 쉬운 편안함과 상냥함은 파르티아인으로서는 알지 못하는 덕성이었고, 오히려 그들에게는 새로운 악덕으로 보였다). 타키투스.

6 발비는 1596년에 페구에 대한 묘사를 했다. 《동인도회사 설립에 도움을 준 여행기 모음집》, 제3권, 제1부, 33쪽.

제 3장 : 폭정

폭정에는 두 가지 종류가 있다. 하나는 폭력적 통치로 이루어지는 실제 폭정이고, 다른 하나는 통치자들이 국민의 사고방식에 어긋나는 것을 결정할 때 느껴지는 여론에 대한 폭정이다.

아우구스투스는 '로물루스'로 불리기를 바랐지만, 자신이 왕이 되고자 하는 것을 인민이 두려워한다는 것을 알고 계획을 바꾸었다고 디오는 말한다. 초기 로마인은 왕을 원하지 않았다. 왕의 권력을 용인할 수 없었기 때문이다. 그런데 아우구스투스 시대의 로마인들은 왕의 생활양식을 용인할 수 없어서 왕을 원하지 않았다. 그래서 카이사르나 삼두정치의 집정관이나 아우구스투스는 사실상 왕이었지만 평등한 외양을 유지했고, 그들의 사생활은 당시 다른 왕들의 사치와는 일종의 대조를 이루었다. 로마인이 왕을 원하지 않았다는 것은 그들이 자신들의 생활양식을 유지하기를 원하고, 아프리카와 동양 민족의 생활양식을 취하고 싶지 않다는 것을 의미했다.

디오에 의하면, 7 로마인은 아우구스투스가 만든 몇 가지 법이 너무 가혹하여 그에게 분개했으나 당파싸움으로 인해 도시에서 쫓겨난 배우 필라드를 아우구스투스가 다시 불러들이자 곧 불만이 사라졌다고 한다. 이 민족은 모든 법을 빼앗겼을 때보다 광대 한 명을 추방했을 때 더 심하게 폭정을 느낀 것이다.

---

7 제54편, 532쪽.

제 4장 : 일반정신이란 무엇인가

풍토, 종교, 법, 통치 규범, 과거 사례, 풍속, 생활양식과 같은 여러 가지가 인간을 지배한다. 그로 인해 그런 것들로부터 유래하는 일반정신이 형성된다.

각 국민에게 이런 원인 중 어떤 하나가 더 강하게 작용하면 다른 원인들은 그만큼 약해진다. 자연과 풍토는 미개인을 지배하는 거의 유일한 것이다. 생활양식은 중국인을 지배하고, 법은 일본에서 강한 영향력을 행사한다. 예전에는 풍속이 스파르타에서 우세하게 작용했고, 로마에서는 통치 규범과 옛 풍속이 우세하게 작용했다.

제 5장 : 국민의 일반정신을 바꾸지 않기 위해 얼마나 주의해야 하나

사교적 기질과 열린 마음으로 삶의 기쁨을 느끼며 취향을 지니고 있을 뿐만 아니라 자기 생각을 잘 전달하는 국민, 활발하고 상냥하고 쾌활하며 때때로 경솔해서 종종 조심성이 없지만 대신 용기 있고 관대하고 솔직하며 명예가 있는 국민, (3) 만일 이 세상에 그런 국민이 있다면 그들의 덕성을 방해하지 않도록 법으로 그들의 생활양식을 구속하려고 해서는 안 될 것이다. 대체로 성격이 좋다면 약간의 결점이 있다고 한들 무슨 상관이겠는가?

여자를 제지하거나 그들의 풍속을 고치고 사치를 제한하기 위해 법을 만들 수도 있을 것이다. 그러나 국민의 부(富)의 원천일 수도 있는 어떤 취향, 그리고 외국인을 사로잡는 섬세함을 잃어버리게 될지도 모르는 일이 아닌가?

국민의 정신이 정체의 원리에 어긋나지 않을 때 입법자는 국민의 정신을 따라야 한다. 우리는 타고난 천성에 따라 자유롭게 하는 일보다 더 잘할 수 있는 것은 아무것도 없기 때문이다.

천성적으로 쾌활한 국민에게 현학적 정신을 부여한다 해도 국가는 대내적으로나 대외적으로나 무엇도 얻을 수 없을 것이다. 국민이 하찮은 일을 진지하게, 또 진지한 일을 쾌활하게 하도록 그냥 내버려 두라.

제 6장 : 모든 것을 고쳐서는 안 된다

우리가 방금 살펴본 국민과 아주 비슷한 나라의 한 신사는 "우리를 있는 그대로 내버려 두라"고 말했다. 자연은 모든 것을 고쳐준다. 자연은 불쾌감을 줄 수 있고 모든 면에서 실수하게 만들기 쉬운 격렬함을 우리에게 주었다. 그런데 이 격렬함도 자연이 우리에게 사교계, 특히 여자와의 교제에 대한 애착을 불러일으키면서 얻게 해주는 섬세함에 의해 교정된다.

우리를 있는 그대로 내버려 두라. 우리의 조심성 없는 품성은 우리의 악의 없는 본성과 결합하여, 우리의 사교적 기질을 방해하는 법들을 부적절한 것으로 만든다.

제 7장 : 아테네인과 스파르타인

그 신사는 아테네인이 우리와 다소 유사한 민족이라고 덧붙였다. 아테네인은 나랏일에도 쾌활함을 곁들였고, 극장에서와 마찬가지로 의회 연설에서도 익살스런 표현을 즐겼다. 회의에서 드러나는 그런 활발함은 집행할 때도 나타났다. 스파르타인의 성격은 근엄하고 진지하고 무미건조하고 과묵했다. 아테네인을 지루하게 만들어서 득을 볼 수 없는 것처럼 스파르타인을 즐겁게 해 봤자 득을 볼 수 없을 것이다.

제 8장 : 사교적 기질의 결과

서로 소통하는 민족일수록 쉽게 생활양식을 바꾼다. 각자 타인에게 더 많이 보이기 때문이다. 그래서 개인의 특이성도 더 잘 보인다. 어떤 국민이 서로 소통하는 것을 좋아하게 만드는 풍토는 변화하는 것도 좋아하게 만든다. 그리고 어떤 국민이 변화를 좋아하게 만드는 것은 또 취향을 기르게 만든다.

여자들의 모임은 풍속을 해치지만 취향을 형성한다. 다른 사람보다 더 환심을 사려는 욕망이 몸치장을 하게 하고, 실제 자신보다 더 잘 보이려는 욕망이 유행을 낳는다. 유행은 중요한 문제다. 정신이 경박해지다 보니, 사람들은 끊임없이 상업 분야를 확장시키게 된다. [8]

---

8 《꿀벌 우화》를 볼 것.

제9장 : 국민의 허영심과 오만

허영심은 국가를 위해 좋은 원동력이지만, 오만은 위험한 원동력이다. 이를 이해하려면 한편으로는 허영심에서 유래하는 수많은 이익, 즉 호사(豪奢), 산업, 기술, 유행, 섬세함, 취향을, 그리고 다른 한편으로는 몇몇 국민의 오만에서 생기는 수많은 폐해, 즉 게으름, 가난, 모든 것의 포기, 우연히 정복한 국민의 파멸과 자국민의 파멸을 떠올려보기만 하면 된다. 게으름은 오만의 결과이고, 노동은 허영심의 결과이다. 9 스페인 사람의 오만은 그들을 일하지 않게 만들고, 프랑스인의 허영심은 그들을 다른 사람들보다 더 일을 잘할 수 있게 만들 것이다.

게으른 국민은 모두 근엄하다. 일하지 않는 사람들은 자신을 일하는 사람들의 지배자라고 여기기 때문이다.

모든 국민을 살펴보라. 그러면 대부분 근엄, 오만, 게으름이 보조를 같이하는 것을 보게 될 것이다.

아체 민족은 거만하고 게으르다. 10 노예가 없는 사람들은 설령 백보를 걸어가서 쌀 2파인트를 가져오기 위해서라고 할지라도 노예를

---

9   말라캄베르의 칸을 따르는 민족, 카르나타카와 코로만델의 민족은 오만하고 게으르다. (말라캄베르, 카르나타카, 코로만델은 모두 인도 지역의 지명이다_옮긴이 주) 그들은 가난하기 때문에 소비를 거의 하지 않는다. 반면 몽골족과 힌두스탄 민족은 유럽인처럼 열심히 일하고 생활의 편리함을 즐긴다. 《동인도회사 설립에 도움을 준 여행기 모음집》, 제1권, 54쪽.
10   댐피어 제3권 참조.

빌린다. 그들은 직접 쌀을 나른다면 자신의 명예가 훼손되었다고 여길 것이다.

이 땅에는 일하지 않는다는 것을 드러내기 위해 손톱을 기르는 지역도 몇 군데 있다.

인도 지역의 여자들은 글을 배우는 것을 수치스러운 일이라고 생각한다.[11] 그것은 탑 속에서 찬송가를 부르는 노예들이나 하는 일이라고 그녀들은 말한다. 어떤 카스트의 여자들은 실을 뽑지 않는다. 또어떤 카스트의 여자들은 바구니와 거적만 만들 뿐, 쌀을 빻아서는 안된다. 또 다른 카스트의 여자들은 물을 길으러 가서는 안 된다. 거기서는 오만이 규칙을 만들어 놓고 그것을 지키게 한다. 정신적 자질은다른 정신적 자질과 결합함에 따라 상이한 결과를 낳는다는 것은 말할 필요도 없다. 그러므로 거대한 야망, 위대한 사상 등과 결합한 오만은 로마인에게 우리가 아는 바와 같은 결과를 만들어 냈다.

제 10장 : 스페인 사람의 성격과 중국인의 성격

국민의 다양한 성격에는 덕성과 악덕, 좋은 자질과 나쁜 자질이 섞여있다. 혼합이 잘 되어 있으면 종종 예상하지 못한 커다란 이익이 생기지만, 역시 예상하지 못한 큰 폐해를 초래하는 혼합도 있다.

스페인 사람들의 진실성은 어느 시대에나 유명했다. 유스티누스는위탁물 보관에 대한 그들의 충실성에 대해 이야기한다.[12] 그들은 종

---

11 《교훈적이고 신기한 편지들》, 제 12집, 80쪽.

종 그 비밀을 지키기 위해 죽음을 겪기도 했다. 그들은 예전에 가졌던 그 충실성을 오늘날에도 여전히 갖고 있다. 카디스에서 교역하는 모든 국적의 사람은 스페인 사람들에게 그들의 재산을 맡기는데, 그 때문에 후회한 적이 한 번도 없었다. 그러나 이 훌륭한 자질이 그들의 게으름과 결합하면 그들에게 해로운 결과를 초래하는 혼합을 형성한다. 즉, 유럽의 여러 민족이 그들의 목전에서 스페인 왕국의 모든 교역을 하게 된다.

중국인의 성격은 다른 혼합을 형성하여, 스페인 사람들의 성격과 대조를 이룬다. 불안정한 생활13 때문에 그들은 놀라운 활동성과 이윤에 대한 과도한 욕망을 갖게 되어 어떤 상업국가도 그들을 믿을 수 없을 정도이다. 14 이 주지의 불성실 때문에 그들은 일본과의 교역을 보호할 수 있었다. 중국 북부의 해안 지방을 통해 교역하기가 아무리 쉬워도, 유럽의 어떤 상인도 감히 중국인의 이름으로 교역하려고 하지 않았던 것이다.

---

12 제44편.
13 풍토와 토지의 성질에 의해서.
14 뒤 알드 신부, 제2권.

제11장 : 성찰

나는 악덕과 덕성 사이의 무한한 거리를 조금이라고 줄이려고 이런 말을 한 것이 아니다. 절대로! 다만 정치적 악덕이 모두 도덕적 악덕은 아니며, 모든 도덕적 악덕이 정치적 악덕은 아니라는 것을 밝히고자 했을 뿐이다. 이것은 일반정신에 어긋나는 법을 만드는 사람들이 반드시 알아야 한다.

제12장 : 전제국가의 생활양식과 풍속

전제국가에서는 풍속과 생활양식을 절대로 바꿔서는 안 된다는 것이 중요한 원칙이다. 그보다 더 신속하게 혁명을 초래하는 것은 없을 것이다. 이런 나라에서는 말하자면 법이 없고, 풍속과 생활양식밖에 없기 때문이다. 그것을 뒤엎으면, 모든 것을 뒤엎는 것이다.

법은 제정된 것이고, 풍속은 몸에 밴 것이다. 후자는 일반정신에 더 관계가 있고, 전자는 특수한 제도에 더 관계가 있다. 그런데 일반정신을 뒤엎는 것은 특수한 제도를 바꾸는 것만큼, 아니 그 이상으로 더 위험하다.

각자 상급자와 하급자로서 자의적인 권력을 행사하고 견디는 나라에서는 모든 신분에서 자유가 군림하는 나라에서보다 사람들이 서로 소통을 덜 한다. 따라서 거기서는 생활양식과 풍속의 변화가 더 적다. 더 고정된 생활양식은 법에 더 가깝다. 그러므로 군주나 입법자는 세계 어느 나라에서보다도 풍속과 생활양식에 타격을 주어서는 안 된다.

거기서는 여자들이 보통 유폐되어 있으므로 사회에 대한 영향력이 없다. 여자들이 남자들과 함께 생활하는 다른 나라에서는, 환심을 사려는 여자들의 욕망과 여자들의 마음에 들려는 사람들의 욕망이 계속해서 생활양식을 바꾸게 만든다. 남녀 양성은 서로 타락시키고, 두 성 다 독특하고 본질적인 자질을 잃어버린다. 절대적이었던 것에 자의적인 것이 들어가게 되고, 생활양식은 날마다 변한다.

제13장 : 중국인의 생활양식

그러나 중국에서는 생활양식이 흔들리지 않는다. 거기서는 여자가 남자와 완전히 분리되어 있는 데다가 학교에서 풍속과 마찬가지로 생활양식도 가르친다. 인사하는 방식이 자연스러우면 교양 있는 사람이라는 것을 알 수 있다.[15] 이런 것들은 근엄한 학자들에 의해 일단 규범으로 주어지면, 도덕 원리처럼 고정되어 더 이상 변하지 않는다.

제14장 : 국민의 풍속과 생활양식을 바꾸는 자연적 방법은 무엇인가

법은 입법자 특유의 명확한 제도이고 풍속과 생활양식은 국민 전체의 제도라고 우리는 말했다. 따라서 풍속과 생활양식을 바꾸고 싶을 때 법으로 바꾸어서는 안 된다. 그러면 너무 전제적으로 보일 것이다.

---

15 뒤 알드 신부의 말.

그것은 다른 풍속과 다른 생활양식을 통해 바꾸는 편이 낫다.

그러므로 군주가 국민에게 큰 변화를 주고자 할 때, 법으로 정해진 것은 법으로 개혁하고, 생활양식에 의해 정해진 것은 생활양식에 의해 바꾸어야 한다. 생활양식에 의해 바꾸어야 할 것을 법으로 바꾸는 것은 매우 나쁜 정책이다.

러시아 사람들에게 수염과 옷을 자르지 않을 수 없게 만든 법과 도시로 들어오는 사람들의 긴 옷을 무릎까지 자르게 한 표트르 1세의 폭력은 전제적이었다. 범죄를 막는 방법은 형벌이지만, 생활양식을 바꾸는 방법은 모범이다.

러시아 국민이 그토록 쉽고 신속하게 문명화된 것을 보면, 표트르 1세가 국민을 지나치게 나쁘게 생각했다는 것을 알 수 있다. 즉, 그 민족은 그가 말한 것처럼 짐승이 아니라는 것을 보여주었다. 그가 사용한 폭력적 방법은 소용이 없었다. 그렇지만 온화한 방법으로는 목적을 이룰 수 있었을 것이다.

그는 그런 변화가 쉽다는 것을 직접 경험했다. 여자들은 유폐되어 있었고, 말하자면 노예와 같았다. 그는 여자들을 궁정으로 불러 독일식으로 옷을 입게 하고 옷감을 보내주었다. 여자들은 우선 자신의 취향과 허영심과 열정을 부추기는 그 생활 방식을 즐겼고, 남자들에게도 그것을 즐기게 했다.

그런 변화를 더 쉽게 만든 것은 당시의 풍속이 풍토와 관계가 없었고 민족의 혼합과 정복에 의해 생긴 것이었기 때문이다. 표트르 1세는 유럽의 한 국민에게 유럽의 풍속과 생활양식을 부여함으로써 자신도 예기치 않았던 용이성을 발견했다. 풍토의 지배력은 모든 지배력

중에서도 으뜸이다. 따라서 그는 국민의 풍속과 생활양식을 바꾸기 위해서 법을 필요로 하지 않았다. 다른 풍속과 다른 생활양식을 고쳐 시키는 것으로 충분했다.

대체로 사람들은 자신의 관습에 강한 애착을 갖는다. 그들에게서 그것을 난폭하게 빼앗으면, 그들은 불행해진다. 따라서 그것을 바꾸려 하지 말고 그들 스스로 바꾸게 권장해야 한다.

필연성에서 유래하지 않는 모든 형벌은 전제적이다. 법은 단순한 권력 행위가 아니다. 그 본질상 아무래도 좋은 것들은 법의 영역에 속하지 않는다.

제15장 : 집안을 다스리는 일이 정치에 미치는 영향

여자들의 풍속 변화는 분명 러시아의 정체에 많은 영향을 주었을 것이다. 모든 것은 긴밀하게 연결되어 있다. 군주의 전제정치는 자연히 여자들의 노예 상태와 결합하고, 여자들의 자유는 군주정체의 정신과 결합한다.

제16장 : 어떻게 몇몇 입법자가 인간을 다스리는 여러 원리를 혼동하였나

풍속과 생활양식은 법이 정하지 않은, 혹은 정할 수 없었던, 혹은 정하고자 하지 않았던 관행이다.

법과 풍속 사이에는 다음과 같은 차이가 있다. 즉, 법은 시민의 행동을 규제하고 풍속은 인간의 행동을 규제한다는 것이다. 풍속과 생활양식 사이에는 전자는 내적인 행동에 관여하고 후자는 외적인 행동에 관여한다는 차이가 있다.

때때로 어떤 나라에서는 이런 것들이 혼동된다.16 리쿠르고스는 법과 풍속과 생활양식에 대해 같은 법규를 만들었고, 중국의 입법자들도 마찬가지였다.

스파르타와 중국의 입법자들이 법과 풍속과 생활양식을 혼동했다고 해서 놀랄 일은 아니다. 풍속이 법을 대신하고 생활양식이 풍속을 대신하기 때문이다.

중국의 입법자들은 인민의 평온한 삶을 주된 목적으로 삼고 있었다. 그들은 사람들이 서로 매우 존중하기를 원했다. 각자 타인에게 많은 신세를 지고 있고 어떤 점에서든 다른 시민에게 의존하지 않는 시민은 없다고 매 순간 느끼기를 원한 것이다. 그래서 그들은 예의 규범에 최대한의 범위를 부여했다.

그리하여 중국에서는 시골 사람도 상류층 사람처럼 서로 예절을 지키는 것을 볼 수 있다.17 이것은 온화함을 고취시키고 사람들 사이에 평화와 질서를 유지시키고 냉혹한 정신에서 초래되는 모든 악을 제거하는 데에 아주 적절한 수단이다. 사실 예의 규범에서 벗어난다는 것은 자신의 결점을 더 쉽게 드러내기를 자초하는 것이 아니겠는가?

---

16 모세는 법과 종교에 대해 같은 법규를 만들었다. 초기 로마인은 법과 옛 관습을 혼동했다.
17 뒤 알드 신부의 저서 참조.

그런 관점에서 예의가 공손함보다 더 낫다. 공손함은 다른 사람의 결점에 비위를 맞추는 것이지만, 예의는 우리의 결점이 드러나는 것을 막아준다. 그것은 사람들이 서로 부패시키는 것을 막기 위해 서로의 사이에 설치하는 울타리와 같은 것이다.

리쿠르고스의 제도는 가혹했는데, 그는 생활양식을 형성할 때 예의를 목적으로 삼지 않았다. 그의 목적은 사람들에게 호전적 정신을 부여하는 것이었다. 항상 교정하거나 교정받고 또 항상 교육하거나 교육받는 사람들은 단순한 동시에 엄격하여 존경을 표하기보다는 서로 덕행을 연마했다.

제17장 : 중국 정체 특유의 속성

중국의 입법자들은 이보다 더했다.[18] 그들은 종교, 법, 풍속, 생활양식을 혼동해서 그 모든 것이 도덕이었고 덕성이었다. 이 네 가지에 관련된 규정은 의례(儀禮)라고 불렸다. 중국 정부가 성공을 거둔 것은 바로 이 의례의 엄밀한 준수 덕분이었다. 사람들은 의례를 배우느라 젊은 시절을 다 보내고 그것을 실천하느라 평생을 보냈다. 학자들은 그것을 가르쳤고, 관리들은 그것을 장려했다. 그리고 그 의례에 인생의 작은 행위들이 모두 포함되어 있었으므로, 그것을 엄밀하게 지키는 방법을 발견했을 때 중국은 잘 통치되었다.

두 가지 사항 덕분에 중국인의 마음과 정신에 의례를 쉽게 새겨 넣

---

18 뒤 알드 신부가 훌륭한 발췌문을 보여주었던 고전 서적 참조.

을 수 있었다. 하나는 극도로 복잡한 그들의 문자였다. 그로 인해 인생의 매우 많은 시간 동안 정신은 오직 의례에만 몰두했다.[19] 의례가 들어 있는 책 때문에, 책에서 읽는 것을 배워야 했기 때문이다. 다른 하나는 의례의 규정에 정신적인 것은 아무것도 없고 단순히 보편적인 실천적 규칙이 있을 뿐이므로 지적인 것보다 사람들의 정신을 사로잡고 설득하기가 더 쉽다는 것이다.

의례에 의해서 통치하는 대신 형벌의 힘으로 통치한 군주들은 그들의 권력이 미치지 못하는 것, 즉 풍속을 부여하는 일을 형벌을 통해 하고자 했다. 형벌은 풍속을 잃어버리거나 법을 위반하는 시민을 사회로부터 잘라 낼 수 있을 것이다. 그러나 모든 사람이 풍속을 잃었다면, 형벌이 그것을 회복할 수 있을까? 형벌은 전반적인 악습의 여러 가지 결과를 잘 제지해 주지만, 그 악습을 교정하지는 못한다. 그래서 중국 정체의 원리가 지켜지지 않았을 때, 도덕이 상실되었을 때, 나라는 무정부 상태에 빠졌고 대변혁이 일어나게 되었다.

제 18장 : 앞 장(章)의 결과

그러므로 중국은 정복으로 인해 법을 잃지 않는다. 거기서는 생활양식, 풍속, 법, 종교가 같은 것이므로 그 모든 것을 한꺼번에 바꿀 수는 없다. 정복자나 피정복자 중 어느 한쪽이 바뀌어야 하는데, 중국에서는 항상 정복자가 바뀌어야 했다. 정복자의 풍속은 생활양식이

---

19 바로 이것 때문에 경쟁심, 무위에 대한 평계, 지식에 대한 존중이 확립되었다.

아니고 생활양식은 법이 아니고 법은 종교가 아니므로, 피정복민이 정복자를 따르는 것보다 정복자가 피정복민을 조금씩 따르는 것이 더 쉬웠기 때문이다.

그 결과 아주 우울한 일이 또 하나 생긴다. 중국에는 기독교가 정착하는 것이 거의 불가능하기 때문이다. [20] 순결서원, 교회 안의 여자들 모임, 여자들과 성직자의 필연적 접촉, 여자들의 성사 참여, 고해성사, 종부성사, 일처제(一妻制), 이 모든 것이 나라의 풍속과 생활양식을 뒤엎고 종교와 법에도 동시에 타격을 준다.

기독교는 자선 시설, 공공 예배, 같은 성사에의 참여를 통해서 모든 것이 결합되기를 요구하는 듯이 보인다. 반면 중국인의 의례는 모든 것이 분리되기를 명령하는 듯하다.

그리고 이런 분리는 대체로 전제주의 정신에서 기인한다는 것을 앞에서 보았으므로, [21] 군주정체 및 모든 제한된 정체가 기독교와 더 잘 어울리는 이유 중 하나를 여기에서 찾을 수 있을 것이다. [22]

---

20 중국의 집정자들이 기독교라는 종교를 금지하는 법령에서 제시한 이유를 참조할 것.
21 제4편 제3장, 제19편 제13장 참조.
22 다음의 제24편 제3장 참조.

제19장 : 중국 사회에서 종교, 법, 풍속, 생활양식의 결합은
어떻게 이루어졌나

중국의 입법자들은 제국의 평온을 통치의 주된 목적으로 삼았다. 그들에게 종속 관계는 평온을 유지하는 데 가장 적절한 수단으로 보였다. 이런 생각에서 그들은 아버지에 대한 존경심을 고취시켜야 한다고 믿었고, 이를 위해 온 힘을 집중했다. 그들은 아버지가 살아 있는 동안이나 죽은 후에나 아버지를 공경하기 위하여 수많은 의례와 예식을 정했다. 살아 있는 아버지를 공경하지 않고는 죽은 아버지를 그토록 공경하기란 불가능한 일이었다. 죽은 아버지에 대한 예식은 종교와 더 많은 관계가 있었고, 살아 있는 아버지에 대한 예식은 법이나 풍속이나 생활양식에 더 많은 관계가 있었다. 그러나 그것은 동일한 법전의 부분들에 불과했고, 그 법전은 매우 광범위했다.

아버지에 대한 존경은 필연적으로 아버지를 상징하는 모든 것, 즉 노인, 주인, 관리, 황제와 연결되었다. 아버지에 대한 이러한 존경은 자식에 대한 사랑이라는 보답을 전제하고 있었다. 따라서 그와 마찬가지로 청년에 대한 노인의 보답, 자신에게 복종하는 사람에 대한 관리의 보답, 신민에 대한 황제의 보답도 전제했다. 이 모든 것이 의례를 이루었고, 이 의례는 국민의 일반정신을 이루었다.

가장 무관하게 보이는 것들이 중국의 기본적 국가 구조와 관계가 있다는 것이 느껴질 것이다. 이 제국은 집안을 다스리는 관념을 토대로 형성된다. 만일 아버지의 권위를 낮추거나 혹은 그 권위에 대한 존경을 표시하는 예식을 없애기만 해도, 사람들이 아버지처럼 여기는 관리에 대한 존경을 약화시키게 된다. 그리고 관리는 자식처럼 여겨야 하는 사람들에 대해 더 이상 똑같은 배려를 하지 않을 것이다. 군주와 신민 사이의 애정 관계 역시 조금씩 사라질 것이다. 이런 관행 중 하나를 없애면 나라를 뒤흔들게 된다.

아침마다 며느리가 일어나서 시어머니에게 문안 인사를 드리는 것은 그 자체로는 지극히 하찮은 일이다. 그러나 그런 외적 관행이 모두의 마음속에 각인시킬 필요가 있는 감정, 모두의 마음에서 우리나와 제국을 지배하는 정신을 형성하게 되는 그 감정을 끊임없이 상기시킨다는 점에 주의를 기울인다면, 그런 특별 행동이 행해져야 할 필요가 있음을 알게 될 것이다.

제 20장 : 중국인에 관한 한 역설에 대한 설명

기이한 일은 중국인의 삶이 온통 의례에 의해 주도되고 있는데도 불구하고 그들이 이 땅에서 가장 음흉한 민족이라는 것이다. 그것은 상업에서 특히 나타난다. 상업은 그에 합당한 진실함을 중국인에게 결코 불러일으킬 수 없었다. 물건을 사는 사람은 자기 저울을 가져가야 한다.23 상인마다 저울을 3개씩, 즉 사기 위한 무거운 거울, 팔기 위한 가벼운 저울, 그리고 조심성이 많은 사람을 위한 정확한 저울을 가지고 있기 때문이다. 나는 이 모순을 설명할 수 있다고 생각한다.

중국의 입법자들은 두 가지 목적을 가지고 있었다. 즉, 그들은 인

---

23 1721년과 1722년의 량주의 일지, 《북쪽 지방의 여행기 모음집》, 제 8권, 363쪽.

민이 순종하고 평온하기를 원했고 또한 근면하고 부지런하기를 원했다. 기후와 토양의 성질 때문에 중국인은 불안정한 생활을 한다. 술책과 노동에 의하지 않고는 생활이 보장되지 않는다.

모든 사람이 복종하고 일할 때, 국가는 행복한 상태에 있다. 모든 중국인에게 이득에 대한 상상할 수 없을 정도의 탐욕을 준 것은 필연성, 아마도 풍토의 성질일 것이다. 그리고 법은 그것을 막을 생각을 하지 않았다. 폭력에 의해 얻는 것이 문제가 될 때는 모든 것이 금지되었으나, 책략이나 술책에 의해 획득하는 경우에는 모든 것이 허용되었다. 그러니 중국인의 도덕과 유럽의 도덕을 비교하지 말자. 중국에서는 각자 자신에게 유익한 것에 주의를 기울여야 했다. 사기꾼이 자신의 이익에 주의를 기울인다면, 속는 사람도 자신의 이익을 생각해야 한다. 스파르타에서는 도둑질이 허용되었고, 중국에서는 속이는 것이 허용되었다.

제 21장 : 법은 어떻게 풍속과 생활양식에 관련되어야 하는가

원래 별개의 것인 법과 풍속과 생활양식을 이처럼 혼동하는 것은 특이한 제도밖에 없다. 그러나 그것들은 아무리 별개의 것이더라도 서로 밀접한 관계를 가지고 있다.

어떤 사람이 솔론에게 그가 아테네인에게 부여한 법이 가장 좋은 것이었냐고 물었다. 그는 "나는 그들이 견딜 수 있는 것 중에서 가장 좋은 법을 주었다"라고 대답했다. 모든 입법자에게서 들어야 할 좋은 말이다. 전지전능한 신이 유대 민족에게 "내가 너희에게 좋지 않은 계율을 주었다"라고 말했을 때, 그것은 그 계율이 상대적으로 좋을 뿐이라는 것을 의미한다. 이는 모세의 법에 대해 제기할 수 있는 모든 이의를 흡수하는 스펀지와도 같다.

제 22장 : 같은 주제 계속

어떤 민족이 좋은 풍속을 가지고 있을 때 법은 간단해진다. 지극히 종교적인 민족을 다스리던 라다만티스(4)는 각 고소 조항에 대해 선서만 시킴으로써 모든 소송을 신속히 처리했다고 플라톤은 말한다.24 그러나 플라톤은 종교적이지 않은 민족의 경우에는 재판관이나 증인과 같이 이해관계가 없는 사람에게만 선서를 사용할 수 있다는 말도 한다.25

제 23장 : 법은 어떻게 풍속을 따르는가

로마인의 풍속이 순수했던 시대에는 공금횡령에 대한 특별한 법이 없었다. 이 범죄가 나타나기 시작했을 때, 그것은 너무도 불명예스럽게 생각되었으므로 착복한 것을 반환하라고 선고받는 것26이 무거운 형벌로 여겨졌다. 스키피오의 판결이 그 증거이다.27

---

24 《법률》, 제12편.
25 《법률》, 제12편.
26 In simplum (간단히).
27 티투스 리비우스, 제38편.

제 24장 : 같은 주제 계속

어머니에게 후견권을 주는 법은 피후견인 일신의 보존에 더 많은 주의를 기울이는 것이고, 가장 가까운 상속자에게 후견권을 주는 법은 재산의 보존에 더 많은 주의를 기울이는 것이다. 풍속이 부패한 민족의 경우에는 어머니에게 후견권을 주는 것이 더 낫다. 법이 시민의 풍속을 신뢰하는 민족의 경우에는 재산 상속자나 어머니, 혹은 때때로 그 두 사람 모두에게 후견권이 주어진다.

로마법에 대해 잘 생각해 보면, 그들의 정신이 내 말에 부합하는 것을 알게 될 것이다. 12표법이 만들어진 시대에 로마의 풍속은 훌륭했다. 상속의 이점을 가질 수 있는 사람이 후견의 부담을 져야 한다는 생각에서 후견권은 피후견인의 가장 가까운 친척에게 주어졌다. 피후견인의 생명이 그의 죽음으로 이득을 볼 수 있는 사람의 수중에 맡겨져도 위험하다고 생각하지 않은 것이다. 그러나 로마의 풍속이 바뀌자, 입법자들도 사고방식을 바꾸었다. 가이우스28 (5)와 유스티니아누스29는 다음과 같이 말한다.

"피후견인의 대체상속인 지정에서 만약 대체상속인이 피후견인에게 함정을 파놓을까 봐 유언자가 두려워한다면, 일반적인 대체상속인 지정은 공개하고 피후견인의 대체상속인 지정은 일정한 기간이 지난 후에만 열어 볼 수 있는 유언장 일부에 기재해 놓을 수 있다."30

---

28 《법학제요》, 제 2편 제 6조 제 2항, 오젤(Ozel) 편집, 레이던, 1658.
29 《법학제요》, 제 2편, de pupil. substit., 제 3항.

이것은 초기 로마인들은 알지 못했던 걱정과 조심성이다.

제 25장 : 같은 주제 계속

로마법은 혼인 전에는 서로 증여하는 자유를 주었지만, 혼인 후에는 이를 더 이상 허용하지 않았다. 그것은 로마인의 풍속에 토대를 둔 것이었다. 그들을 혼인으로 이끄는 것은 오직 검소함, 소박함, 겸손함 뿐이었지만, 가정적인 보살핌, 만족감, 평생의 행복에 의해서도 마음이 끌릴 수 있었던 것이다.

서고트족의 법에 의하면, 31 남편은 혼인할 여자에게 자기 재산의 10분의 1 이상을 줄 수 없고, 혼인한 첫해에는 아무것도 줄 수 없었다. 이것 또한 그 나라의 풍속에서 유래한 것이다. 입법자들은 눈에 띄는 행동으로 단지 과도한 선심을 쓰려는 스페인식 허풍을 막고자 한 것이다.

로마인은 이 세상에서 가장 영속적인 지배, 즉 덕성의 지배에서 생기는 몇 가지 단점을 법을 통해 억제했다. 그리고 스페인 사람들은 이 세상에서 가장 무너지기 쉬운 폭정, 즉 아름다움의 폭정에서 생기는 나쁜 결과를 법을 통해 막고자 했다.

---

30 일반적인 대체상속인 지정이란 "어떤 사람이 상속하지 않을 경우, 나는 그의 대체상속인을 지정한다" 등을 말한다. 피후견인의 대체상속인 지정이란 "어떤 사람이 성년이 되기 전에 사망할 경우, 나는 그의 대체상속인을 지정한다" 등을 말한다.
31 제 3편, 제 1조, 제 5항.

제 26장 : 같은 주제 계속

테오도시우스와 발렌티니아누스의 법32은 로마인의 옛 풍속과 생활
양식에서 일방적 이혼 사유를 끄집어냈다. 33 그 법은 자유인답지 않
은 방법으로 아내를 벌주는 남편의 행동34도 이혼 사유에 집어넣었
다. 그 사유는 이후의 법에서는 삭제되었다. 35 그 점에 관해 풍속이
변해서 동양의 관습이 유럽의 관습을 대신하게 되었기 때문이다. 유
스티니아누스 2세 황후의 환관장은 학교에서 아이들을 벌줄 때 사용
하는 체벌을 하겠다며 그녀를 위협했다고 역사가는 말한다. 이미 확
립된 풍속 혹은 확립되려는 풍속이 있지 않은 한, 이런 일은 상상할
수 없다.

　우리는 법이 어떻게 풍속을 따르는지 살펴보았다. 이제 풍속이 어
떻게 법을 따르는지 보기로 하자.

32　제 8법, 법전 de repudiis.
33　그리고 12표법에서. 키케로, "두 번째 필리포스 탄핵 연설" 참조.
34　Si verberibus, quæ ingenuis aliena sunt, afficientem probaverit(그가 자유인
　　에게 적합하지 않은 채찍을 사용한 것이 드러났을 경우).
35　《신칙법》117, 제 14장.

제 27장 : 법은 국민의 풍속, 생활양식, 성격의 형성에 어떻게 공헌할 수 있나

노예 민족의 관습은 노예 상태의 일부이고, 자유로운 민족의 관습은 자유의 일부이다.

나는 제11편36에서 자유로운 민족에 대해 이야기했고, 그 국가 구조의 원리를 제시했다. 이제 그에 뒤이은 결과와 거기서 형성될 수 있었던 성격 및 거기에서 유래하는 생활양식을 보기로 하자.

나는 그 국민에게 풍토가 법과 풍속과 생활양식을 대부분 만들어 냈다는 것을 부정하는 것이 아니다. 다만 그 국민의 풍속과 생활양식이 법과 큰 관련이 있다고 말하는 것이다.

그 나라에는 입법권과 집행권이라는 뚜렷한 두 권력이 있고 또 모든 시민은 자신의 고유한 의지를 가지고 자기 뜻대로 자신의 독립을 주장할 터이므로, 대부분의 사람들이 그 두 권력 중 어느 한쪽에 더 큰 애정을 가지게 될 것이다. 사람들 대다수가 보통 두 권력을 똑같이 좋아할 만큼 공정하지도 감각적이지도 않기 때문이다.

집행권은 모든 관직을 좌지우지하면서 대단한 희망을 주고 두려움은 전혀 주지 않을 수 있으므로, 거기서 뭔가를 얻을 사람들은 그쪽으로 향하게 될 것이다. 그리고 아무것도 기대할 수 없는 사람들은 모두 집행권을 공격할 것이다.

---

36 제6장(제11편 제6장은 영국의 국가 구조를 설명한 것이므로, 이 장은 영국에 관한 이야기이다_옮긴이 주).

거기서는 모든 정념이 자유로우므로 증오, 부러움, 질투, 부유해지거나 유명해지고 싶은 열망 등이 그 전모를 드러낼 것이다. 만일 그렇지 않다면, 국가는 병에 걸려 쓰러져서 힘이 없는 탓에 정념이 없는 사람과 같을 것이다.

두 당파 사이의 증오는 지속될 것이다. 그 증오는 늘 무력할 것이기 때문이다. 이런 당파들은 자유인으로 구성되므로, 어느 한쪽이 지나치게 우세해짐에 따라 약해진 다른 한쪽을 시민들이 와서 마치 두 손으로 몸을 부축하듯 일으켜 세울 것이다. 그것이 바로 자유의 결과이다.

늘 독립적인 각 개인은 자신의 기분과 생각을 따를 것이므로, 종종 당파를 바꿀 것이다. 즉, 한 당파를 떠나서, 거기에 모든 친구를 남겨둔 채 모든 적이 있는 다른 당파와 결합할 것이다. 그리하여 이런 국민은 종종 우정의 법도 증오의 법도 잊을 수 있다.

군주도 개인의 경우와 마찬가지이다. 그래서 지혜로운 일상적 규범과는 반대로, 다른 군주들은 선택에 의해 행하는 것을 그는 필요에 의해 행하므로 그에게 가장 타격을 준 사람들을 신임하고 가장 잘 봉사한 사람들을 물리칠 수밖에 없는 경우가 종종 있을 것이다.

사람들은 잘 알 수 없고 숨겨져 있지만 분명히 느껴지는 이익을 놓치게 될까 봐 두려워한다. 그리고 두려움은 언제나 대상을 크게 보이게 한다. 인민은 자신의 상황에 대해 불안해하고, 가장 안전한 순간에도 위험하다고 생각할 것이다.

집행권에 대해 가장 격렬하게 반대하는 사람들은 자신들이 반대하는 타산적인 이유를 털어놓을 수 없으므로, 자신이 위험에 처했는지 아닌지 정확히 모르는 인민의 불안을 더욱더 부채질할 것이다. 그러나 그것 자체는 인민이 나중에 겪게 될 수도 있는 진짜 위험을 피하게 하는 데 도움을 줄 것이다.

그러나 입법부는 인민의 신뢰를 얻고 있고 인민보다 더 식견을 갖추고 있으므로, 인민이 갖게 된 나쁜 인상을 회복시키고 그들의 동요를 진정시킬 수 있을 것이다.

이것은 인민이 직접적 권력을 가졌던 고대의 민주정체에 비해 이 정체가 갖는 커다란 이점이다. 웅변가들이 인민을 선동했을 때, 그 선동은 언제나 효과가 있었기 때문이다.

따라서 마음속에 새겨진 공포에 분명한 대상이 없을 때, 그 공포는 단지 헛된 소동과 욕설을 초래할 뿐이다. 그리고 심지어 정부의 모든 원동력을 긴장시키고 모든 시민을 주의 깊게 만드는 좋은 결과를 가져오기도 한다. 그러나 기본법이 전복되는 것을 계기로 공포가 생긴다면, 그것은 집요하고 불길하며 끔찍한 것이 되어서 파국을 낳게 될 것이다.

곧 무시무시한 정적이 감돌고, 그 정적이 흐르는 동안 법을 위반하는 권력에 맞서 모두가 결합할 것이다.

만일 불안에 명확한 대상이 없을 때 어떤 외세가 국가를 위협하고 국가의 운명이나 명예를 위험에 빠뜨린다면, 그때는 작은 이해관계가 더 큰 이해관계에 양보하여 집행 권력을 위해 모두가 결합할 것이다.

만일 기본법의 위반을 계기로 논쟁이 생겼는데 외세가 나타난다면, 혁명이 일어날 것이다. 그러나 그 혁명은 정체의 형태나 국가 구조를 바꾸지는 않을 것이다. 자유가 만들어 내는 혁명은 자유의 확인에 지나지 않기 때문이다.

자유로운 국민은 구세주를 가질 수 있지만, 예속된 국민은 또 다른 압제자를 가질 뿐이다. 한 나라에서 이미 절대적 지배자가 된 사람을 쫓아낼 만한 힘을 가진 사람은 그 자신이 절대적 지배자가 될 만한 힘을 가지고 있기 때문이다.

자유를 누리기 위해서는 각자 생각하는 것을 말할 수 있어야 하고 자유를 보존하기 위해서도 각자 생각하는 것을 말할 수 있어야 하므로, 이런 나라에서 시민은 법이 명백하게 금지하지 않은 모든 것을 말하거나 글로 쓸 것이다.

언제나 흥분해 있는 이런 국민은 이성보다 정념에 더 쉽게 이끌린다. 이성은 인간의 정신에 결코 큰 인상을 주지 않는 법이다. 따라서 이런 국민을 다스리는 사람은 국민이 자신의 참된 이익에 반하는 계획을 실행하게 만들기가 쉬울 것이다.

이런 국민은 놀랄 만큼 자유를 사랑한다. 그 자유는 진실한 것이기 때문이다. 그리고 그 자유를 지키기 위해서, 국민은 재산과 안락함과 이익을 희생하게 될 수도 있다. 또 매우 가혹한 세금, 가장 절대적인 군주도 감히 신민에게 부담시키지 않을 만큼 가혹한 세금을 부담하는 일도 생길 수 있다.

그러나 이런 국민은 복종해야 할 필요성을 잘 알고 있고 더 많이 내지 않는다는 확실한 희망 속에서 내는 것이므로, 세금 부담은 무겁지만 실제보다 더 가볍게 느낄 것이다. 반면 불행이 실제보다 훨씬 더 크게 느껴지는 나라들도 있다.

이런 국민은 확실한 금융 기관을 가지고 있는 셈이다. 자기 자신에게 꾸어서 자기 자신에게 지불하는 것이기 때문이다. 그들은 자신들의 본래의 힘을 초월하는 시도를 할 수도 있고, 정체의 신용과 본질에 의해 실재의 부(富)가 되는 막대한 가상의 부를 적에게 과시할 수도 있을 것이다.

자유를 유지하기 위해 국가는 국민에게서 돈을 꿀 것이고, 국가가 정복되면 꾸어준 돈을 잃게 된다고 생각하는 국민은 자유를 옹호하려고 노력해야 할 새로운 동기를 갖게 될 것이다.

만약 이런 국민이 섬에 산다면, 그들은 결코 정복자가 되지 않을 것이다. 따로 떨어져 있는 정복지는 그들을 약화시킬 것이기 때문이다. 그 섬의 토양이 좋으면, 그들은 더더욱 정복자가 되지 않을 것이다. 부유해지기 위해서 전쟁할 필요가 없기 때문이다. 그리고 어떤 시민도 다른 시민에게 종속되지 않으므로, 각자는 몇몇 시민 혹은 한 시민의 영광보다 자신의 자유를 더 중시할 것이다.

거기서는 군인이 유용하긴 하지만 종종 위험한 직업이므로, 국민에게는 군복무가 힘든 일로 여겨질 것이다. 그래서 문관의 신분이 더 존중될 것이다.

평화와 자유 덕분에 파괴적 편견에서 벗어나 안락하게 지내는 이런 국민은 상업에 끌리게 된다. 만일 노동자의 손을 거쳐 비싼 가격의 물건을 만드는 데 사용되는 어떤 원료를 갖게 된다면, 이런 국민은 하늘의 선물이 주는 기쁨을 최대한 누리기에 적합한 시설을 만들 수 있을 것이다.

만일 이런 국민이 북쪽에 자리 잡고 있고 여분의 물품을 많이 가지고 있다면, 그 풍토에서는 나오지 않아 부족한 상품도 많을 터이므로 남쪽의 민족과 필요한 무역을 대규모로 행할 것이다. 그리고 유리한 무역으로 도움을 줄 나라를 선택하고, 자신이 선택한 국민과 상호 유익한 조약을 체결할 것이다.

한편으로는 호화로움이 극에 달하고 다른 한편으로는 세금이 과도한 나라에서는 한정된 재산으로는 일하지 않고 살 수 없다. 따라서 많은 사람이 여행이나 건강을 핑계로 고국을 떠나서 풍요한 생활을 찾아 노예 상태에 있는 나라에까지 갈 것이다.

상업국은 작고 특수한 이해관계가 놀랍도록 많다. 따라서 그들은 수많은 방법으로 타격을 주고받을 수 있다. 그들은 지극히 질투심이 강해져서 자신의 번영을 즐기는 이상으로 다른 국가의 번영에 상심한다. 그리고 다른 문제에서는 온화하고 너그러운 법이 자기 나라에서 이루어지는 상업과 항해에 대해서는 너무도 엄격하여 마치 적과 교역하는 것처럼 생각될 것이다.

만일 이런 나라가 멀리 식민을 보낸다면, 그것은 지배권보다 무역을 확대하기 위해서일 것이다.

사람은 자기 나라에 확립된 것을 다른 나라에서도 확립하고 싶어하게 마련이므로, 이 국민은 식민지 민족에게 자기네의 정치 형태를 부여할 것이다. 그리고 그 정체는 번영을 가져올 것이므로, 숲속으로 식민을 보내더라도 거기에서 대단한 민족이 형성되는 것을 보게 될 것이다. 아마도 이 국민은 예전에 그 위치나 좋은 항만이나 자원의 성질 때문에 질투를 느꼈던 이웃 국민을 정복한 적이 있었을 것이다. 그리하여 이 국민은 피정복 국민에게 자기네 법을 부여했겠지만, 심한 종속 관계에 묶어둘 것이므로 그곳의 시민은 자유로우나 나라 자체는 노예가 될 것이다.

정복된 나라는 매우 좋은 문민정부를 갖게 될 것이나, 만민법에 의해 압박받을 것이다. 한 국민이 다른 국민에게 여러 가지 법을 부과할 텐데, 그것은 나라의 번영을 일시적인 것에 불과한 것으로 만들고 단지 주인을 위한 위탁물로 여기는 법이 될 것이다.

큰 섬에 살면서 큰 무역을 소유한 지배 국민은 해군력을 갖기 위한 모든 종류의 편의를 갖게 될 것이다. 자유의 보존을 위해 요새도 성채도 육군력도 필요하지 않으므로, 그 국민에게는 외적의 침입으로부터 자신을 지켜줄 해군력이 필요할 것이다. 그 해군은 다른 모든 강대국의 해군보다 우수할 것이다. 다른 강대국은 육지 전투를 위해 돈을 써야 하므로 해전(海戰)을 위해서는 더 이상 충분한 돈이 없을 것이기 때문이다.

바다에 대한 지배권은 그것을 소유한 민족에게 언제나 천성적인 오만함을 주었다. 어디든 공격할 수 있다고 생각하는 그들은 자신들의 힘이 대양보다 더 한계가 없다고 믿기 때문이다.

이 나라는 이웃한 나라의 여러 문제에 대단한 영향력을 가질 수 있다. 이 나라는 그 힘을 정복하는 데 사용하지 않으므로, 타국은 이 나라의 우정을 구하고 이 나라의 증오를 두려워할 것이기 때문이다. 정체의 불안정과 국내의 동요로 인해 이 나라에 그런 것을 기대할 수 없을 것 같아도 말이다. 그리하여 거의 언제나 국내에서는 위협받고 국외에서는 존경받는 것이 집행권의 운명이 될 것이다.

만약 이 나라가 어떤 기회에 유럽 교섭의 중심이 되는 경우가 생긴다면, 이 나라는 다른 나라보다 좀 더 성실하고 진정성 있게 그 일을 행할 것이다. 이 나라의 대신들은 대중의 회의에서 종종 자기 행동에 대한 정당성을 증명해야 하므로 그들의 교섭은 비밀이 될 수 없고 그 점에서 그들은 좀 더 정직할 수밖에 없기 때문이다. 게다가 그들은 어떻게 보면 변칙적인 행동에서 초래될 수 있는 사건의 책임자가 될 터이므로, 그들에게는 정도를 택하는 것이 가장 안전하다.

만약 귀족이 한동안 과도한 권력을 갖게 되어 군주가 서민을 높임으로써 귀족을 약화시키는 수단을 찾아냈다면, 가장 극심한 노예 상태는 귀족이 쇠퇴하는 순간과 서민이 자신의 힘을 느끼기 시작하는 순간의 중간 지점이었을 것이다. 이 국민은 옛날에 한 전제권력에 복종했으므로 여러 경우에서 전제권력의 방식을 유지했을 수 있다. 그 결과 자유로운 정체의 토대 위에서 종종 절대 정체의 형식이 보일 것이다.

종교에 관해서는 각 시민이 고유의 의지를 가지고 있으므로 자신의 지식이나 기분에 의해 인도될 것이다. 따라서 어떤 종교가 되었든 각자 모든 종류의 종교에 대해 매우 무심한 까닭에 모든 사람이 지배적인 종교를 선택하게 되거나 혹은 전반적으로 종교에 열정적이어서 종파가 증가하게 될 수도 있다.

이 국민 중에는 종교를 갖고 있지 않지만 만약 종교를 갖게 된다면 자신의 종교를 바꾸도록 강요당하는 것을 용인하지 않으려는 사람들이 있을 수 있다. 그들은 사고방식도 생명이나 재산과 마찬가지로 자기 자신의 것이고 그중 하나를 빼앗는 자는 다른 것도 더 쉽게 빼앗을 수 있다고 생각할 터이기 때문이다.

만약 여러 종교 중에 사람들을 예속시키는 방법을 통해 확립하려고 시도한 종교가 있다면, 그런 종교는 거기서 배척될 것이다. 우리는 사물을 그 관계나 부속물에 의해 판단하므로 그런 종교는 자유의 관념과 함께 머릿속에 떠오르는 일이 결코 없을 것이기 때문이다.

그런 종교를 믿는 사람들에 대한 법은 피비린내 나는 것은 아닐 것이다. 자유는 그런 종류의 형벌을 상상하지 않기 때문이다. 그러나 그것은 매우 억압적인 법이어서 냉정하게 행해질 수 있는 모든 고통을 줄 것이다.

성직자의 신용이 매우 적어 오히려 다른 시민들의 신용이 더 커지는 수많은 방법이 생겨날 수 있을 것이다. 그리하여 성직자는 따로 분리되지 않고 세속인과 똑같은 세금을 부담하고 그 점에 관해서는 세속인과 동일 집단을 이루고자 할 것이다. 그러나 성직자는 항상 사람들로부터 존경을 얻고자 하므로 더 은둔하는 생활, 더 조심스러운 행동, 더 순수한 풍속에 의해 구별될 것이다.

이 성직자는 종교를 보호할 수도 없고 종교의 보호를 받을 수도 없으며 강요할 힘도 갖지 못하므로 사람들을 설득하고자 노력할 것이다. 그리하여 신의 계시와 섭리를 입증하기 위해 그들의 펜에서 매우 훌륭한 저작이 나오는 것을 보게 될 것이다.

사람들은 성직자의 회합을 꺼리고 성직자가 스스로 폐습을 고치는 것조차 허용하지 않으려 할 수도 있다. (6) 그리고 자유에 열광하는 탓에, 성직자가 개혁자가 되는 것을 허용하느니 차라리 그 개혁이 불완전하게 내버려 두는 것을 더 좋아할 수 있을 것이다.

국가의 기본 구조를 이루는 고위직은 다른 나라에서보다 더 고정될 것이다. 그러나 다른 한편으로 이 자유의 나라에서 상류층은 서민과 더 비슷해질 것이다. 따라서 신분은 더 구별되어도 사람들은 더 혼합될 것이다.

말하자면 통치자들은 날마다 쇄신되고 개조되는 권력을 갖게 되므로, 그들을 즐겁게 해주는 자들보다 그들에게 유용한 자들을 더 존중할 것이다. 그리하여 거기서는 아첨꾼, 추종자, 환심을 사려는 자, 요컨대 상류층에게 그들의 텅 빈 머리에 대한 대가를 지불하게 하는 모든 종류의 사람들을 별로 볼 수 없을 것이다.

거기서는 하찮은 재능이나 특성이 아니라 실질적인 자질로 사람을 평가할 것이다. 그런 종류의 자질은 두 가지밖에 없다. 즉, 부와 개인적 공덕이다.

거기서는 허영에 의한 세련미가 아니라 실질적 욕구에 의한 세련미에 토대를 둔 견고한 사치가 존재할 것이다. 그리고 사람들은 사물에서 오직 자연이 그것에 부여한 쾌락만 구할 것이다.

거기서는 커다란 잉여분을 누릴 테지만, 하찮은 물건들은 금지될 것이다. 그러므로 소비하는 기회보다 더 많은 재산을 가지고 있는 사람들은 기묘한 방법으로 그 재산을 사용할 것이다. 따라서 이 국민에게는 취향보다 기지가 더 많을 것이다.

사람들은 언제나 자신의 이해관계에 몰두할 것이므로 무위(無爲)에 토대를 두는 예절은 갖지 않을 것이다. 그리고 실제로 그럴 시간도 없을 것이다. 로마인이 예절을 중시한 시기는 자의적 권력이 확립된 시기와 같다. 절대적 정체는 무위를 낳고, 무위는 예절을 낳는다.

국민 중에 서로 배려하고 기분 상하게 하지 말아야 할 사람들이 많으면 많을수록 예절이 많아진다. 그러나 우리를 야만족과 구별해 주는 것은 생활양식의 예절이라기보다 풍속의 예절이다.

모든 남자가 자기 마음대로 국가 행정에 참여하는 나라에서는 틀림없이 여자들이 남자와 함께 생활하지 않을 것이다. 따라서 여자들은 얌전할 것이다. 즉, 소심할 것이다. 이 소심함이 여자들의 미덕이 될 것이다. 반면 여자에 대한 친절을 모르는 남자들은 자유와 여가를 고스란히 남겨주는 방탕함에 빠지게 될 것이다.

거기서는 법이 어떤 특정인을 위해 만들어지는 것이 아니므로 각자 자기 자신을 군주처럼 여길 것이다. 이런 국민의 경우, 사람들은 동포라기보다 차라리 동맹자에 가깝다.

만약 국가 구조가 모든 사람에게 참정권과 정치적 이해관계를 부여하는 나라에서 풍토로 인해 많은 사람이 불안해하는 성격과 폭넓은 견해를 갖게 되었다면, 사람들은 정치에 대해 많이 이야기할 것이다. 그리고 사물의 본질과 운명의 장난, 즉 인간의 변덕에 비추어 볼 때 계산이 되지 않는 여러 사건을 계산하느라 일생을 보내는 사람들을 보게 될 것이다.

자유로운 국민에게 각 개인의 추론이 옳든 틀리든 그것은 대부분 상관없다. 그들이 추론하는 것만으로 충분하다. 거기서 자유가 생기고, 그 자유는 이 추론의 결과를 보장한다. 마찬가지로 전제정체에서는 사람들의 추론이 좋든 나쁘든 똑같이 해롭다. 사람들이 추론한다는 것만으로도 충분히 정체의 원리가 타격을 받는다.

누군가의 마음에 드는 것을 전혀 개의치 않는 많은 사람은 자기 기분에 빠져들 것이고, 기지를 가진 대부분의 사람은 자신의 기지 자체에 의해 고통을 당할 것이다. 모든 것에 대한 경멸이나 혐오 속에서,

그들은 불행하지 않을 많은 이유를 가지고도 불행할 것이다.

어떤 시민도 다른 시민을 두려워하지 않으므로 이 국민은 오만할 것이다. 왕들의 오만은 오직 그들의 독자성에 토대를 둔 것이기 때문이다.

자유로운 국민은 당당하거나 더 쉽게 교만해질 수 있다.

그러나 이 오만한 사람들은 대부분 자기들끼리 살기 때문에 때때로 모르는 사람들 속에 있게 되면 소심해진다. 거의 언제나 그들에게서 부적당한 수치심과 오만함의 기묘한 혼합을 보게 될 것이다.

국민의 성격은 특히 정신적 작품에서 드러나는데, 그 작품에서 명상에 잠긴 사람들과 홀로 생각하는 사람들을 보게 될 것이다.

사람들과의 교류는 우리에게 웃음거리를 감지하는 법을 가르쳐주고, 은둔은 악을 느끼기에 더 적합하게 우리를 만든다. 그들의 풍자적인 글은 통렬할 것이고, 그들에게서 한 사람의 호라티우스(7)를 발견하기 이전에 많은 유베날리스를 보게 될 것이다.

극도로 전제적인 군주정체에서는 역사가들이 진실을 배반한다. 그들에게는 진실을 말할 자유가 없기 때문이다. 극도로 자유로운 나라에서도 그들은 그 자유 자체 때문에 진실을 배반한다. 자유는 언제나 분열을 초래하므로, 각자는 마치 전제군주의 노예가 되는 것처럼 자기 당파의 편견의 노예가 되는 탓이다.

그들의 시인은 취향이 부여하는 어떤 섬세함보다 오히려 독창적이고 투박한 창작력을 지닐 것이다. 거기서는 라파엘로의 우아함보다 미켈란젤로의 힘에 더 가까운 무언가를 발견하게 될 것이다.

제4부

제 20 편

상업의 본질 및 특성과 법의 관계

광대한 세상이 나에게 가르쳐준 것

— 베르길리우스, 〈아이네이스〉[1]

제 1장 : 상업

다음 주제는 보다 길게 다루어질 필요가 있지만, 이 책의 성질이 그것을 허용하지 않는다. 나는 조용한 강물 위를 흘러가고 싶은데, 급류에 끌려가고 있다.

상업은 파괴적인 편견을 고쳐준다. 온화한 풍속이 있는 곳에는 어디나 상업이 있고 상업이 있는 곳에는 어디나 온화한 풍속이 있다는 것은 거의 일반적 원칙이다. 따라서 우리의 풍속이 옛날보다 잔인하지 않다는 것에 놀랄 필요가 없다. 상업 덕분에 모든 국민의 풍속에 대한 지식이 사방에 퍼졌다. 사람들은 그것을 서로 비교했고, 거기에서 커다란 이익이 생긴 것이다.

상업법은 풍속을 개선한다고 말할 수 있다. 같은 이유로 상업법은 풍속을 타락시킨다고도 할 수 있다.1 상업이 순수한 풍속을 타락시킨다는 것이 플라톤의 불평 주제였다. 그러나 우리가 날마다 보고 있듯이, 상업은 야만적 풍속을 개선하고 온화하게 만든다.

제 2장 : 상업 정신

당연히 상업은 평화로 이끄는 효과가 있다. 함께 교역하는 두 국민은 서로 의존하게 된다. 한쪽이 사는 것으로 이익을 얻는다면, 다른 쪽은 파는 것으로 이익을 얻는다. 모든 연합은 서로의 욕구에 토대를 둔 것이다.

그러나 상업 정신이 여러 국민을 연합시킨다 해도, 개인들도 똑같이 연합시키는 것은 아니다. 사람들이 상업 정신에 의해서만 움직이는 나라2에서는 모든 인간의 행동과 온갖 도덕적 덕성이 부정하게 이용된다는 것을 우리는 알고 있다. 가장 사소한 것, 인간미가 요구되는 것들도 돈을 위해 행해지거나 주어진다.

상업 정신은 사람들에게 정확한 공평성에 대한 감각을 초래하는데, 이것은 한편으로는 약탈에 대립하고, 다른 한편으로는 도덕적 덕성과도 대립한다. 항상 자신의 이익을 엄밀하게 따지지 않고 타인의 이익을 위해 자신의 이익을 무시할 수 있게 하는 도덕적 덕성 말이다.

반대로 상업이 완전히 상실되면 약탈을 초래하는데, 아리스토텔레

1 　갈리아인에 대하여 카이사르는 마르세유와의 근접성 및 마르세유의 상업이 그들을 타락시켜서 옛날에는 항상 게르만족을 이겼던 그들이 게르만족에게 뒤지게 되었다고 말한다. 《갈리아 전기(戰記)》, 제6편.
2 　네덜란드.

스는 약탈을 하나의 취득 수단으로 본다. 이 약탈 정신은 도덕적 덕성과 대립하는 것은 아니다. 예를 들어 상업국에서는 매우 찾아보기 힘든 환대가 놀랍게도 약탈 민족에게는 존재한다.

게르만족에게는 아는 사람이든 모르는 사람이든 누군가에게 자기 집 문을 닫는 것은 신성모독 행위라고 타키투스는 말한다. 외부인을 환대한 사람이 역시 환대를 실천하는 다른 집을 그에게 보여주면, 그는 거기서도 똑같은 친절로 대접받는다.3 그러나 게르만족이 여러 왕국을 건설했을 때, 환대는 그들에게 부담스러운 짐이 되었다. 그것은 부르군트족 법전4의 두 가지 법을 보면 알 수 있다. 즉, 외부인에게 로마인의 집을 보여주는 모든 야만족에게 형벌을 부과하는 법과 외부인을 맞이하는 자에게는 주민들 각자가 할당액을 내어 보상한다고 규정한 법이 그것이다.

제3장 : 민족의 가난

가난한 민족에는 두 가지 종류가 있다. 하나는 통치의 가혹함 때문에 가난해진 민족인데, 이런 사람들은 어떤 덕성도 거의 가질 수 없다. 그들의 가난이 예속 상태의 일부를 이루고 있기 때문이다. 다른 하나는 단지 생활의 편리함을 무시했거나 몰랐기 때문에 가난한 민족이

---

3 Et qui modo hospes fuerat, monstrator hospitii (방금 전에 집주인이었던 사람이 손님을 다른 집주인에게 안내한다). 《게르만족의 풍속》. 카이사르, 《갈리아 전기(戰記)》, 제6편도 참조할 것.

4 제38조.

다. 이런 사람들은 위대한 일을 할 수 있다. 그 가난은 그들 자유의
일부를 이루고 있기 때문이다.

제 4장 : 여러 정체에서의 상업

상업은 국가 구조와 관계를 갖는다. 일인통치에서 상업은 보통 사치
에 토대를 둔다. 비록 상업이 실질적인 필수품에도 토대를 둔다고 하
더라도, 그 주된 목적은 상업을 행하는 국민에게 그들의 오만, 즐거
움, 일시적 욕망에 사용될 수 있는 모든 것을 마련해 주는 것이다. 다
수통치에서는 상업이 경제성에 토대를 두는 경우가 더 많다. 상인들
은 이 땅의 모든 국민을 주시하며 어느 한 국민에게서 얻어 내는 것을
다른 국민에게 가져다준다. 티레, 카르타고, 아테네, 마르세유, 피
렌체, 베네치아, 네덜란드의 공화국들은 그런 식으로 상업을 했다.

이런 종류의 거래는 본질상 다수통치체제와 관련이 있고, 우연한
경우에만 군주정체와 관련된다. 그것은 돈벌이가 별로 안 되고 심지
어 다른 어떤 국민보다도 더 벌이가 적은 행위, 계속해서 벌어야만 손
해를 메우게 되는 행위에 토대를 두고 있으므로 사치가 확립되어 소
비를 많이 하고 커다란 목표밖에 눈에 보이지 않는 민족이 할 수 있는
일이 아니기 때문이다.

키케로가 "나는 세계의 지배자인 민족이 동시에 상인도 되는 것을
좋아하지 않는다"[5]라고 말한 것은 바로 그런 생각에서였다. 사실 이

---

5   Nolo eumdem populum, imperatorem et portitorem esse terrarum (나는 같은

런 나라에서는 각 개인이, 그리고 국가 전체도 언제나 머릿속이 위대한 계획으로 꽉 차 있으면서 동시에 하찮은 일들로 가득하다는 것을 전제해야 하는데, 그것은 모순이다.

경제적 상업에 의해 존속되는 나라에서는 위대한 계획을 세울 수 없다는 것은 아니다. 그들에게는 심지어 군주정체에서 찾아볼 수 없는 대담성도 있다. 그 이유는 다음과 같다.

하나의 상업은 다른 상업으로 이끈다. 즉, 소상업은 중상업으로, 중상업은 대상업으로 옮겨 간다. 그리고 아주 적은 벌이에 열중하던 자가 많이 버는 일에도 열중하는 상황에 놓이게 된다.

게다가 무역업자의 대계획은 언제나 필연적으로 공적인 일과 섞여 있다. 그러나 군주국에서는 공적인 일이 대부분 상인에게 신뢰를 주지 못하는 데 비해 공화국에서는 확실한 것으로 여겨진다. 따라서 상업의 대계획은 군주국을 위한 것이 아니라 다수통치체제를 위한 것이다.

한마디로 말해서, 그런 나라에서는 소유권을 가졌다는 확신이 모든 것을 계획하게 한다. 그리고 이미 얻은 것이 안전하다고 생각하기 때문에 더 많이 얻기 위해 감히 그것을 내건다. 단지 획득 수단에 대해서만 위험을 무릅쓸 뿐이다. 그리고 이런 사람들은 행운을 많이 기대한다.

군주정체가 경제적 상업에서 완전히 제외된다고 말하는 것은 아니다. 그러나 군주정체는 본질상 그런 상업에 그다지 적합하지 않다.

민족이 세계의 지배자이면서 세관원도 되는 것을 바라지 않는다).

또 우리가 아는 공화국에 사치의 상업이 전혀 없다고 말하는 것도 아 니다. 그러나 사치의 상업은 공화국의 구조와는 관련이 적다.

전제국가의 경우에는 그에 관해 이야기하는 것이 무익하다. 일반 적 원칙은 다음과 같다. 노예 상태에 있는 국민은 얻기 위해서보다 보 존하기 위해서 일한다. 반면 자유로운 국민은 보존하기 위해서보다 얻기 위해서 일한다.

제 5장 : 경제적 상업을 하는 민족

비바람이 몰아치는 바다 한가운데 필요한 피난처 마르세유, 모든 바 람과 해양 지층과 해안의 배치가 기항지로 가리키는 장소인 마르세유 는 뱃사람들이 자주 드나들었다. 그리고 불모의 땅인 까닭에 시민들 이 경제적 상업을 하게 되었다.[6] 그들은 자연이 거부하는 것을 보충 하기 위해 부지런해야 했고, 그들의 번영을 만들어 주는 야만족들 사 이에서 살아가기 위해 공정해야 했다. 또 자신들의 정체가 항상 평온 하도록 중용을 지켜야 했고, 벌이가 적을수록 더 확실하게 유지할 수 있는 상업으로 항상 생활하기 위해 검소한 풍속을 지녀야 했다.

어디서든 폭력과 억압으로 인해 사람들이 늪지, 섬, 얕은 해안, 심 지어 암초로까지 피난해야 했을 때 경제적 상업이 생겨나는 것을 보 았다. 이렇게 해서 티레, 베네치아, 네덜란드의 도시들이 세워졌고, 도망자들은 거기서 안전을 찾았다. 그리고 생존해야 하므로, 그들은

6　유스티누스, 제 43편, 제 3장.

전 세계로부터 생필품을 얻어 냈다.

제 6장 : 대항해의 몇몇 결과

때때로 경제적 상업을 하는 국민은 어떤 나라의 상품이 다른 나라의 상품을 손에 넣기 위한 자산으로 필요해서 아주 적은 벌이에도, 또는 전혀 벌지 못해도 만족하는 경우가 있다. 다른 나라의 상품으로 많이 벌 수 있다고 기대하거나 확신하기 때문이다. 그러므로 네덜란드가 유럽의 남부에서 북부에 걸친 무역을 거의 독점하고 있었을 때, 그들이 북쪽으로 가져간 프랑스 포도주는 어찌 보면 북쪽에서 상업을 하기 위한 자산의 역할을 한 것에 불과했다.

알다시피 네덜란드에서는 종종 멀리서 온 어떤 종류의 상품이 현지에서보다 더 비싸지 않게 팔리기도 한다. 그 이유는 다음과 같이 설명될 수 있다. 자신의 배에 바닥짐을 실을 필요가 있는 선장은 대리석을 실을 것이고, 짐을 차곡차곡 싣기 위한 목재가 필요하면 목재를 살 것이다. 그리고 거기에서 손해만 보지 않는다면 이득을 많이 보는 것으로 생각할 것이다. 네덜란드가 채석장과 숲도 가지고 있는 것은 바로 이 때문이다.

아무 수익도 가져다주지 않는 상업이 유익할 수 있을 뿐만 아니라 손해를 보는 상업조차 유익할 수 있다. 나는 포경업(捕鯨業)이 대체로 거의 수지가 맞지 않는다고 네덜란드에서 들었다. 그러나 조선(造船)에 고용된 사람들, 배의 기구와 부속품 및 식량을 공급한 사람들도 포경업에 주요한 이해관계를 갖는 사람들이다. 그들은 포경에서 손해 보더라도 여러 설비로 이익을 본 것이다. 이 상업은 일종의 복권과 같고, 누구나 당첨의 희망에 유혹을 느낀다. 모든 사람은 도박을 즐긴다. 그래서 가장 현명한 사람들도 도박의 외양, 일탈, 난폭함, 탕진, 시간 낭비, 심지어 전 생애의 낭비가 눈에 보이지 않을 때는 기꺼이 도박을 한다.

제 7장 : 상업에 대한 영국의 정신

영국은 다른 나라와의 사이에 정해진 관세(關稅)가 없다. 말하자면 관세는 의회 때마다 폐지하거나 부과하는 개별 법에 따라 달라진다. 영국은 그것에 대해서도 독립을 유지하고자 한 것이다. 그들은 사람들이 자기네 나라에서 행하는 무역에 극도로 질투심이 강하여 조약으로 묶이지 않고 자신들의 법에만 의존한다.

다른 나라는 상업의 이해관계를 정치적 이해관계에 굴복시켰다. 그러나 영국은 언제나 상업의 이해관계에 정치적 이해관계를 굴복시켰다. 그들은 종교, 상업, 자유라는 커다란 세 가지를 세계에서 가장 잘 동시에 이용할 줄 아는 민족이다.

제 8장 : 어떻게 경제적 상업이 때때로 제약을 받았나

어떤 군주국들은 경제적 상업을 하는 나라를 약화시키기에 매우 적합한 법을 만들었다. 즉, 상업국이 자기 나라의 특산품 이외의 다른 상품을 가져오는 것을 금지했고, 입국하는 나라에서 만든 선박을 이용해야만 무역하러 오는 것이 허용되었다.

이런 법을 강요하는 나라는 스스로 쉽게 무역을 할 수 있어야 한다. 그렇지 않으면 적어도 같은 정도의 손해를 자신도 입게 될 것이다. 요구하는 것이 거의 없고 상업적 필요에 의해 어느 정도 의존적인 나라, 안목이 넓고 거래의 폭도 넓어서 모든 여분의 상품을 어디에 배치해야 할지 아는 나라, 부유하고 많은 물품을 담당할 수 있는 나라, 대금을 신속히 지불하는 나라, 말하자면 필연적으로 충실할 수밖에 없는 나라, 원칙상 평화적이며 이익을 얻고자 애쓰지만 정복하려고 하지는 않는 나라, 그런 나라와 거래하는 것이 더 낫다. 즉, 이 모든 이익을 주지 않을 나라, 언제나 경쟁 상대가 되는 나라들보다는 그런 나라와 거래하는 것이 더 낫다.

제 9장 : 상업상의 배제

중대한 이유 없이는 어떤 나라도 무역에서 배제하지 않는 것이 참된 원칙이다. 일본인은 중국과 네덜란드 국민하고만 무역을 한다. 중국인은 설탕에 대해 1천 퍼센트의 이익을 보고, 때때로 교환으로 받는 물품에 대해서도 같은 정도의 이익을 본다.[7] 네덜란드 사람들도 거의 비슷한 이윤을 남긴다. 일본인과 같은 원칙에 따라 행동하는 모든 국민은 반드시 속게 될 것이다. 상품에 공정한 가격이 매겨지고 상품들 사이에 진실한 관계가 설정되는 것은 바로 경쟁을 통해서이기 때

---

[7] 뒤 알드 신부, 제 2권, 170쪽.

문이다.

하물며 국가는 어떤 나라가 일정한 가격에 상품을 모두 사준다는 구실 아래 그 나라에만 상품을 팔기로 스스로 구속해서는 안 된다. 폴란드인은 밀에 대해 단치히시(市)와 이런 계약을 했다. 인도 지역의 몇몇 왕들은 향신료에 대해서 네덜란드인과 같은 계약을 맺고 있다. 8 이런 협약은 생필품만 보장된다면 부유해진다는 희망을 버려도 좋다는 가난한 국민, 또는 노예 상태로 인해 자연이 그들에게 제공해 준 물건의 사용을 포기하거나 그 물건에 대해 불리한 무역을 할 수밖에 없는 국민에게만 어울리는 것이다.

제10장 : 경제적 상업에 적합한 제도

경제적 상업을 하는 나라에는 다행히 은행이 설치되어서, 은행이 신용을 통해 새로운 가치 기호를 만들었다. 그러나 이것을 사치의 상업을 하는 나라에 옮겨 놓는 것은 잘못이다. 한 사람에 의해 통치되는 나라에서 은행을 설치하는 것은 한쪽에 돈을, 다른 한쪽에 권력을 상정하는 것이다. 다시 말해 한쪽에는 아무런 권력 없이 모든 것을 가질 수 있는 능력, 다른 한쪽에는 전혀 능력이 없는 권력을 상정하는 것이다. 이런 정체에서는 재물을 가졌거나 가질 수 있었던 자는 오직 군주밖에 없었다. 재물이 어디에 있든, 그것은 과도해지면 곧바로 우선

---

8 이것은 포르투갈인에 의해서 처음으로 설정되었다. 프랑수아 피라르, 《여행기》, 제2부, 제15장.

군주의 재물이 된다.

　같은 이유로 어떤 상업을 위해 결합하는 무역업자들의 회사는 일인 통치에는 거의 적합하지 않다. 이런 회사의 본질은 개별적 부(富)에 공적 부의 힘을 부여하는 것이다. 그러나 일인통치의 나라에서 그런 힘은 오직 군주의 수중에만 존재할 수 있다. 또 이런 회사는 경제적 상업을 하는 나라에도 반드시 적합한 것은 아니다. 만약 사업의 규모가 개인의 역량을 넘어설 만큼 크지 않다면, 독점적 특권에 의해 통상의 자유를 방해하지 않는 편이 훨씬 더 좋다.

제 11장 : 같은 주제 계속

경제적 상업을 하는 나라에서는 자유항(自由港)을 설치할 수 있다. 국가의 절약은 항상 개인의 검소함을 동반하는 것으로, 말하자면 경제적 상업에 그 정신을 부여해 준다. 자유항 때문에 잃게 되는 관세는 공화국의 산업 발달 자산에서 얻을 수 있는 것으로 보충된다. 그러나 군주정체에서 그런 시설은 이성에 반하는 일이 될 것이다. 그것은 사치품에 대해 세금 부담을 덜어주는 효과밖에 없을 것이다. 사치가 제공할 수 있는 유일한 이익, 그리고 그런 국가 구조에서 사치가 받을 수 있는 유일한 규제를 포기하는 일이 될 것이다.

제12장 : 통상의 자유

통상의 자유는 무역업자들에게 그들이 원하는 대로 할 권한을 주는 것이 아니다. 그것은 오히려 통상의 속박이 될 것이다. 상인을 속박하는 것이 곧 통상을 속박하는 것은 아니다. 무역업자는 자유의 나라에서 수많은 장애에 부딪힌다. 노예 상태의 나라보다 결코 법의 제재가 덜하지 않다.

영국은 양모 수출을 금지하고, 석탄을 해상으로 수도에 운반하라고 명하고 있다. 또 말은 거세되지 않으면 수출이 허용되지 않고, 유럽에서 교역하는 배들은 영국에서 정박해야 한다. 9 영국은 무역업자를 속박하지만, 그것은 통상을 위한 것이다.

제13장 : 통상의 자유를 파괴하는 것

통상이 있는 곳에는 관세가 있다. 통상의 목적은 국가를 위해 상품을 수출하고 수입하는 것이다. 관세의 목적은 역시 국가를 위한 것으로, 이 수출입에 대한 일정한 조세이다. 따라서 국가는 관세와 통상 사이에서 중립을 지키고 그 두 가지가 서로 충돌하지 않도록 해야 한다. 그때 사람들은 통상의 자유를 누리게 된다.

관세 청부제는 부정, 억압, 과도한 부과에 의해 통상을 파괴할 뿐

---

9   1660년의 항해 증서. 보스톤과 필라델피아 사람들이 물자를 운반하기 위해 지중해까지 곧장 배를 보낸 것은 오직 전시(戰時) 뿐이었다.

만 아니라 그와 별개로 요구되는 절차와 파생되는 난관에 의해서도 통상을 파괴한다. 관세가 직접 징수되는 영국에서는 교역하기가 대단히 쉽다. 가장 큰 거래도 한 마디만 기재하면 이루어진다. 상인은 많은 시간을 낭비할 필요가 없고, 관세 청부인의 온갖 트집을 그치게 하거나 그것에 복종하기 위해 특별 중개인이 있어야 할 필요도 없다.

제14장 : 상품의 몰수를 수반하는 통상법

영국의 대헌장(大憲章)은 전쟁할 때 보복하는 경우가 아니면 외국 상인들의 상품을 압류하고 몰수하는 것을 금지하고 있다. 영국 국민이 이것을 그들의 자유의 한 조항으로 만든 것은 훌륭한 일이다.

1740년 스페인이 영국과 전쟁할 때, 스페인은 영국 상품을 스페인의 주에 들여오는 자를 사형에 처하는 법을 만들었다.10 그리고 스페인 상품을 영국령으로 운반하는 자에게도 같은 형벌을 부과했다. 이와 비슷한 칙령은 오직 일본의 법에서만 그 예를 찾아볼 수 있다고 생각한다. 그것은 우리의 풍속, 상업 정신, 형벌의 비례에 있어야 하는 조화에 어긋난다. 고작 법규 위반에 불과한 것을 국가범죄로 다룸으로써 모든 관념을 혼란스럽게 만든다.

---

10 1740년 3월 카디스에서 공포되었다.

제 15장 : 신체 구속

솔론은 아테네에서 더 이상 민사 채무에 대해 신체를 구속할 수 없다고 규정했다. 11 그는 이 법을 이집트에서 끌어왔는데, 12 보코리스(2)가 그것을 만들었고 세소스트리스는 그것을 갱신했다.

이 법은 평범한 민사사건에는 매우 좋다. 13 그러나 상행위 사건에서는 그 법을 지키지 않을 만한 이유가 있다. 상인은 종종 매우 짧은 기간에 거액의 돈을 맡기든가 그것을 지급하거나 회수해야 하므로, 채무자는 항상 정해진 시간에 약속을 지켜야 한다. 그러자면 신체의 구속을 전제로 해야 한다.

평범한 민사 계약에서 유래하는 사건에서는 법이 신체 구속을 허용해서는 안 된다. 법은 한 시민의 자유를 다른 시민의 편의보다 더 중요시하기 때문이다. 그러나 통상에서 파생되는 협정에서는 법이 한 시민의 자유보다 공공의 편의를 더 중요시해야 한다. 그래도 그것은 인간적 도리와 좋은 치안이 요구할 수 있는 제약과 제한을 방해하는 것은 아니다.

---

11 플루타르코스, "고리로 차용하지 말아야 한다"라는 글에서.
12 디오도로스, 제1편, 제2부, 제79장.
13 사람의 무기나 쟁기를 담보로 잡는 것을 금하고 사람 자체를 볼모로 잡는 것을 허용한 그리스 입법자들은 비난받을 만했다. 디오도로스, 제1편, 제2부, 제79장.

제16장 : 좋은 법

살아서든 죽어서든 채무 변제능력이 없는 사람의 자식은 부친의 채무를 갚지 않는 한 관직에서 배제되고 대평의회에도 참가할 수 없다고 규정한 제네바 법은 매우 좋다. 그 결과, 그 법은 상인에 대해, 관리에 대해, 나아가 도시국가 자체에 대해 신뢰를 준다. 거기서는 개인의 신용도 공적인 신용의 힘을 가지고 있다.

제17장 : 로도스의 법

로도스인은 더 멀리 나아갔다. 섹스투스 엠피리쿠스(3)에 의하면, 로도스인은 아들이 상속을 포기함으로써 부친의 채무를 갚는 것을 면할 수 없었다.14 로도스의 법은 상업을 토대로 한 공화국에 주어진 것이었다. 그런데 나는 상업 자체를 논거로 하더라도 한 가지 제한을 두어야 했다고 생각한다. 즉, 아들이 상업을 시작한 후에 아버지가 진 빚은 아들이 획득한 재산에 영향을 미치지 않아야 한다는 제한 말이다. 상인은 언제나 자신의 채무를 알고 있어야 하고, 매 순간 자신의 재산 상태에 따라 행동해야 한다.

---

14 《피론주의 개론(*Hypotyposes pyrrhoniennes*)》, 제1편, 제14장.

제18장 : 상업을 위한 재판관

크세노폰은 "수입"(4)이라는 소책자에서 소송을 가장 신속하게 처리한 상업감독관에게 보상을 줄 것을 바랐다. 그는 요즘과 같은 상업재판소의 권한이 필요하다고 느꼈던 것이다.

상행위 사건은 형식화하기가 매우 어렵다. 그것은 날마다 일어나는 행위로서, 같은 성질의 다른 행위가 날마다 뒤를 잇는다. 따라서 그것은 날마다 결정될 수 있어야 한다. 미래에 많은 영향을 주지만 드물게 일어나는 인생의 행위와는 다르다. 사람은 한 번만 결혼하고, 증여나 유언을 날마다 하지 않는다. 사람이 성년이 되는 것은 단 한 번뿐이다.

플라톤은 해양 상업이 없는 도시에는 시민법이 절반만 필요하다고 말했다.15 그것은 사실이다. 상업은 같은 나라에 여러 종류의 민족, 수많은 협정, 많은 종류의 재산, 많은 종류의 취득 방법을 들여온다.

그러므로 상업 도시에는 재판관은 더 적고 법은 더 많다.

---

15 《법률》, 제8편.

제 19장 : 군주는 상업하면 안 된다

테오필로스(5)는 자기 아내 테오도라를 위한 상품이 실린 배를 보고 그 배를 불태우게 했다. 16 "나는 황제인데, 당신은 나를 갤리선의 주인으로 만들고 있군. 우리가 가난한 자들의 일까지 한다면, 그들은 무엇으로 생계를 유지할 수 있겠소?"라고 그는 아내에게 말했다. 그는 다음과 같은 말을 덧붙일 수도 있었을 것이다.

'만일 우리가 독점하면 누가 우리를 처벌할 수 있겠소? 누가 우리에게 약속을 지키라고 하겠소? 궁정 신하들도 우리가 하는 상업을 하고 싶어 할 거요. 그들은 우리보다 더 탐욕스럽고 더 부정할 테지. 백성은 우리의 정의에 대해서 신뢰하는 것이지, 우리의 호사에 대해 신뢰하는 것이 아니오. 백성을 가난하게 만드는 많은 세금은 결국 우리의 가난에 대한 확실한 증거인 셈이오.'

제 20장 : 같은 주제 계속

포르투갈인과 카스티야인이 동인도제도에서 주도권을 가지고 있을 때, 상업 중에 아주 벌이가 잘 되는 분야가 있어서 군주들은 그것을 기필코 수중에 넣으려고 했다. 그로 인해 그 지역에서 그들의 식민지가 파괴되고 말았다.

---

16 조나라스(Joannes Zonaras, 12세기 전반에 활동한 비잔티움 제국의 역사가로 그의 《역사의 개요》는 11세기의 역사를 밝혀주는 귀중한 정보를 제공하였다_옮긴이 주).

고아(6)의 부왕(副王)은 몇몇 개인에게 독점적 특권을 주었다. 이런 사람들은 전혀 신뢰를 얻지 못하고, 상업은 그것을 위임받는 사람들이 계속 바뀌기 때문에 중단된다. 아무도 이 상업에 신경을 쓰지 않고 쓸모없는 상태로 후임자에게 인계되는 것에 대해 걱정하지 않는다. 이윤은 개인의 수중에 남고 충분히 확장되지 않는다.

제 21장 : 군주정체에서 귀족의 상업

군주정체에서 귀족이 상업하는 것은 상업의 정신에 어긋난다. 호노리우스 황제와 테오도시우스 황제는 "그것은 도시에 해롭고, 상인과 평민 사이의 매매의 용이함을 빼앗게 될 것이다"라고 말한다. 17

귀족이 상업하는 것은 군주정체의 정신에도 어긋난다. 영국에서 귀족에게 상업을 허가한 관행은 군주정체를 약화시키는 데 가장 크게 기여한 사항 중의 하나이다.

제 22장 : 개인적 고찰

몇몇 나라에서 행해지는 것에 충격을 받은 사람들은 프랑스에도 귀족의 상업을 장려하는 법이 있어야 한다고 생각한다. 그것은 상업에 아무 유용성도 없이 귀족을 멸망시키는 수단이 될 것이다. 프랑스의 관행은 매우 현명하다. 프랑스에서 상인은 귀족이 아니지만, 귀족이 될

---

17 Leg. nobiliores, cod. de commerc. Leg. ult. de rescind. vendit.

수 있다. 그들은 귀족의 현실적 불편은 갖지 않은 채, 귀족 신분을 얻을 수 있다는 희망을 갖는다. 그들이 자신의 직업에서 벗어나려면 그 직업에 충실하거나 명예를 가지고 직업에 종사하는 것이 가장 확실한 방법이다. 이것은 흔히 지적, 정치적 능력과 결부된다.

각자 자신의 직업을 고수하고 그것을 자식에게 물려주어야 한다고 규정하는 법은 아무도 경쟁심을 가질 수 없고 가져서도 안 되는 전제 국가에만 유익하고, 18 또 유익하게 될 수 있다.

자기 직업을 떠나 다른 직업으로 옮길 수 없을 때 각자 자기 직업에 더 충실할 것이라고 말해서는 안 된다. 나는 오히려 자기 직업에서 뛰어난 사람이 다른 직업에 진출할 수 있다는 희망을 가질 때 자기 직업에 더 충실하리라고 생각한다.

돈으로 귀족 신분을 얻을 수 있다는 사실은 그렇게 될 수 있도록 상인을 크게 격려한다. 나는 이렇게 부(富)에 미덕의 가치를 부여하는 것이 좋은 일인지 검토해 보지 않았다. 그러나 어떤 정체에는 그것이 매우 유익할 수 있다.

프랑스에는 대귀족과 서민 사이에 사법관 신분이 있는데, 이 신분은 대귀족과 같은 호화로움은 없지만 대귀족의 모든 특권을 갖는다. 그것은 법의 수탁자인 집단은 영광 속에 두지만, 개개인은 평범한 상태로 놓아두는 신분이다. 또 능력과 덕성에 의하지 않고는 두각을 드러낼 방법이 없는 신분으로, 영예로운 직업이지만 언제나 더 뛰어난 직업이 존재한다. 즉, 법복 귀족은 매우 호전적인 귀족으로서, 어느

18　실제로 전제국가에서는 종종 그렇게 정해져 있다.

정도 부자이더라도 재산을 이루어야 한다고 생각한다. 그러나 우선 재산을 낭비하는 것부터 시작하지 않고 재산을 증식하는 것은 수치스러운 일이라고 생각한다. 이 계급은 언제나 자기 재산의 자본을 가지고 봉직하는데, 파산하게 되면 자기 자본을 가지고 봉직할 다른 사람에게 자리를 내어준다. 전쟁터에 있지 않았다고 아무도 말하지 못하도록 전쟁에 나가고, 부를 바랄 수 없을 때는 영예를 바라고, 부를 얻지 못했을 때는 영예를 얻은 것으로 스스로 위안하는 계급이다. 이 모든 일은 당연히 왕국의 위대함에 기여했다. 2, 3세기 전부터 이 나라가 끊임없이 그 힘을 확장한 것은 훌륭한 법 덕분이지 운이 좋아서가 아니다. 운에는 그런 연속성이 없다.

제23장 : 상업하는 것이 불리한 국가는 어떤 국가인가

부는 토지 또는 동산으로 이루어진다. 각 나라의 토지는 보통 주민이 소유한다. 대부분의 나라는 외국인이 땅을 획득하지 못하게 하는 법을 가지고 있다. 더욱이 주인이 있어야만 토지를 개척할 수 있다. 따라서 이런 종류의 부는 개개의 나라에 속한다. 그러나 화폐, 증서, 환어음, 회사 주식, 선박, 모든 상품과 같은 동산(動産)은 전 세계에 속한다. 이런 점에서는 전 세계가 단 하나의 국가를 이루며, 모든 사회는 그 구성원이다.

세계의 동산을 가장 많이 소유하는 민족이 가장 부유하다. 몇몇 국가는 막대한 양의 동산을 가지고 있다. 그 나라들은 각각 자국 상품에 의해서, 노동자의 노동에 의해서, 산업에 의해서, 발견에 의해서, 혹은 심지어 우연에 의해서 그 동산을 획득한 것이다. 여러 국가의 탐욕은 온 세계의 동산을 두고 서로 다툰다. 다른 나라의 동산뿐만 아니라 자기 나라의 동산도 거의 빼앗길 정도로 불행한 나라도 있을 수 있다. 그런 나라에서는 토지 소유자도 외국인의 소작인에 불과할 것이다. 그런 나라는 모든 것이 부족하고 아무것도 얻지 못할 것이다. 차라리 세계 어느 나라와도 통상을 하지 않는 것이 더 나을 것이다. 그 나라가 처한 상황에서 그 나라를 가난으로 이끈 것이 바로 통상이기 때문이다.

상품이나 물자의 수입보다 수출이 언제나 더 적은 나라는 가난해짐으로써 결국 스스로 균형을 맞추게 된다. 즉, 극도로 가난해져서 더 이상 아무것도 수입할 수 없게 될 때까지 계속 수입이 적어질 것이다.

상업국에서는 갑자기 자취를 감춘 화폐가 다시 돌아오기 마련이다. 그것을 받은 나라가 그것을 빚지고 있는 것이기 때문이다. 그런데 위에서 말한 나라에서는 화폐가 결코 다시 돌아오지 않는다. 그것을 받은 나라가 아무것도 빚진 것이 없기 때문이다.

폴란드가 바로 그런 예가 될 것이다. 폴란드는 땅에서 나는 밀을 제외하면 세계의 동산이라 부를 만한 것이 거의 아무것도 없다. 몇몇 영주가 모든 주를 소유하고 있는데, 그들은 농부를 압박하여 보다 많은 양의 밀을 얻어서 그것을 외국으로 보내 그들의 사치에 필요한 물건을 손에 넣으려고 한다.

만일 폴란드가 어떤 나라와도 통상을 하지 않는다면, 폴란드 사람들은 더 행복할 것이다. 귀족에게는 밀밖에 없을 테니까, 그 밀을 농부들에게 주어 먹고살게 할 것이다. 너무 큰 소유지는 그들에게 부담이 될 터이므로, 그들은 농부들에게 소유지를 나누어 줄 것이다. 모든 사람이 자신의 가축 떼에서 가죽이나 양털을 얻으므로 의복을 위해 더 이상 막대한 지출을 할 필요가 없을 것이다. 언제나 사치를 좋아하는 귀족들은 자기 나라 안에서밖에 사치를 찾을 수 없으므로 빈민들에게 노동을 시킬 것이다. 그렇게 되면 이 국민은 야만 상태에 빠지지 않는 한 번영하게 될 거라고 나는 단언한다. 야만 상태에 빠지는 것은 법이 예방해 줄 수 있을 것이다.

이번에는 일본을 살펴보자. 일본이 막대한 양을 수입하면, 그것은 또한 막대한 양의 수출을 야기한다. 마치 수입과 수출이 적은 경우와 마찬가지로 상황은 균형을 찾을 것이다. 게다가 이런 종류의 팽창은 나라에 수많은 이익을 가져다줄 것이다. 소비가 많으면 많을수록, 가공할 수 있는 원재료도 많아지고 피고용자도 많아지며 국력을 얻을 수 있는 수단도 많아질 것이다. 신속한 구조를 요하는 사태가 발생할 수 있는데, 이토록 부유한 나라는 다른 나라보다 더 빨리 구조를 제공할 수 있다. 한 나라가 잉여 물자를 갖기란 쉬운 일이 아니다. 그러나 잉여 물자를 유용한 것으로 만들고 유용한 것을 필요한 것으로 만드는 것이 바로 상업의 본질이다. 따라서 국가는 보다 많은 국민에게 필요한 것을 제공할 수 있다.

그러므로 상업으로 손해 보는 것은 아무것도 필요하지 않은 국민이 아니라 모든 것이 필요한 국민이다. 누구와도 거래하지 않는 데서 이익을 보는 것은 자급자족하는 민족이 아니라 국내에 아무것도 가지고 있지 않은 민족이다.

　세계적 변혁의 관점에서 고찰한
상업에 관한 법

제1장 : 몇 가지 일반적 고찰

상업은 커다란 변혁을 겪기 쉽지만, 몇 가지 물리적 원인과 토양이나
풍토의 특성으로 인해 그 성질이 영구적으로 고정될 수 있다.

　오늘날 우리는 우리가 인도 지역에 보내는 화폐에 의해서만 그곳과
무역을 하고 있다. 로마인은 매년 약 5천만 세스테르티우스(1)를 그곳
으로 가져갔다.1 오늘날 우리 돈이 그렇듯이, 그 돈은 상품으로 바뀌
어 서양으로 돌아왔다. 인도 지역에서 장사를 한 모든 민족은 항상 그
곳에 금속을 가져가고 상품을 가지고 돌아왔다.

1　플리니우스(Gaius Plinius Secundus, 23~79. 고대 로마의 박물학자, 정치인,
　군인이다. 로마 제국의 해외 영토 총독을 역임하는 한편, 자연계를 아우르는 백과
　사전 《박물지》를 저술했다_옮긴이 주), 《박물지》, 제6편, 제23장.

이런 결과를 초래하는 것은 자연 그 자체이다. 인도인에게는 그들의 생활양식에 적응하는 나름의 기술이 있다. 우리의 사치는 그들의 사치가 될 수 없고, 우리의 욕구도 그들의 욕구가 될 수 없을 것이다. 그들의 풍토는 우리에게서 나오는 것을 거의 아무것도 요구하지 않고 허용하지도 않는다. 그들은 대부분 벗은 채로 지내고, 그들이 가지고 있는 의복은 그 지역이 그들에게 적당한 것을 제공한 것이다. 그리고 그들에게 대단한 지배력을 행사하는 그들의 종교는 우리가 음식으로 사용하는 것을 혐오하게 만든다. 따라서 그들에게는 가치 기호인 우리의 금속만 필요할 뿐이다. 그 금속에 대해 그들은 자신들의 검소함과 자기 나라의 자연 덕분에 매우 풍부하게 얻을 수 있는 상품을 제공한다. 인도 지역에 관해 이야기한 고대의 저자들은 통치 조직, 생활양식, 풍속에 대해서 오늘날 우리가 볼 수 있는 그대로 묘사하고 있다.[2] 인도 지역은 과거에도 현재와 같았고, 앞으로도 그럴 것이다. 그리고 어떤 시대에서든 인도 지역에서 거래하는 사람들은 화폐를 가져가고 그 화폐를 다시 가져오지 않을 것이다.

제 2장 : 아프리카의 여러 민족

아프리카 해안의 민족 대부분은 미개하거나 야만적이다. 그것은 거의 사람이 살 수 없는 지역에 의해 사람이 살 수 있는 작은 지역들이 고립된 데에서 비롯된다고 생각한다. 그들에게는 일도 없고 기술도

---

2   플리니우스, 제6편 제19장, 스트라본, 제15편 참조.

없지만, 자연에서 직접 얻는 귀중한 금속은 풍부하다. 따라서 문명화된 모든 민족은 그들과 유리하게 거래할 수 있다. 즉, 아무 가치도 없는 많은 것들을 그들이 높이 평가하게 만들어서 매우 값비싼 대가를 받을 수 있다.

제 3장 : 남부 민족의 욕구와 북부 민족의 욕구는 다르다

유럽에는 남부의 국민과 북부의 국민이 일종의 평형을 이루고 있다. 남부 국민은 생활을 위한 모든 종류의 편의를 가지고 있고 욕구는 별로 없다. 반면 북부 국민은 욕구는 많고 생활을 위한 편의는 거의 없다. 남부 국민에게 자연은 많은 것을 주었고, 그들은 자연에 아주 적은 것만 요구한다. 북부 국민에게는 자연이 아주 적은 것을 주고, 그들은 자연에 많은 것을 요구한다. 자연이 남부 국민에게 준 게으름, 그리고 북부 국민에게 준 근면과 활동력에 의해서 균형이 유지된다. 북부 국민은 어쩔 수 없이 많이 일해야 한다. 그렇지 않으면 모든 것이 부족하고 그들은 야만인이 될 것이다. 바로 그 때문에 남부 국민은 노예 상태에 길들게 되었다. 그들은 재물 없이 쉽게 살아갈 수 있는 것처럼, 자유 없이 더욱더 잘 살아갈 수 있다. 그러나 북부의 민족은 자유를 필요로 한다. 자유는 그들에게 자연이 부여한 모든 욕구를 충족시키는 수단을 더 많이 마련해 준다. 따라서 북부의 민족이 자유롭지 않거나 야만적이라면, 그것은 어쩔 수 없이 강요된 상태이다. 반면 남부의 거의 모든 민족은 노예가 아니라도 폭력적인 상태에 있다고 할 수 있다.

제4장 : 고대인의 상업과 오늘날의 상업의 주된 차이

세계는 때때로 상업의 모습이 바뀌는 상황에 놓인다. 오늘날 유럽의 상업은 주로 북쪽에서 남쪽으로 행해진다. 그 경우 풍토의 차이로 인해 여러 민족은 서로의 상품을 매우 필요로 한다. 예를 들어 북쪽으로 운반되는 남쪽의 음료는 고대인에게는 없었던 상업의 종류이다. 그래서 옛날에는 밀의 들이로 재던 선박의 적재량이 오늘날에는 술통으로 측정된다.

우리가 알고 있는 고대의 상업은 지중해의 한 항구에서 다른 항구로 행해진 것으로 거의 모두 남부에서 이루어졌다. 그런데 풍토가 흡사한 민족은 국내에 거의 같은 물건을 가지게 되므로 풍토가 다른 민족들만큼 상호 교역이 필요하지 않았다. 따라서 옛날에는 유럽의 상업이 지금만큼 방대하지 않았다.

이것은 인도 지역에서의 우리의 상업에 관해 내가 한 이야기와 상반되지 않는다. 풍토의 과도한 차이는 서로의 상대적인 필요를 없애기 때문이다.

제5장 : 그 밖의 차이

상업은 때로는 정복자에 의해 파괴되고 때로는 군주에 의해 방해 받으며 이 땅을 두루 돌아다니고, 압박 받는 곳을 피해 숨 쉴 수 있는 곳에서 휴식한다. 그래서 사막과 바다와 암석밖에 보이지 않던 곳에 오늘날 상업이 군림하고 있고, 예전에 상업이 군림하던 곳에는 사막밖에 없기도 하다.

오늘날 방대한 삼림에 불과한 곳으로 날마다 숫자가 줄어드는 사람들이 오직 터키와 페르시아에 용병으로 팔리기 위한 목적으로 자유를 지키고 있는 콜키스(2)를 보면, 로마 시대에 상업으로 세계의 모든 국민을 불러들이는 도시들이 가득했던 고장이라 결코 말하지 못할 것이다. 그 지방에는 옛 모습을 찾아볼 기념물도 전혀 없고, 단지 플리니우스3와 스트라본4의 저서에서 그 흔적을 볼 수 있을 뿐이다.

상업의 역사는 여러 민족의 교류의 역사이다. 그들의 갖가지 파멸, 인구와 황폐의 변동은 상업의 최대 사건을 이룬다.

제 6장 : 고대인의 상업

세미라미스(3)의 막대한 재물은 하루아침에 얻을 수 있는 것이 아니었는데, 5 아시리아인들이 나중에 다른 민족에게 약탈당한 것처럼 그들 자신도 다른 부유한 민족에게서 약탈한 것으로 생각된다.

상업의 효과는 부(富)이고, 부의 결과는 사치이며, 사치의 결과는 기술의 완성이다. 세미라미스 시대에 발견되는 기술의 수준은 이미 대규모의 상업이 확립되어 있었다는 것을 보여준다. 6

아시아의 여러 제국에는 대규모 사치의 상업이 있었다. 사치의 역

---

3   제6편.
4   제11편.
5   디오도로스, 제2편.
6   디오도로스, 제2편.

사는 상업의 역사에서 상당한 부분을 이룬다. 메디아인의 사치가 아시리아인의 사치였던 것처럼 페르시아인의 사치는 메디아인의 사치였다.

몇 가지 커다란 변화가 아시아에서 일어났다. 페르시아의 북동쪽에 있는 히르카니아, 마르기아나, 박트리아 등은 옛날에는 번창하는 도시들로 가득했으나7 이제는 그렇지 않다. 이 제국의 북쪽, 즉 카스피해와 흑해를 갈라놓는 지협에도 도시와 국민이 가득했으나 이제는 그렇지 않다. 8

에라토스테네스9와 아리스토불로스는 파트로클로스10를 통해(4) 인도 지역의 상품이 옥수스강(5)을 거쳐 흑해로 들어갔다는 것을 알아냈다. 마르쿠스 바로(6)가 우리에게 전하는 바에 의하면, 11 폼페이우스가 미트리다테스와 전쟁했던 시기에는 인도에서 박트리아 지방 및 옥수스강으로 흘러 들어가는 이카루스강까지 가려면 7일이 걸렸다고 한다. 그렇게 해서 인도의 상품은 카스피해를 건너 키루스강 하구로 들어갔다. 이 강에서 흑해로 흐르는 파시스강에 가려면 육로로 닷새

---

7 플리니우스, 제6편 제16장, 스트라본, 제11편 참조.

8 스트라본, 제11편.

9 위의 책.

10 스트라본, 제2편의 이야기에서 드러나는 바와 같이, 파트로클로스의 권위는 상당하다.

11 플리니우스, 제6편, 제17장. 파시스강(오늘날 조지아 서부의 리오니강을 고대 그리스인이 부르던 명칭_옮긴이 주)에서 키루스강(코카서스산맥을 흐르는 쿠라강을 고대 서구에서 부르던 명칭_옮긴이 주)으로 향하는 상품의 여정에 대해서는 스트라본, 제11편을 참조할 것.

밖에 안 걸리는 여정이었다고 한다. 아마 이 다양한 지방에 살던 여러 민족을 통해 아시리아와 메디아와 페르시아의 대제국은 동서양의 가장 멀리 떨어진 지역과 교류했던 것 같다.

이런 교류는 이제 더 이상 없다. 이 모든 지방은 타타르족에 의해 황폐해졌고,[12] 이 파괴적인 민족은 아직도 그곳에 살며 휩쓸고 다닌다. 옥수스강은 이제 카스피해로 흐르지 않는다. 타타르족이 특별한 이유로 강의 방향을 바꾼 탓에 그 강은 메마른 모래 속으로 사라졌다.[13] 옛날에는 문명화된 민족과 야만적인 민족 사이의 경계를 이루었던 작사르테스강[7]도 타타르족에 의해 방향이 바뀌어 더 이상 바다까지 흐르지 않는다.[14]

셀레우코스 니카토르[8]는 흑해와 카스피해를 연결시킨다는 계획을 세웠다.[15] 이 계획은 그 시대에 행해지던 상업에 많은 편익을 주었을 테지만, 그가 죽자[16] 취소되었다. 그가 두 바다를 갈라놓는 지협

---

12 카스피해 동부로 흘러 들어가는 수많은 강을 우리에게 묘사했던 프톨레마이오스 (Klaudios Ptolemaios, 100~170. 알렉산드리아에서 활동한 고대 그리스의 천문학자, 지리학자, 수학자이다. 프톨레마이오스는 그리스식 이름이며 이집트 왕가의 이름이었지만 그가 프톨레마이오스 왕조와 인척 관계라고는 여겨지지 않는다 __옮긴이 주) 이후로 이 지방에 커다란 변화가 있었던 것이 틀림없다. 러시아 황제의 지도에는 그쪽 부분에 아스트라바트강밖에 없고, 바탈시(Bathalsi, 1732년에 중앙아시아 지도를 작성한 그리스 지도 제작자 Basil Battazi를 말한다__옮긴이 주)의 지도에는 아무것도 없다.

13 《북쪽 지방 여행기 모음집》, 제4권에서 젠킨슨(Genkinson)의 견문기 참조.

14 그로 인해 아랄호(湖)가 생겼다고 생각한다.

15 플리니우스, 제6편, 클라우디우스 황제.

16 그는 프톨레마이오스 케라우노스(Ptolemaios Keraunos, 프톨레마이오스 왕조의

에서 그 계획을 실현할 수 있었을지는 알 수 없다. 이 지방은 오늘날 거의 알려져 있지 않다. 사람이 살지 않는 곳으로 숲으로 덮여 있는데, 수많은 강이 코카서스산맥에서 이곳으로 내려오기 때문에 물은 부족하지 않다. 그러나 이 코카서스산맥이 지협의 북쪽을 이루고 남쪽으로 두 팔처럼 뻗어 있어서17 큰 장애가 되었을 것이다. 특히 수문을 만드는 기술이 없었던 그 시대에는 말이다.

셀레우코스가 나중에 표트르 1세가 실행한 곳과 같은 장소, 즉 타나이스강(9)이 볼가강에 근접하는 지협에서 두 바다를 연결하려고 했을 거라고 생각할 수도 있다. 그러나 카스피해 북부는 당시 아직 발견되지 않았었다.

아시아의 여러 제국에서 사치의 상업이 행해지는 동안, 티레인(人)은 전 세계에 걸쳐 경제적 상업을 하고 있었다. 보샤르(10)는 그의 저서 《가나안》 제 1편을 할애하여 티레인이 바다와 가까운 모든 지방에 보낸 식민을 열거했다. 그들은 지브롤터 해협을 넘어 대서양 연안에 식민지를 만들었다. 18

그 시대에는 항해자들이 해안을 따라갈 수밖에 없었다. 말하자면 해안은 그들의 나침반이었다. 항해는 길고 힘들었다. 율리시스 항해

창시자인 프톨레마이오스 1세의 아들이다. 셀레우코스 1세를 암살한 뒤 마케도니아로 도주했으나 마케도니아의 군대가 그를 왕으로 지명하여 BC281∼BC279년에 마케도니아의 왕이었다_옮긴이 주)에게 암살되었다.

17 스트라본, 제 11편 참조.
18 그들은 타르테소스(스페인 남서부 과달키비르강 유역에 있던 고대의 지역과 도시 _옮긴이 주)를 건설하여 카디스에 정착했다.

의 고역은 모든 시(詩) 중 으뜸인 시 다음으로 세계에서 가장 아름다운 시를 위한 풍부한 주제가 되었다. (11)

대부분의 민족이 멀리 떨어져 있는 민족에 대해 지식이 거의 없다는 것이 경제적 상업을 하는 국민에게 유리하게 작용했다. 그들은 자신들의 거래를 원하는 대로 모호하게 만들어서, 지식이 있는 국민이 무지한 민족에게서 취할 수 있는 모든 이익을 얻었다.

종교와 풍속에 의해 외국과의 모든 소통에서 멀어졌던 이집트는 국외 상업을 거의 하지 않았고, 비옥한 토지와 극도의 풍요를 누리고 있었다. 이집트는 그 시대의 일본과도 같았고, 자급자족하고 있었다.

이집트인은 국외 상업에 거의 집착하지 않았으므로 홍해의 상업을 그곳에 항구를 가지고 있던 모든 약소민족에게 맡겼다. 그들은 이두매인, (12) 유대인, 시리아인이 그곳에 선박을 갖는 것을 용인했다. 솔로몬은 그 항해에 그런 바다를 잘 아는 티레인을 고용했다. 19

요세푸스(13)는 자기 민족이 농업에만 열중하여 바다는 거의 몰랐다고 말한다. 20 그러므로 유대인이 홍해에서 무역한 것은 단지 우연에 불과헸다. 그들은 이두매인에게서 엘라트와 에지온게베르를 정복했는데, (14) 이 두 항구가 그들에게 홍해 무역을 제공한 것이다. 그들은 그 두 도시를 잃자 홍해 무역도 잃었다.

페니키아인의 경우는 사정이 다르다. 그들은 사치의 상업을 하지 않았고, 정복을 통해 무역한 것이 아니었다. 그들의 검소함, 능력,

---

19 〈열왕기〉, 제3편, 제9장. 〈역대기〉, 제2편.
20 《아피온에 대한 반박》.

근면함, 위험, 노고가 그들을 세계의 모든 민족에게 필요한 존재로 만들었다.

홍해 인근의 여러 민족은 홍해와 아프리카 바다에서만 교역하고 있었다. 알렉산드로스 치세에서 이루어진 인도양 발견에 대한 세계의 놀라움이 이를 충분히 증명해 준다. 앞에서 말했듯이, 21 귀금속은 언제나 인도 지역으로 운반되어 그곳에서 다시 돌아오지 않는다. 22 홍해를 통해 금과 은을 다시 가져온 유대인 선박은 인도 지역이 아니라 아프리카에서 돌아온 것이었다.

덧붙여 말하자면, 이 항해는 아프리카의 동쪽 해안에서 행해졌다. 그리고 당시의 항해술은 더 멀리 떨어진 곳까지 가지 않았다는 것을 충분히 입증해 준다.

솔로몬과 예호샤팟(15)의 선단이 3년 만에야 돌아왔다는 것을 우리는 알고 있다. 그러나 항해에 걸린 시간이 떨어진 거리를 나타낸다고 생각하지 않는다.

플리니우스와 스트라본에 의하면, 인도 지역과 홍해의 등나무 줄기로 만든 배가 20일간 항해한 여정을 그리스나 로마의 배는 7일간 항해했다고 한다. 23 이런 비율로 보면, 그리스와 로마 선단의 1년 항해는 솔로몬 선단의 거의 3년 항해에 해당하는 것이었다.

속도가 다른 두 선박이 속도에 비례하는 시간으로 항해하는 것은

---

21 이 편의 제1장에서.
22 유럽에서 정해진 금과 은 사이의 비율 덕분에 때때로 인도 지역에서 은 대신 금을 받는 것에서 이익을 취할 수 있다. 그러나 그것은 대단한 것이 아니다.
23 플리니우스, 제6편 제22장, 스트라본, 제15편 참조.

아니다. 느린 선박은 때때로 훨씬 더 느린 결과를 초래한다. 해안을 따라 항해할 때는 끊임없이 상황이 달라지는데, 만을 나서려면 순풍을 기다려야 하고 전진하려면 또 다른 순풍을 기다려야 한다. 그때 좋은 범선은 유리한 모든 날씨를 이용하지만, 그렇지 않은 배는 접근하기 힘든 장소에 머물며 며칠간 바람이 달라지는 것을 기다려야 한다.

같은 시간 동안 그리스와 로마의 배가 항해한 여정의 3분의 1밖에 항해하지 못한 인도 지역 배의 느린 속도는 오늘날 우리의 항해술 지식으로 설명될 수 있다. 등나무 줄기로 만든 인도 지역의 배는 그리스와 로마의 쇠로 접합된 목조 배보다 잠긴 양이 더 적었던 것이다.

인도 지역의 이러한 배를 오늘날 항구의 수심이 깊지 않은 몇몇 나라의 배와 비교할 수 있다. 베네치아와 심지어 전반적인 이탈리아, 24 발틱해, 홀란트주(州) 25의 배가 그에 해당한다. 그 배들은 항구에 출입해야 하므로 바닥이 넓고 둥글게 제조된다. 반면 좋은 항구를 가지고 있는 다른 나라의 배들은 물에 깊이 잠길 수 있는 형태로 배 하단이 만들어진다. 이런 구조 때문에 후자의 배는 바람을 안고 항해할 수 있는데 전자의 배는 거의 순풍을 받을 때만 항해한다. 물에 더 깊이 잠기는 배는 어떤 바람에도 거의 같은 방향으로 항해할 수 있다. 바람의 압력을 받은 배가 물속에서 받는 저항을 받침점으로 하여 키의 회전으로 뱃머리가 목적하는 방향으로 돌아가는 동안 배의 형태가 길쭉해

---

24 이탈리아에는 거의 정박지밖에 없다. 그러나 시칠리아에는 아주 훌륭한 항구가 있다.

25 네덜란드 서부지방인 홀란트주에 대해 말하는 것이다. 젤란트주(州) (네덜란드 남서부 해상에 있는 주_옮긴이 주) 의 항구는 충분히 깊기 때문이다.

서 측면으로 바람을 맞게 되기 때문이다. 그 결과 바람에 아주 가까이, 즉 바람이 불어오는 방향으로 아주 가까이 전진할 수 있다. 그러나 배의 바닥이 둥글고 넓어서 물속에 별로 잠기지 않을 때는 받침점이 없다. 그러므로 바람이 배를 밀어내면 배는 저항할 수도, 바람과 반대 방향으로 갈 수도 없다.

그 결과 바닥이 둥글게 제조된 배는 항해할 때 더 느리다. 첫째, 그런 배는 바람을 기다리느라고 시간을 많이 허비한다. 특히 방향을 자주 바꾸어야 한다면 더욱 그렇다. 둘째, 받침점이 없어서 다른 배만큼 많은 돛을 달지 못하기 때문에 더 느리다. 항해술이 이토록 완성된 시대, 기술이 서로 교류되는 시대, 기술에 의해 자연의 결함과 기술 자체의 결함도 교정되는 시대, 이런 시대에도 그 차이가 느껴진다면 하물며 고대인의 항해에서는 어땠겠는가?

나는 아직도 이 주제에서 벗어날 수가 없다. 인도 지역의 배들은 작았고, 그리스와 로마의 배들은 허영심 때문에 만든 기계 장치들을 제외한다면 오늘날 우리의 배보다 작았다. 그런데 배는 작으면 작을수록 거친 날씨에 더 위험하다. 큰 배라면 흔들리기만 했을 풍랑에도 작은 배는 침수된다. 어떤 물체가 다른 물체보다 크기가 크면 클수록 표면적은 상대적으로 좁다. 그러므로 작은 배의 경우는 그 비율이 더 낮다. 다시 말해 실을 수 있는 중량 혹은 적재량에 대한 배의 표면적의 차이가 큰 배보다 더 크다.

알다시피 채울 수 있는 물의 절반에 해당하는 중량의 화물을 싣는 것이 거의 일반적인 관행이다. 800톤의 물을 담을 수 있는 배가 있다고 하자. 그러면 그 배의 적재량은 400톤이 될 것이다. 400톤의 물밖에 담을 수 없는 배의 적재량은 200톤이 될 것이다. 이와 같이 첫 번째 배의 크기는 적재 중량에 대하여 8 대 4의 비율이고, 두 번째 배는 4 대 2이다. 큰 배의 표면적이 작은 배의 표면적에 대해 8 대 6이라고 가정해 보자. 그러면 작은 배의 표면적은 중량에 대해 6 대 2의 비례인 반면, 26 큰 배의 표면적은 중량에 대해 8 대 4의 비례밖에 되지 않을 것이다. 바람과 파도는 표면적에만 작용하므로, 큰 배는 그 중량에 의해 작은 배보다 격심한 풍파에 더 많이 저항할 것이다.

제 7장 : 그리스인의 상업

초기 그리스인은 모두 해적(海賊)이었다. 해상 지배권을 가졌던 미노스(16)는 어쩌면 약탈에서 큰 성공을 거둔 것에 불과한지도 모른다. 그의 지배력은 그의 섬 주변으로 한정되어 있었다. 그러나 그리스인이 위대한 민족이 되었을 때, 아테네인은 진정한 해상 지배권을 획득했다. 전승한 이 상업 민족은 당시 가장 강력한 군주27를 굴복시켰고, 시리아, 키프로스섬, 페니키아의 해군력을 타파했기 때문이다.

나는 아테네가 가졌던 이 해상 지배권에 대해 이야기하고자 한다. 크세노폰은 다음과 같이 말했다. 28 "아테네는 해상 지배권을 가지고

---

26 다시 말해 같은 종류의 크기를 비교하기 위해서이다. 배에 대한 액체의 양 혹은 작용은 그 배의 저항에 해당할 것이다, 등등.

27 페르시아의 왕.

28 《아테네 공화국》.

있지만, 아티카 지방이 육지에 붙어 있어서 아테네가 멀리 원정을 나가 있는 동안 적들이 아티카를 유린한다. 유력자들은 토지가 파괴되도록 내버려 두고 자신들의 재산을 어떤 섬에 안전하게 보관한다. 하층민은 소유한 토지가 없으므로 아무 걱정도 하지 않고 지낸다. 그러나 만약 아테네인이 한 섬에 살면서 거기에다가 해상 지배권을 가지고 있다면, 그들은 바다의 주인이면서 남에게 해를 당하지 않은 채 남을 해칠 힘을 갖게 될 것이다.” 크세노폰은 마치 영국에 대해 말하려고 한 듯하다.

영예로운 계획으로 가득한 아테네, 해상 지배력을 누리기보다 그것을 확장하는 데 더 주의를 기울여 영향력을 증대시키는 대신 질투심을 증대시킨 아테네, 부자들은 압제에 시달리는 반면 하층민은 국고 수입을 나누어 갖는 정치 체제를 가지고 있던 아테네는 대규모 상업을 하지 않았다. 광산 작업, 수많은 노예, 뱃사람의 수, 그리스 도시들에 대한 권위, 그리고 그 무엇보다 솔론의 훌륭한 제도가 아테네에 대규모 상업을 보장했는데도 말이다. 아테네의 무역은 그리스와 흑해에 한정되어 있었고, 거기에서 생필품을 구했다.

코린트는 대단히 좋은 위치에 있었다. 즉, 두 바다를 갈라놓으며 펠로폰네소스반도와 그리스의 관문을 이루었다. 그리스 민족이 하나의 세계를 이루고 그리스 도시들이 국가를 이루고 있었을 때, 코린트는 가장 중요한 도시였다. 코린트는 아테네보다 더 크게 상업을 했다. 코린트에는 아시아의 상품을 받아들이기 위한 항구가 있었고, 이탈리아의 상품을 받아들이기 위한 항구도 따로 있었다. 반대 방향의 바람이 서로 충돌하여 난파를 일으키는 말레아곶(17)을 우회하려면 커다란 어려움이 있었으므로29 코린트로 가는 것을 선호했기 때문이다. 그리고 심지어 육로를 통해 선박을 한 바다에서 다른 바다로 옮길 수도 있었다. 어떤 도시에서도 기술적 성과를 그토록 진척시킨 곳은 없었다. 그런데 호사로운 생활 때문에 시작된 풍속의 부패에 종교가 최후의 일격을 가했다. 코린트는 아프로디테 신전을 세우고 천 명이 넘는 궁녀를 바쳤다. 아테나이오스가 그 역사를 서술했던 유명한 미인들 대부분이 바로 이 양성소에서 나왔다.

호메로스 시대에 그리스의 호사는 로도스, 코린트, 오르코메노스에서 볼 수 있었던 것 같다. 그는 "제우스는 로도스인을 사랑하여 그들에게 커다란 부를 주었다"라고 말했다. 30 코린트에는 부유하다는 형용사를 부여했다. 31

마찬가지로 그는 많은 황금을 가진 도시에 대해 말하고자 할 때 이집트의 테베에 덧붙여 오르코메노스를 예로 들었다. 32 로도스와 코린트는 그 세력을 유지했으나, 오르코메노스는 세력을 잃었다. 헬레스폰트, 프로폰티스, (18) 흑해와 가까운 오르코메노스의 위치를 보면, 이 도시가 황금 양털의 전설을 낳은 이들 바다 연안의 상업에서 부를 얻었다고 당연히 생각하게 된다. 사실 미니아족(19)이라는 이름이 오르코메노스에 주어졌고33 다시 아르고호 원정대에게 주어졌다.

---

29 스트라본, 제8편 참조.
30 〈일리아스〉, 제2편.
31 위의 책.
32 위의 책, 제1편 381행. 스트라본, 제9편, 414쪽, 1620년 간행본 참조.
33 스트라본, 제9편, 414쪽.

그러나 나중에 이 바다들이 더 잘 알려지게 되어 그리스인이 거기에 매우 많은 식민지를 건설했고, 이 식민지들은 야만족들과 거래하면서 본국과 교류하게 되었다. 그러자 오르코메노스는 쇠퇴하기 시작했고, 수많은 그리스 도시들에 편입되었다.

호메로스 이전의 그리스인은 자기들끼리만, 그리고 소수의 야만족하고만 거래했다. 그러나 그들은 새로운 민족을 형성함에 따라 그 지배를 확대했다. 그리스는 커다란 반도였는데, 그곳의 갑(岬)은 바다를 물러나게 한 것 같았고 만은 마치 바다를 다시 맞아들이기 위한 것처럼 사방으로 열려 있는 듯이 보였다. 그리스를 훑어보면, 꽤 좁은 지역에 드넓은 해안선이 펼쳐진 것을 볼 수 있을 것이다. 그 주변으로는 수많은 식민지가 커다란 원주를 이루고 있었다. 말하자면 거기에서 그리스가 보는 모든 세상은 야만적이지 않았다.

그리스는 시칠리아와 이탈리아에 침입해 들어가서 여러 국민을 형성하였다. 그리고 흑해, 소아시아 해안, 아프리카 해안을 향해 항해하면서도 같은 일을 했다. 그리스의 도시들은 새로운 민족과 가까이함에 따라 번영을 얻었다. 그리고 놀랍게도 수많은 섬이 마치 제1선을 이루듯 그리스를 둘러싸고 있었다.

그리스가 세계에 제공했다고 말할 수 있는 운동경기, 모든 왕이 공물을 보내던 신전, 사람들이 사방에서 모여들었던 제전(祭典), 인간의 호기심의 대상이 되었던 신탁(神託), 아무리 능가한다고 생각해도 결코 알지 못할 정도의 수준에 오른 취향과 기예, 이런 것들이 그리스 번영의 대단한 원인이었다!

제 8장 : 알렉산드로스와 그의 정복

알렉산드로스 치하에서 일어난 네 가지 사건이 상업에 큰 변혁을 일으켰다. 티레 점령, 이집트 정복, 인도 지역 정복, 그 지방 남쪽에 있는 해양의 발견이 그것이다.

페르시아인의 제국은 인더스강까지 뻗어 있었다. 34 알렉산드로스보다 훨씬 앞서서 다리우스가 파견한 항해자들은 그 강을 내려가서 홍해까지 갔다. 35 그런데 어떻게 해서 그리스인이 남쪽을 통해 인도 무역을 한 최초의 인간이 되었을까? 어떻게 페르시아인은 그 이전에 인도 무역을 하지 않았던 것일까? 그들과 매우 가까운 여러 바다, 그들의 제국이 면한 여러 바다는 그들에게 무슨 도움이 되었을까? 알렉산드로스가 인도 지역을 정복한 것은 사실이다. 그러나 어떤 나라와 무역을 하려면 그 나라를 정복해야 하는 것일까? 나는 이것을 검토하고자 한다.

페르시아만에서 인더스강까지, 남쪽 바다에서 파로파미사다이(20) 산맥까지 펼쳐져 있던 아리안 지방은 페르시아 제국에 속해 있었다. 36 그러나 그 남부는 건조하고 태양이 불타는 듯한 불모지이며 미개한 지역이었다. 전설에 의하면, 세미라미스와 키루스의 군대가 이 사막에서 파멸했다고 한다. 37 함대에게 뒤를 따르게 했던 알렉산드로스도

---

34 스트라본, 제15편.
35 헤로도토스, "멜포메네"(in Melpomene).
36 스트라본, 제15편.
37 스트라본, 제15편.

그곳에서 군대의 대부분을 잃어야 했다.

페르시아인은 모든 해안을 이크티오파지족, 오리트족, 그 밖의 여러 야만족의 지배에 맡겨 두고 있었다. 38 게다가 페르시아인은 항해자가 아니었고, 그들의 종교로 인해 그들에게는 해상 무역에 대한 관념이 전혀 없었다. 39 다리우스가 인더스강과 인도양을 항해하게 한 것은 그것을 이용하려는 군주의 조직적인 계획이라기보다는 자신의 권력을 보여주고자 하는 일시적 기분이었다. 그 항해는 상업에서나 항해술에서나 이어진 결과가 없었다. 무지에서 벗어나긴 했어도 다시 무지에 빠져버린 것이다.

그것만이 아니다. 알렉산드로스 원정 이전에는 인도 지역 남부에서는 사람이 살 수 없다40는 것이 일반적으로 공인되었다. 41 세미라미스는 20명, 키루스는 7명만 데리고 돌아왔다는 전설의 결과였다. 42

알렉산드로스는 북쪽으로 들어갔다. 그의 계획은 동쪽으로 진격하는 것이었지만, 남부 지역에 수많은 민족과 도시와 강이 가득한 것을 발견하여 그곳의 정복을 시도했고, 정복했다.

---

38 플리니우스, 제6편, 제23장. 스트라본, 제15편.
39 여러 원소를 더럽히지 않기 위해 그들은 강을 항해하지 않았다. 하이드, 《페르시아인의 종교》. 오늘날에도 그들은 해상 무역을 하지 않는다. 그리고 그들은 바다에 나가는 자를 무신론자로 간주한다.
40 헤로도토스는 "멜포메네"에서 다리우스가 인도 지역을 정복했다고 말한다. 그것은 아리안 지방에 대해서만 그렇게 말할 수 있을 뿐이고, 더구나 관념적인 정복에 불과했다.
41 스트라본, 제15편.
42 스트라본, 제15편.

그 당시 그는 자신이 육지에 세운 식민지들을 통해 육지를 결합시킨 것처럼 해상 무역을 통해 인도 지역을 서양과 결합시키는 계획을 세웠다.

그는 히다스페스강(21)에 함대를 건설하게 하고, 이 강을 내려가 인더스강으로 들어가서 강 하구까지 항해했다. 그는 군대와 함대를 파탈라에 남겨 둔 채 몇 척의 배를 이끌고 직접 바다를 살펴보러 가서 항구, 항만, 병기창을 건설하고 싶은 장소들을 표시했다. 파탈라로 돌아온 그는 함대와 헤어져서 함대와 도움을 주고받기 위해 육로를 택했다. 함대는 인더스강 하구부터 오리트족과 이크티오파지족의 나라들 및 카르마니아(22)와 페르시아의 해안을 따라 항해했다.

그는 우물을 파도록 하고 도시를 건설하게 했으며, 이크티오파지족에게 물고기를 먹는 것을 금지했다. 43 그는 이 바다의 연안에 개화된 민족이 살기를 바란 것이다. 네아르코스와 오네시크리토스(23)는 10개월이 걸린 이 항해의 일지를 썼다. 그들은 수사(24)에 도착해서 군대에게 잔치를 베풀고 있는 알렉산드로스를 만났다.

---

43 이것은 1,800km에 달하는 해안에 살고 있던 모든 이크티오파지족을 의미하는 것은 아닐 것이다. 그렇다면 알렉산드로스가 어떻게 그들에게 식량을 제공할 수 있었겠는가? 어떻게 그들을 복종시켰겠는가? 여기서 문제 삼는 것은 단지 몇몇 특별한 부족일 뿐이다. 네아르코스는 《인도 세계(Rerum Indicarum)》라는 책에서 페르시아 쪽으로 그 해안의 끝에서 물고기를 덜 먹는 부족('이크티오파지'는 물고기를 먹는 부족이라는 뜻으로 고대의 몇몇 미개한 민족에게 주어진 명칭이다. 당시 물고기는 불결하고 사람에게 어울리지 않는 식량으로 간주되었다__옮긴이 주)을 발견했다고 말한다. 알렉산드로스의 명령은 이 지방 또는 페르시아에 훨씬 더 가까운 다른 어떤 지역에 관한 것이라고 생각한다.

이 정복자는 이집트를 확보하려는 목적에서 알렉산드리아를 건설했다. 그것은 그의 선대의 여러 왕들이 이집트를 폐쇄하기 위한 열쇠를 가지고 있던 바로 그 장소에서**44** 이집트의 문을 열기 위한 열쇠였다. 그는 인도양 발견만으로도 생각해 볼 수 있는 무역에 대해서는 전혀 생각하지 않았다.

이 발견 이후에도 그는 알렉산드리아에 대해 새로운 견해를 전혀 가지고 있지 않았던 것 같다. 대체로 그는 인도 지역과 그의 제국 서부 지역 사이의 무역을 수립할 계획은 가지고 있었다. 그러나 이집트를 통해 이 무역을 하려는 계획을 세우기에는 그에게 너무 지식이 부족했다. 그는 인더스강을 보았고, 나일강을 보았다. 그러나 그 두 강 사이에 있는 아라비아해(海)에 대해서는 아는 것이 없었다. 그는 인도 지역에서 돌아오자마자 새로운 함대를 만들어 율레우스강, 티그리스강, 유프라테스강과 바다를 항해했다.**45** 그는 페르시아인이 이들 강에 만들어 놓은 폭포를 없앴고, 페르시아의 내해가 대양의 한 만이라는 것도 발견했다.

그가 인도양을 살펴보았듯이 이 바다를 시찰한 것,**46** 바빌론에 1천 척의 배와 병기창을 위한 항구를 건설한 것, 연안에 산재시켜 놓은 식

---

44 알렉산드리아는 라코티스(Racotis)라고 불리던 해변에 세워졌다. 고대의 왕들은 거기에 수비대를 두고 있었는데, 그것은 외국인 특히 알다시피 대단한 해적이었던 그리스인이 나라에 들어오는 것을 막기 위해서였다. 플리니우스, 제6편 제10장, 스트라본, 제18편 참조.

45 아리아노스, 《알렉산드로스 원정기》, 제7편.

46 아리아노스, 《알렉산드로스 원정기》, 제7편.

민지에 배치할 뱃사공을 불러들이기 위해 페니키아와 시리아에 500 탤런트를 보낸 것, 그리고 유프라테스강과 그 밖의 아시리아의 여러 강에서 방대한 공사를 한 것을 보면, 바빌론과 페르시아만을 통해 인도 무역을 하는 것이 그의 계획이었음을 의심할 여지가 없다.

어떤 사람들은 알렉산드로스가 아라비아를 정복하고자 했다는 것을 구실로 내세워 그가 거기에 제국의 중심부를 둘 계획을 세웠다고 말하기도 했다.[47] 그러나 그가 어째서 잘 알지도 못하는 장소를 선택했겠는가?[48] 게다가 그곳은 세계에서 가장 불편한 지방이었고, 그곳을 선택하면 그는 자신의 제국에서 떨어져 있게 될 터였다. 먼 곳을 정복한 칼리프들은 곧 아라비아를 떠나 다른 곳에 정착했다.

제9장 : 알렉산드로스 이후 그리스 왕들의 상업

알렉산드로스가 이집트를 정복했을 때, 홍해는 거의 알려져 있지 않았다. 이 바다와 연결되면서 한편으로는 아프리카 해안과 닿아 있고 다른 한편으로는 아라비아 해안에 닿아 있는 대양의 부분에 대해서는 아무것도 알려진 것이 없었다. 그 이후에도 사람들은 아라비아반도를 일주하는 것은 불가능하다고 생각했다. 각 방면에서 그것을 시도했던 사람들은 그들의 계획을 포기했다.

---

47 스트라본, 제16편 말미.

48 바빌론에 홍수가 난 것을 보고 그는 가까이 있는 아라비아를 섬이라고 생각했다. 스트라본, 제16편, 아리스토불로스.

"아라비아 해안의 남쪽으로 항해하는 것이 어떻게 가능하겠는가? 북쪽에서 아라비아를 횡단했던 캄비세스(25)의 군대는 거의 전멸했고, 라고스의 아들인 프톨레마이오스(26)가 셀레우코스 니카토르에게 원군으로 보낸 군대는 믿을 수 없을 정도로 어려움을 겪고 더위 때문에 밤에만 진군할 수 있었으니 말이다"라고 사람들은 말했다.49

페르시아인에게는 항해술이 전혀 없었다. 그들이 이집트를 정복했을 때, 그들은 자기 나라에서와 똑같은 정신을 그곳에 가지고 갔다. 그리고 어찌나 무관심했는지, 그리스 왕들은 티레인과 이두매인과 유대인이 대양의 항해뿐만 아니라 홍해의 항해도 알지 못했다는 것을 발견하게 되었다. 나는 네부카드네자르(27)에 의한 최초의 티레 파괴 및 홍해 근처의 도시들과 여러 소국이 파괴된 탓에 사람들이 습득했던 지식을 잃게 된 것이라고 생각한다.

페르시아인의 시대에 이집트는 홍해에 접하지 않았다. 다만 나일강이 범람하면 뒤덮이는 지역으로 산맥에 둘러싸여 양쪽이 좁아지는 길고 좁은 지협만 포함하고 있었을 뿐이다.50 따라서 홍해와 대양을 다시 발견해야 했는데, 이 발견은 그리스 왕들의 호기심에 걸맞은 것이었다.

그들은 나일강을 거슬러 올라가서 나일강과 바다 사이에 있는 지역에서 코끼리 사냥을 했고, 육지를 통해 이 해안을 발견했다. 이 발견은 그리스인 휘하에서 이루어졌으므로, 그곳의 명칭은 그리스어이고

---

49 《인도 세계》 참조.
50 스트라본, 제16편.

신전은 그리스의 여러 신에게 바쳐졌다. [51]

이집트의 그리스인은 매우 광범위한 상업을 할 수 있었다. 그들은 홍해의 여러 항구의 주인이었다. 모든 상업국의 경쟁자인 티레는 더 이상 존재하지 않았다. 그들은 그 지방의 옛 미신에 방해받지 않았고, [52] 이집트는 세계의 중심이 되었다.

시리아의 왕들은 이집트의 왕들에게 인도 지역 남부의 상업을 맡겨두고, 옥수스강과 카스피해를 통해 행해지는 북부의 상업에만 전념했다. 그 시대에는 카스피해가 북쪽 대양의 일부라고 믿고 있었다. [53] 그래서 알렉산드로스는 죽기 얼마 전에 이 바다가 대양과 연결되는 것이 흑해를 통해서인지 아니면 인도 방면의 다른 어떤 동쪽 바다를 통해서인지 발견하기 위해 함대를 만들게 했다. [54]

알렉산드로스 다음으로는 셀레우코스와 안티오코스(28)가 이 바다의 발견에 특별한 주의를 기울였다. 그들은 거기에 함대를 설치했다. [55] 셀레우코스가 발견한 곳은 셀레우코스 바다라 불렸고, 안티오코스가 발견한 곳은 안티오코스 바다라 불렸다. 그들은 이 방면에 대한 계획에 주의를 기울이느라 남쪽의 바다를 소홀히 했다. 프톨레마이오스 왕가가 홍해에 가지고 있던 함대를 통해 이미 그곳의 지배권

---

51 위의 책.
52 이 미신은 외국인에 대한 공포를 심어주었다.
53 플리니우스, 제2편 제67장, 제6편 제9장과 제13장. 스트라본, 제11편. 아리아노스, 《알렉산드로스 원정기》, 제3편 74쪽, 제5편 104쪽.
54 아리아노스, 《알렉산드로스 원정기》, 제7편.
55 플리니우스, 제2편, 제67장.

을 확보했기 때문이든지 아니면 페르시아인이 항해와는 거리가 멀다는 것을 알게 되었기 때문이든지 말이다. 페르시아의 남부 해안에서는 선원이 배출되지 않았다. 알렉산드로스 생애의 마지막 순간에 이르러서야 비로소 거기서 선원을 볼 수 있었다. 그러나 키프로스섬, 페니키아, 소아시아 여러 연안의 수많은 장소의 주인이었던 이집트의 왕들은 해상 계획을 실행하기 위한 모든 종류의 수단을 가지고 있었다. 그들은 신민들의 적성을 강요할 필요가 없었고, 단지 그것을 따르기만 하면 되었다.

카스피해가 대양의 일부라고 믿었던 고대인의 고집은 참으로 이해하기 어렵다. 알렉산드로스, 시리아의 왕들, 파르티아인, 로마인의 원정도 그들의 생각을 바꿔 놓지 못했다. 인간이란 최대한 늦게 자신의 오류를 깨닫기 때문이다. 처음에는 카스피해의 남부만 알려졌고, 사람들은 그것을 대양으로 착각했다. 그리고 해안가를 따라 북쪽으로 전진함에 따라 대양이 육지 안으로 들어와 있는 것으로 생각했다. 해안을 따라가면서도 그들은 동쪽으로는 작사르테스강까지, 서쪽으로는 알바니아 말단까지밖에 가보지 않았다. 북쪽에는 바다에 진흙이 많았고, 56 따라서 항해에 적합하지 않았다. 이 모든 상황으로 인해 대양으로만 본 것이다.

알렉산드로스의 군대는 동쪽으로 가면서 인더스강으로 흘러 들어가는 강 중 제일 마지막 강인 히파니스강까지밖에 가지 않았다. 그리하여 그리스인이 인도 지역에서 행한 최초의 상업은 이 지역의 매우

---

56 러시아 황제의 지도를 참조할 것.

작은 부분에서 이루어졌다. 셀레우코스 니카토르는 갠지스강까지 들어갔다. 57 그리고 거기에서 그 강이 흘러 들어가는 바다, 즉 벵골만을 발견했다. 오늘날에는 바다 항해를 통해 육지를 발견하지만, 옛날에는 육지의 정복을 통해 바다를 발견했다.

아폴로도로스(29)의 증언에도 불구하고, 스트라본58은 박트리아의 그리스 왕들이59 셀레우코스나 알렉산드로스보다 더 멀리 갔다는 것을 의심하는 것처럼 보인다. 그들이 셀레우코스보다 동쪽으로는 더 멀리 가지 않은 것이 사실이더라도 남쪽으로는 더 멀리 갔다. 그래서 그들은 시게르와 말라바르의 여러 항구를 발견했고, 60 그것은 이제 내가 이야기하려는 항해의 원인이 되었다.

플리니우스는 인도 지역의 항해가 세 가지 항로를 택해 잇달아 이루어졌다는 것을 우리에게 알려준다. 61 처음에는 시아그르곶에서 인더스강 어귀에 있는 파탈레나섬으로 갔는데, 그것은 알다시피 알렉산드로스 함대가 취했던 항로였다. 그다음에는 더 짧고 확실한 길을 택해 같은 곳에서 시게르로 갔다. 62 이 시게르는 박트리아의 그리스

---

57 플리니우스, 제6편, 제17장.
58 제15편.
59 박트리아, 인도 지역, 아리안의 마케도니아인들은 시리아 왕국을 떠나 큰 나라를 이루었다.
60 아폴로니우스 아드라미틴(Apollonius Adramittin, 앞쪽에 나오는 아르테미타의 아폴로도로스를 말하는 것인데, 잘못 표기한 것으로 보인다_옮긴이 주), 스트라본, 제11편.
61 제6편, 제23장.
62 플리니우스, 위의 책.

왕들이 발견했고 스트라본이 이야기하는 시게르 왕국일 것이다. 63
플리니우스는 이 길로 가는 것이 시간이 더 적게 걸렸으므로 더 짧은
길이라고 말했을 뿐이다. 사실 시게르는 박트리아의 왕들이 발견한
것이니 인더스강보다 더 멀리 있었을 것이기 때문이다. 따라서 몇몇
해안의 우회를 피하고 바람을 이용해야 했을 것이다. 마지막으로 상
인들은 세 번째 길을 택했다. 그들은 홍해 입구에 위치한 항구인 카네
스나 오셀리스에 가서, 거기에서부터 서풍을 이용해 인도 지역의 첫
교역도시인 무지리스에 도착했고 거기에서 다시 다른 항구로 갔다.

홍해 입구에서 아라비아펠릭스(30) 해안을 북동쪽으로 거슬러 올라
가서 시아그르까지 가는 대신, 직접 서쪽에서 동쪽으로, 계절풍을 이
용해 한쪽에서 다른 쪽으로 갔다는 것을 알 수 있다. 계절풍의 변화는
그 부근을 항해하면서 발견되었다. 고대인은 계절풍과 무역풍을 이
용할 때가 아니면 해안을 떠나지 않았다. 64 그것은 그들에게 일종의
나침반과 같은 구실을 하였다.

플리니우스는 사람들이 한여름에 인도 지역으로 출발해서 12월 말
이나 1월 초에 돌아왔다고 말한다. 65 이것은 우리 항해자들의 일지와
완전히 부합된다. 아프리카반도와 갠지스강 앞쪽의 반도 사이에 있
는 인도양 부분에는 두 가지 계절풍이 있다. 첫째는 서쪽에서 동쪽으
로 부는 바람으로 8월이나 9월에 시작된다. 그리고 둘째는 동쪽에서

---

63 제 11편, Sigertidis regnum(시게르 왕국).
64 계절풍은 1년 중 한동안은 어느 한 방향에서 불어오고 다른 한동안은 다른 방향에
    서 불어온다. 그리고 무역풍은 1년 내내 같은 방향에서 불어온다.
65 제 6편, 제 23장.

서쪽으로 부는 바람으로 1월에 시작된다. 그러므로 우리도 프톨레마이오스의 함대가 출발했던 것과 같은 시기에 아프리카에서 말라바르로 출발하고 또 같은 시기에 돌아온다.

알렉산드로스의 함대는 파탈라에서 수사까지 가는 데 7개월이 걸렸다. 함대는 7월, 다시 말해 오늘날 어떤 배도 인도 지역에서 돌아오기 위해 항해에 나서지 않는 시기에 출발했다. 두 계절풍 사이에는 바람이 바뀌고 북풍이 보통 바람과 뒤섞이면서 특히 해안 근처에서 무서운 폭풍우를 일으키는 기간이 있다. 그것은 6월, 7월, 8월에 계속된다. 7월에 파탈라를 떠난 알렉산드로스의 함대는 많은 폭풍우를 겪었고, 정반대 방향의 계절풍 속에서 항해했기 때문에 항해 기간도 길었다.

플리니우스는 사람들이 여름이 끝날 무렵 인도 지역으로 출발했다고 말한다. 그러므로 알렉산드리아에서 홍해로의 여정에는 계절풍이 바뀌는 시기가 이용되었던 것이다.

항해술이 어떻게 조금씩 개선되었는지 살펴보기 바란다. 인더스강을 내려가서 홍해로 가기 위해 다리우스가 지시했던 항해는 2년 반이 걸렸다.[66] 알렉산드로스의 함대는 인더스강을 내려가서 10개월 후에 수사에 도착했다.[67] 인더스강을 3개월 동안 항해하고 7개월은 인도양을 항해한 것이다. 그 후에 말라바르 연안에서 홍해로의 항해는 40일간 이루어졌다.[68]

---

66 헤로도투스, "멜포메네".
67 플리니우스, 제6편, 제23장.

스트라본은 히파니스강과 갠지스강 사이에 있는 지역에 대한 사람들의 무지를 설명하면서 이집트에서 인도 지역으로 가는 항해자들 중 갠지스강까지 간 사람은 거의 없다고 말한다. 실제로 함대들은 그곳에 가지 않았다. 함대들은 계절풍을 이용해 서쪽에서 동쪽으로, 홍해 입구에서 말라바르 해안으로 갔다. 그들은 거기에 있던 여러 교역지에서 멈추었고, 코모린곶과 코로만델 해안을 거쳐 갠지스강 앞쪽의 반도를 일주하려 하지 않았다. 이집트 왕과 로마인의 항해 계획은 같은 해에 되돌아오는 것이었다. 69

그러므로 인도 지역에서 그리스인과 로마인의 상업이 우리의 상업만큼 광범위하게 이루어지기는 어림없는 일이었다. 그들이 몰랐던 수많은 지역을 우리는 알고 있다. 우리는 인도 지역의 모든 국민과 교역하고, 심지어 그들을 위해서 교역과 항해를 하기도 한다.

그러나 고대인의 상업은 우리의 상업보다 더 쉽게 행해졌다. 만약 오늘날 구자라트와 말라바르 해안에서만 무역을 한다면, 남쪽의 여러 섬을 찾아가지 않고 섬사람들이 가져오는 상품에 만족한다면, 희망봉 길보다는 이집트 길을 선호했을 것이다. 스트라본은 타프로반(31)의 여러 민족과의 교역은 그런 식으로 이루어졌다고 말한다. 70

---

68 위의 책.
69 위의 책.
70 제15편.

제10장 : 아프리카 일주

역사를 보면 나침반이 발견되기 전에 아프리카 일주를 네 번 시도했다는 것을 알 수 있다. 네코[71]가 파견한 페니키아인들과 프톨레마이오스 라티로스의 노여움을 피해 홍해를 떠난 에우독소스[72]는 일주에 성공했다. (32) 크세르크세스 치하의 사타스페스[73]와 카르타고인이 파견한 한노는 헤라클레스의 기둥에서 출발했으나 성공하지 못했다. (33)

아프리카 일주의 주안점은 희망봉을 발견하고 그것을 우회하여 항해하는 것이었다. 그런데 홍해에서 출발하면 지중해에서 출발하는 것보다 절반 거리만 항해해도 그 곳을 발견할 수 있었다. 홍해에서 이 곳으로 가는 해안은 곳에서 헤라클레스의 기둥으로 가는 해안보다 더 안전하다. [74] 헤라클레스의 기둥에서 출발한 사람들이 이 곳을 발견할 수 있으려면 나침반의 발명이 필요했다. 나침반 덕분에 그들은 아프리카 해안을 떠나 방대한 대양을 항해해서 세인트헬레나섬이나 브라질 해안 쪽으로 갈 수 있었다. [75] 따라서 홍해에서 지중해에 갔지만 지중해에서 홍해로 돌아오지 않는 일이 얼마든지 있을 수 있었다.

---

71 헤로도토스, 제4편. 그는 정복하기를 원했다.
72 플리니우스, 제2편, 제67장. 폼포니우스 멜라(Pomponius Mela, 43년경에 활동한 고대 로마의 지리학 저술가_옮긴이 주), 제3편, 제9장.
73 헤로도토스, "멜포메네".
74 여기에 이 편의 제11장에서 한노의 항해에 대해 말하는 것을 덧붙일 것.
75 대서양에는 10월, 11월, 12월, 1월에 북동풍이 분다. 배는 적도를 넘으면 전반적인 동풍을 피하기 위해 남쪽으로 방향을 잡는다. 그렇지 않으면 열대 지역으로, 바람이 서쪽에서 동쪽으로 부는 곳으로 들어가게 된다.

그러므로 다시 돌아올 수 없는 그 대항해(大航海)를 하지 않고 홍해를 통해 동아프리카의 상업을 하고 헤라클레스의 기둥을 통해 서쪽 해안의 상업을 하는 것이 더 자연스러웠다.

홍해에서 이집트의 그리스 왕들은 먼저 헤로움이라는 성지가 있는 만의 안쪽에서 디라까지, 즉 오늘날 바브엘만데브 해협(34)이라고 불리는 곳까지 이르는 아프리카 해안 부분을 발견했다. 거기서부터 홍해76 입구에 위치한 아로마타곶(35)까지의 해안은 항해자들이 탐사하지 않았다. 아르테미도로스(36)의 말에 의하면, 77 이 해안의 장소들이 알려져 있긴 했지만 그 장소들의 거리는 알려지지 않았던 것이 분명하다. 육로를 통해 연달아 그 항구들이 알려진 것이지, 한 항구에서 다른 항구로 항해한 것은 아니었기 때문이다.

대양의 해안이 시작되는 이 곳 너머로는 에라토스테네스와 아르테미도로스가 우리에게 가르쳐 주고 있듯이78 아무것도 알려진 것이 없었다.

스트라본의 시대, 다시 말해 아우구스투스 시대에 사람들이 아프리카 해안에 대해 가지고 있던 지식은 그러했다. 그러나 아우구스투스 이후로, 로마인은 '라프툼'곶과 '프라숨'곶을 발견했다. (37) 스트라본은 이 곳들이 아직 알려지지 않았기 때문에 그것에 대해 말하지

---

76 오늘날 홍해라는 명칭을 부여받은 이 만을 고대인은 아라비아 내해라고 불렀다. 그들은 이 만에 가까운 대양의 부분을 홍해라고 불렀다.

77 스트라본, 제16편.

78 위의 책. 아르테미도로스는 알려진 해안을 Austricornu라고 불리는 장소로, 에라토스테네스는 ad Cinnamomiferam으로 한정했다.

않는다. 이 두 명칭은 로마의 명칭이라는 것을 알 수 있다.

지리학자 프톨레마이오스는 하드리아누스와 안토니누스 피우스 치하에서 살았다. 그리고 《홍해 주항》의 저자는 그가 누구이든 거의 비슷한 시기에 살았다. 그렇지만 프톨레마이오스는 알려진 아프리카를 남위 14도쯤에 있는 '프라숨'곶에 한정하고, 79 《홍해 주항》의 저자80는 남위 10도쯤에 있는 '라프툼'곶으로 한정한다. 후자는 당시 사람이 다니는 장소를, 프톨레마이오스는 더 이상 다니지 않는 장소를 경계로 정한 것 같다.

이런 생각에 대해 내가 확신을 갖는 것은 '프라숨' 근처의 부족이 식인종이었기 때문이다. 81 프톨레마이오스는 아로마타 항구와 '라프툼'곶 사이의 수많은 장소에 대해서는 이야기하면서도82 '라프툼'에서 '프라숨'까지에 대해서는 완전한 공백으로 남기고 있다. 인도 지역 항해의 막대한 이익이 아프리카 항해를 소홀히 하게 했을 것이다. 결국 로마인은 이 해안에서는 정규적인 항해를 한 일이 없었다. 그들은 육로를 통해, 그리고 폭풍에 휩쓸린 배를 통해 그 항구들을 발견했다. 오늘날 아프리카 해안에 대해서는 잘 알려져 있고 내륙에 대해서는 잘 알려지지 않은 것처럼, 고대인은 내륙은 잘 알았지만 해안은 잘 몰랐다. 83

---

79 제1편, 제7장. 제4편, 제7장. 아프리카 지도 4.
80 이 책의 저자는 아리아노스로 여겨졌다.
81 프톨레마이오스, 제4편, 제9장.
82 제4편, 제7장과 제8장.
83 스트라본과 프톨레마이오스가 아프리카의 여러 부분을 얼마나 정확하게 묘사하고

나는 네코가 파견한 페니키아인들과 프톨레마이오스 라티로스 치하의 에우독소스가 아프리카를 일주했다고 말했다. 그런데 지리학자 프톨레마이오스 시대에는 이 두 항해가 꾸며낸 것이라고 여겨졌을 것이다. 프톨레마이오스는 '시누스 마그누스'(내 생각에는 시암만(38)을 말하는 것 같다)에서 시작해 아시아에서 아프리카의 '프라숨'곶에 이르는 미지의 땅을 설정하고 있기 때문이다. 84 그렇다면 인도양은 하나의 호수에 불과했을 것이다. 북쪽을 통해 인도 지역을 탐사한 고대인은 동쪽으로 전진했고 남쪽으로는 이 미지의 땅을 배치한 것이다.

제 11장 : 카르타고와 마르세유

카르타고는 특이한 만민법을 가지고 있었다. 이 나라는 사르데냐와 헤라클레스 기둥 부근에서 거래하는 모든 외국인을 익사시켰다. 85 정치법도 그에 못지않게 기이했다. 사르데냐인에게 토지 경작을 금지했고, 이를 위반하면 사형에 처했다. 카르타고는 부에 의해 권력을 신장시켰고, 그다음에는 권력에 의해 부를 증가시켰다. 지중해에 면해 있는 아프리카 해안의 지배자인 카르타고는 대양의 해안을 따라 세력을 확장했다. 한노는 카르타고 원로원의 명령에 따라 3만의 카르

있는지 보라. 그 지식은 세계 최강의 두 민족인 카르타고인과 로마인이 아프리카의 여러 민족과 겪은 여러 전쟁, 체결한 동맹, 육지에서 행한 교역에서 얻어진 것이다.

84 제 7편, 제 3장.
85 스트라본, 제 17편, 802쪽의 에라토스테네스.

타고인을 헤라클레스 기둥에서 세르네(39)에 이르기까지 산재시켰다. 그는 이 장소에서 헤라클레스 기둥까지의 거리가 헤르클레스 기둥에서 카르타고까지의 거리와 같다고 말한다. 이 위치는 매우 주목할 만하다. 그것은 한노가 식민지를 북위 25도, 즉 카나리아섬에서 2~3도 남쪽으로 한정했다는 것을 보여준다.

한노는 세르네에 있으면서 또 다른 항해를 했는데, 그 목적은 남쪽으로 더 나아가 발견을 하는 것이었다. 그는 대륙에 대한 지식을 거의 얻어 내지 못했다. 그가 따라간 해안의 길이는 26일간의 항해 거리였는데, 그는 식량 부족으로 돌아와야 했다. 카르타고인은 이 한노의 시도를 전혀 이용하지 않은 듯하다. 스킬락스86 (40)는 세르네 너머의 바다는 얕고 진흙과 해초가 가득해서 항해할 수 없다87고 말했다. 사실 이 부근에는 진흙과 해초가 많긴 하다. 88 스킬락스가 말하는 카르타고 상인들이 만났던 장애를 한노는 배마다 50개의 노를 가진 60척의 배를 이끌고 극복했을 수도 있다. 어려움은 상대적인 것이다. 게다가 목적을 위해 대담하고 과감하게 추진하는 시도와 평범한 행동의 결과를 혼동해서는 안 된다.

한노의 여행기는 고대의 아름다운 단장이다. 실행한 사람이 직접 썼고, 그의 이야기에는 전혀 과장이 없다. 훌륭한 장수는 자신의 무

---

86 그의 《주항기》에서 카르타고 항목 참조.

87 헤로도토스, "멜포메네"에서 사타스페스가 발견한 장애물에 관한 내용 참조.

88 《동인도회사 설립에 도움을 준 여행기 모음집》 제1권 제1부 201쪽의 지도와 여행기 참조. 물이 잘 보이지 않을 정도로 해초가 바다 표면을 뒤덮고 있다. 그래서 항해하기 알맞은 정도의 바람이 불어야만 배가 가로질러 갈 수 있다.

훈(武勳)을 단순하게 쓰는 법이다. 그들은 말이 아니라 행동에 의해서 영광을 드러내기 때문이다.

내용도 문체와 마찬가지이다. 그는 굳이 경이로운 것을 제공하지 않는다. 기후, 토양, 풍속, 주민의 생활양식에 대해 그가 말하는 모든 것은 오늘날 아프리카의 그 해안에서 볼 수 있는 것과 유사하다. 마치 우리 항해자 중 한 사람의 일지인 듯하다.

낮에는 대륙에 광막한 침묵이 지배하지만, 밤에는 다양한 악기 소리가 들리고 사방에 크고 작은 불길이 보이는 것을 한노는 함대에서 눈여겨보았다. 89 오늘날의 여행기는 이것을 확인해 준다. 거기에는 미개인들이 낮에는 태양의 열기를 피해 숲속에 들어박히고 밤에는 맹수를 쫓아 버리기 위해 큰 불을 피운다고 쓰여 있다. 그리고 그들이 춤과 악기를 대단히 좋아한다는 내용도 있다.

한노는 어떤 화산에 대해 오늘날 베수비오 화산이 보여주는 온갖 현상을 묘사한다. 그리고 그가 말한 털 많은 두 여자 이야기도 사람들이 말했듯이 전혀 가능성이 없는 것은 아니다. 그녀들이 카르타고인을 따라가느니 차라리 죽음을 택해서 그녀들의 살가죽을 카르타고로 가져왔다는 이야기 말이다.

이 여행기는 카르타고의 유물인 만큼 더욱 귀중하다. 그리고 이것은 카르타고의 유물이기 때문에 꾸며낸 것으로 여겨졌다. 로마인은

---

89 플리니우스는 아틀라스산맥에 대해 말하면서 같은 이야기를 한다. Noctibus micare crebis ignibus, tibiarium cantu tympanorumque sonitu strepere, neminem interdiu cerni(밤에는 수많은 불빛이 반짝거리고 피리소리와 북소리가 들린다. 하지만 낮에는 아무것도 보이지 않는다).

카르타고인을 멸망시킨 후에도 카르타고인에 대한 증오를 계속 가지고 있었기 때문이다. 그러나 '카르타고인의 맹세'라고 말해야 할지 '로마인의 맹세'라고 말해야 할지를 결정한 것은 결국 승리였다.(41)

근대인은 이 편견을 따랐다.90 그들은 "한노가 우리에게 묘사한 도시들은 어떻게 되었나? 심지어 플리니우스의 시대에도 그 도시들의 흔적조차 남은 게 없지 않은가?"라고 말한다. 그런 것이 남아 있었다면 기적 같은 일이었을 것이다. 한노가 이 해안에 건설하려고 했던 것은 코린트였을까 아니면 아테네였을까? 그는 상업하기 알맞은 장소에 카르타고인 가족을 남겨 두었고, 미개인과 맹수에 대비해 서둘러 안전한 곳에 보호했다. 카르타고인의 재난은 아프리카 항해를 중지시켰다. 그 가족들은 죽었거나 미개인이 되었을 것이다.

나는 다음과 같은 말을 덧붙이고자 한다. 그 도시들의 흔적이 아직 남아 있다 한들 누가 그것을 발견하러 숲과 늪지대로 갔겠는가? 그렇지만 스킬락스와 폴리비오스를 통해 카르타고인이 그 해안에 커다란 식민지를 가지고 있었다는 것을 알 수 있다. 그것이 바로 한노의 도시들의 유적이고, 다른 유적은 없다. 카르타고 자체의 유적도 다른 것은 거의 없기 때문이다.

카르타고인은 부(富)를 지향했다. 만일 그들이 북위 4도와 경도 15도까지 갔었다면, 그들은 황금해안(42)과 그 부근의 해안을 발견했을 것이다. 그러면 그들은 오늘날 거기서 행해지는 상업, 즉 아메리카가 다른 모든 나라의 부의 가치를 떨어뜨린 것처럼 보이는 상업과는 전

---

90 도드웰, 《한노의 주항기에 대한 논고》 참조.

혀 다른 중요한 상업을 했을 것이다. 그들은 거기서 로마인이 빼앗아 갈 수 없는 보물을 발견했을 것이다.

사람들은 스페인의 부(富)에 대해 아주 놀라운 이야기를 했다. 만약 아리스토텔레스의 말을 믿는다면, 91 타르테소스에 이른 페니키아인은 그들의 배에 다 실을 수 없을 정도로 많은 은을 발견했고 이 금속으로 아주 하찮은 도구를 만들게 했다고 한다. 카르타고인은 피레네산맥에서 많은 금과 은을 발견해서 그것으로 배의 닻을 장식했다고 디오도로스는 말한다. 92 이런 통속적인 이야기를 믿어서는 안 된다. 정확한 사실은 다음과 같다.

스트라본93이 인용한 폴리비오스의 단장을 보면, 베티스강(43)의 원천에 있던 은광은 4만 명을 고용하고 있었고 로마 민족에게 하루에 2만 5천 드라크마를 제공했다는 것을 알 수 있다. 그것은 1마르크에 50프랑씩으로 계산해서 1년에 약 500만 리브르가 될 수 있다. (44) 이런 광산이 있는 산은 은산94이라고 불렸는데, 그것은 그 광산이 그 시대의 포토시(45)에 해당하는 것이었음을 알게 해준다.

오늘날 하노버 광산은 스페인의 광산에 고용되었던 노동자의 4분의 1도 고용하지 않고 있지만, 생산량은 더 많다. 그러나 로마인에게는 구리 광산만 있고 은광은 거의 없었으며 그리스인은 아티카의 매우 빈약한 광산밖에 몰랐으므로, 그들은 스페인 광산의 풍부함에 틀

91　《경이로운 것들》.
92　제6편.
93　제3편.
94　Mons argentarius.

림없이 놀랐을 것이다.

스페인 왕위계승 전쟁 중에, 금광에서 파산했으나 자선시설95에서 부자가 되었다고 하는 로도스 후작이라 불리는 사람이 프랑스 궁정에 피레네산맥의 광산 채굴을 제안했다. 그는 티레인, 카르타고인, 로마인을 예로 들었고, 탐색하도록 허락을 받았다. 그는 온 사방을 탐색하며 땅을 팠고, 계속 주장했으나 아무것도 발견하지 못했다.

금은 거래의 지배자였던 카르타고인은 납과 주석 거래에서도 지배자가 되기를 원했다. 그런 금속은 대양에 있는 갈리아의 여러 항구에서 육로를 통해 지중해의 항구들까지 운반되었다. 카르타고인은 그것을 직접 인수하고 싶었다. 그래서 그들은 히밀코(46)를 파견하여 카시테리데스 제도에 식민지를 만들었다.96 그곳은 실리 제도인 것으로 생각된다. (47)

베티카(48)에서 영국까지 갔던 이 항해로 인해 어떤 사람들은 카르타고인이 나침반을 가지고 있었다고 생각했다. 그러나 그들은 해안을 따라간 것이 분명하다. 베티스강 어귀에서 영국으로 가는 데 4개월이 걸렸다고 한 히밀코의 말 이외의 다른 증거는 필요하지 않다고 생각한다. 게다가 로마 배가 오는 것을 보고 영국행 항로를 알려주지

---

95 그는 어딘가에서 그 시설의 관리를 맡았었다.

96 페스투스 아비에누스(Festus Avienus, 4세기 로마 제국의 고위 관료이자 작가_옮긴이 주) 참조. 플리니우스에 의하면, 히밀코는 한노와 동시에 파견됐던 것으로 보인다. 그리고 아가토클레스 시대에도 한노라는 사람과 히밀코라는 사람이 있었는데 둘 다 카르타고인의 지휘관이었으므로, 도드웰은 당시 카르타고가 번영하고 있었던 만큼 그들을 동일인이라고 추측한다. 《한노의 주항기에 대한 논고》 참조.

않으려고 스스로 배를 뭍에 올려놓은 그 카르타고 조타수97의 유명한 이야기98는 그 배들이 서로 만났을 때 해안에서 아주 가까웠다는 것을 알게 해준다.

고대인이 비록 나침반을 가지고 있지 않았어도 그것을 가지고 있는 것과 다름없이 항해를 했을 수 있다. 해안에서 멀리 있더라도 항해하는 동안 날씨가 청명하여 조타수가 밤에는 언제나 북극성을 볼 수 있고 낮에는 일출과 일몰을 볼 수 있었다면, 분명히 그는 오늘날 나침반에 의해 조종하는 것처럼 조종할 수 있었을 것이다. 그러나 그것은 우연한 경우이고, 정해진 항해는 아니었을 것이다.

제 1차 포에니 전쟁을 종결짓는 조약을 보면, 카르타고는 바다의 지배권을 지키는 데 주로 주의를 기울이고, 로마는 육지의 지배권을 유지하는 데 주의를 기울인 것을 알 수 있다. 로마인과의 협상에서 한노는 로마인이 시칠리아 바다에서 손을 씻는 것조차 허용할 수 없다고 선언했다. 99 로마인에게는 그 아름다운 곳 너머로 항해하는 것이 허용되지 않았다. 그리고 시칠리아, 100 사르데냐, 카르타고를 제외한 아프리카에서의 거래가 금지되었다. 101 카르타고를 제외한 것은 그곳에서는 로마인에게 유리한 거래가 제공되지 않았다는 것을 나타낸다.

---

97 그는 카르타고 원로원으로부터 그에 대한 보답을 받았다.
98 스트라본, 제3편, 끝부분.
99 티투스 리비우스, 프라인스하임의 증보판, 10편 묶음집 제2권, 제6편.
100 카르타고인에게 종속된 부분에서.
101 폴리비오스, 제3편.

초기에는 카르타고와 마르세유 사이에 어업에 관해 여러 번 큰 전쟁이 있었다. 102 평화를 맺은 후, 그들은 경쟁적으로 경제적 상업을 했다. 마르세유는 지략에서는 경쟁 상대에 필적하면서도 권력에서는 열등해졌으므로 더욱더 질투심을 불태웠다. 그것이 바로 로마인에 대한 대단한 충성심의 이유였다. 로마인이 스페인에서 카르타고인과 치른 전투는 병참기지의 역할을 한 마르세유에는 부의 원천이 되었다. 카르타고와 코린트의 멸망은 마르세유의 영광을 더욱 증대시켰다. 그러므로 눈을 감고 거취를 결정해야 했던 내전만 없었다면, 마르세유는 로마인의 보호 아래 행복을 누렸을 것이다. 로마인은 마르세유의 상업을 전혀 질투하지 않았으니까.

제 12장 : 델로스섬, 미트리다테스

코린트가 로마인에 의해 멸망하자, 상인들은 델로스섬으로 물러났다. 민족의 종교와 숭배로 인해 이 섬은 안전한 장소로 여겨졌다. 103 게다가 이 섬은 아프리카의 멸망과 그리스의 쇠퇴 이후 더욱 중요해진 아시아와 이탈리아의 무역을 위해 아주 좋은 위치에 자리 잡고 있었다.

---

102 유스티누스, 제43편, 제5장. Carthaginensium quoque exercitus, cum bellum captis piscatorum navibus ortum esset, sæpe fuderunt, pacemque victis dederunt(나포된 어부들의 선박과 충돌이 발발했을 때 종종 카르타고인의 군대도 개입했는데, 그들은 패자들에게 평화를 주었다).
103 스트라본, 제10편.

앞에서 말했듯이, 초기부터 그리스인은 프로폰티스와 흑해에 식민을 보냈다. 이 식민지들은 페르시아인의 치하에서도 그들의 법과 자유를 보존했다. 알렉산드로스는 야만족에 대해서만 원정에 나섰기 때문에 그들을 공격하지 않았다. 104 심지어 폰토스(49)의 왕들도 여러 식민지를 점령했으나 그들에게서 정치적 통치를 빼앗지는 않은 것으로 보인다. 105

이 왕들이 식민지들을 복종시키자 곧 그들의 세력은 증대되었다. 미트리다테스106는 어디서나 군대를 고용하고, 손실을 끊임없이 보충하고, 107 노동자와 선박과 병기를 입수하고, 동맹국을 얻고, 로마의 동맹국과 심지어 로마인까지도 매수하고, 아시아와 유럽의 야만인을 고용하고, 108 오랫동안 전쟁을 하고 그에 맞춰 군대를 훈련할 수 있었다. 그는 군대를 무장시키고, 로마인의 전쟁 기술을 가르치

---

104 그는 페르시아 왕들의 치하에서조차 대중적인 정체를 누리고 있던 아테네의 식민지 아미소스(시노프와 함께 터키 북부 흑해 연안에 세워졌던 식민 도시로서 지금은 삼순이라는 이름으로 바뀌었다_옮긴이 주) 도시의 자유를 확인했다. 시노프와 아미소스를 점령했던 루쿨루스(Lucullus, BC118~BC56, 폰토스의 왕 미트라다테스 6세와 싸운 로마의 장군_옮긴이 주)는 그들에게 자유를 돌려주고 배에 피신해 있던 주민들을 다시 불러왔다.

105 아피아노스가 그의 책 《미트리다테스에 대한 전쟁》에서 파나고리아인, 아미소스인, 시노프인에 대해 쓴 것을 참조할 것.

106 미트리다테스가 전쟁에 사용한 막대한 재물, 그가 감추어 둔 재물, 부하의 배신으로 빈번히 잃어버린 재물, 그의 사후에 발견된 재물에 대해서는 아피아노스를 참조할 것.

107 한 번은 그가 17만의 병력을 잃었으나 곧 새로운 군대가 다시 나타났다.

108 아피아노스, 《미트리다테스에 대한 전쟁》 참조.

고, 109 로마의 탈주병으로 대군단을 만들 수 있었다. 요컨대 그는 많은 손실을 입고 큰 실패를 겪었으나 멸망하지 않을 수 있었다. 만약 역경 속에서 위대한 군주가 이룩해 놓은 것을 번영을 누리는 시기에 쾌락적이고 야만적인 왕이 파괴하지 않았더라면, 그는 멸망하지 않았을 것이다.

그리하여 로마인의 권세가 절정에 이르러 그들이 자기 자신 이외에는 두려워할 것이 없는 듯 보이던 시기에, 카르타고 점령 및 필리포스와 안티오코스와 페르세우스의 패배로 인해 이미 결정되었던 패권을 미트리다테스는 다시 겨루고자 했다. 그보다 더 많은 재난을 초래한 전쟁은 없었다. 양쪽이 모두 강대한 힘을 갖고 있었고 서로 우위를 나타냈으므로, 그리스와 아시아의 여러 민족은 미트리다테스의 동맹국으로 혹은 그의 적으로 파멸되었다. 델로스는 이 공동의 불행에 휩쓸렸다. 온 사방에서 상업이 쇠퇴했고, 민족이 파멸한 마당에 당연히 상업도 파괴될 수밖에 없었다.

내가 다른 책에서110 서술한 바 있는 체계를 따르는 로마인은 정복자로 보이지 않기 위해 파괴자로서 카르타고와 코린트를 파멸시켰다. 이런 관행으로는, 그들이 온 세계를 정복하지 않았더라면 아마 멸망하고 말았을 것이다. 폰토스의 왕들은 흑해의 그리스 식민지 지배자가 되었을 때, 그 위대함의 원인이 되는 것을 파괴하려고는 하지 않았다.

---

109 위의 책.
110 《로마인의 위대함과 그 쇠락의 원인에 관한 고찰》에서.

제13장 : 해군에 대한 로마인의 성향

로마인은 육군만 존중했다. 육군의 정신은 언제나 굳세고 같은 장소
에서 싸우다가 죽는 것이었다. 그들은 전투에 나가서 도망가고 되돌
아오고 언제나 위험을 피하고 속임수를 쓰고 힘을 거의 쓰지 않는 해
군의 관행을 높이 평가할 수 없었다. 그 모든 것은 그리스인의 정신에
속하지 않았고, 111 하물며 로마인의 정신에 속하는 것은 더욱더 아니
었다.

따라서 그들은 군단에 소속될 만큼 훌륭한 시민이 아닌 사람들만
해군으로 배치했다. 112 해군은 보통 해방된 노예들이었다.

오늘날 우리는 육군을 그렇게 존중하지도, 해군을 그렇게 경멸하
지도 않는다. 육군에서는 기술이 감소했고, 113 해군에서는 기술이 증
가했다. 114 그런데 모든 일은 그 일을 잘하기 위해 요구되는 능력의
정도에 비례해서 평가되는 법이다.

---

111 플라톤이 지적했듯이. 《법률》, 제4편.
112 폴리비오스, 제5편.
113 《로마인의 위대함과 그 쇠락의 원인에 관한 고찰》 참조.
114 위의 책.

제14장 : 상업에 대한 로마인의 성향

로마인에게는 상업에 관한 질투심은 결코 찾아볼 수 없었다. 그들이 카르타고를 공격한 것은 상업국으로서가 아니라 경쟁국으로서였다. 그들은 상업하는 도시들을 도와주었다. 비록 그 도시들이 로마에 종속되지 않았더라도 말이다. 그리하여 그들은 여러 지방을 양도하여 마르세유의 세력을 증가시켰다. 그들은 야만족에 대해서는 모든 것을 두려워했으나 교역하는 민족에 대해서는 아무것도 두려워하지 않았다. 게다가 그들의 적성, 영광, 군사교육, 정부 형태가 그들을 상업에서 멀어지게 했다.

도시에서는 사람들이 전쟁, 선거, 당쟁, 소송에만 몰두했고, 시골에서는 농업에만 몰두했다. 그리고 속주(屬州)에서는 가혹하고 압제적인 통치와 상업이 양립할 수 없었다.

로마의 정치 구조가 상업에 반대된다면, 만민법은 더욱 그랬다. "우리와 우호 관계, 호혜 관계, 동맹 관계가 없는 민족이 우리의 적은 아니다. 하지만 우리에게 속한 것이 그들의 수중에 들어가면, 그들은 그것의 소유자가 되고 자유인은 그들의 노예가 된다. 그리고 그들은 우리와 똑같은 조건에 있게 된다"고 법학자 폼포니우스는 말했다.[115] 그들의 시민법도 마찬가지로 가혹했다. 콘스탄티누스 법은 상류층 사람과 혼인한 하층민의 자식을 사생아로 선언한 후, 상품을 파는 가게를 가지고 있는 여자를[116] 노예, 술집 여주인, 극장의 여배우, 유곽

---

[115] Leg. 5, ff. de captivis.

을 운영하는 남자 혹은 원형경기장에서 싸우는 형을 선고받은 남자의 딸과 동일시한다. 이것은 로마인의 옛 제도에서 전해 내려온 것이다.

상업은 국가를 위해 이 세상에서 가장 유익한 것이다, 로마인은 세계에서 가장 좋은 통치 조직을 가지고 있었다, 이 두 가지 생각으로 가득 차 있는 사람들은 로마인이 상업을 매우 권장하고 존중했다고 믿었다는 것을 나는 잘 알고 있다. 그러나 사실 로마인은 상업을 거의 생각하지 않았다.

제15장 : 로마인과 야만족의 상업

로마인은 유럽, 아시아, 아프리카에 걸쳐 방대한 제국을 건설했다. 여러 민족의 나약함과 지휘권의 절대적 권력은 거대한 집단의 모든 부분을 결합시켰다. 당시 로마의 정책은 종속되지 않은 모든 민족과 단절하는 것이었다. 그들에게 승리하는 기술을 전해주게 될까 봐 두려워서 부유해지는 기술을 등한히 한 것이다. 그들은 야만족과의 모든 상업을 저지하기 위한 법을 만들었다. 발렌스와 그라티아누스(50)는 "설사 맛을 보기 위한 것일지라도 누구든 술, 기름, 또는 그 밖의 다른 액체를 야만족에게 보내지 말라"고 명했다. 117 그라티아누스와 발렌티니아누스와 테오도시우스는 거기에 덧붙여 "그들에게 금을 가

---

116 Quæ mercimoniis publice præfuit(공개적으로 상품을 담당하는 여자들). Leg. 1, cod. de natural. liberis.

117 Leg. ad Barbaricum, cod. quæ res exportari non debeant.

져다주지 말라. 그들이 가지고 있는 금조차 술책을 써서 빼앗으라"118
고 말했다. 철을 보내는 것은 사형으로 금지되었다. 119

소심한 군주 도미티아누스는 갈리아에서 포도나무를 뽑게 했다.
포도주가 옛날 이탈리아에 야만족을 끌어들인 것처럼 그곳에 야만족
을 끌어들이게 될까 봐 두려워서였다. 프로부스(51)와 율리아누스(52)
는 야만족을 결코 두려워하지 않았으므로 포도 재배를 부활시켰다.

알다시피, 제국이 쇠퇴하자 야만족의 강요로 로마인은 교역지를
세우고120 그들과 거래했다. 그러나 바로 그것이 로마인의 정신은 상
업하지 않는 것이었음을 증명해 준다.

제 16장 : 로마인과 아라비아 및 인도 지역의 상업

아라비아펠릭스 교역과 인도 지역 교역이 외국 무역의 두 분야였고
거의 전부였다. 아라비아인은 상당한 재물을 가지고 있었다. 그들은
그것을 바다와 숲에서 끌어냈다. 그들은 사는 것은 거의 없고 많이 팔
았기 때문에 이웃에게서 금과 은을 끌어모았다. 121 아우구스투스는
그들의 부유함을 알고 그들을 친구로 삼든지 아니면 적으로 만들기로
결심했다. 122 그는 아일리우스 갈루스(53)를 이집트에서 아라비아로

---

118 Leg. 2. cod. de commerc. et mercator.
119 Leg. 2. quæ res exportari non debeant. 프로코피우스, 《페르시아 전쟁》, 제 1
편.
120 《로마인의 위대함과 그 쇠락의 원인에 관한 고찰》, 파리, 1755 참조.
121 플리니우스, 제 6편, 제 28장. 스트라본, 제 16편.

파견했다. 아일리우스 갈루스는 게으르고 평온하며 전쟁에 익숙하지 않은 민족을 발견했다. 그는 전투를 일으켜 포위 공격을 했는데, 고작 7명의 병사를 잃었을 뿐이었다. 그러나 안내인들의 배신, 행군, 풍토, 배고픔, 갈증, 질병, 잘못 취해진 조치로 인해 그는 군대를 잃고 말았다.

따라서 다른 민족이 했던 것처럼 아라비아인과 교역하는 것으로 만족해야 했다. 즉, 그들의 상품에 대해 금과 은을 그들에게 가져가야 했다. 그들과의 교역은 아직도 같은 방식으로 이루어진다. 그래서 알레포의 대상(隊商)과 수에즈(54)의 왕실 선박은 어마어마한 금액을 그곳에 가져간다. 123

자연은 아라비아인을 상인으로 만들었고, 전사로는 만들지 않았다. 그러나 이 평온한 민족이 파르티아인과 로마인의 접경지대에 있게 되자, 그들은 두 민족의 보조자가 되었다. 아일리우스 갈루스가 본 그들은 상인이었지만, 무함마드가 본 그들은 전사였다. 그는 그들에게 열광을 불어넣었고, 그렇게 그들은 정복자가 되었다.

인도 지역에서의 로마인의 상업은 막대했다. 스트라본이 이집트에서 알게 된 바에 의하면,124 로마인은 거기서 120척의 배를 사용했다. 이 상업도 그들의 은에 의해서만 유지되었다. 그들은 거기에 매

---

122 위의 책.

123 알레포와 수에즈의 대상은 우리 돈으로 200만 리브르를 그곳으로 가져간다. 그리고 밀수를 통해 그만큼의 돈이 들어가고, 수에즈의 왕실 선박도 200만 리브르를 가져간다.

124 제2편, 181쪽.

년 5천만 세르테르티우스 은화를 보냈다. 플리니우스는 인도 지역에서 가져온 상품이 로마에서 100배로 팔렸다고 말한다.[125] 나는 대체로 그의 말이 지나치다고 생각한다. 그런 이윤이 한 번 생기면 모든 사람이 그런 이윤을 얻기를 바랄 것이고, 그때부터는 아무도 그런 이윤을 얻지 못했을 것이다.

아라비아와 인도 지역과의 상업이 로마인에게 이익이 되는지 아닌지는 검토해 볼 수 있다. 그들은 그곳에 은을 보내야 했다. 그리고 그들에게는 우리처럼 보내는 것을 보충해 주는 아메리카의 자원이 있는 것은 아니었다. 로마에서 화폐의 법정 가치를 높인 원인, 즉 저품질의 보조화폐가 만들어진 원인 중의 하나는 인도 지역에 계속 은을 보낸 탓에 은이 부족했기 때문이라고 확신한다. 그 지역의 상품이 로마에서 100배로 팔렸더라도, 로마인의 그 이윤은 같은 로마인을 상대로 한 것이지 제국을 부유하게 한 것은 아니었다.

다른 한편으로는 다음과 같이 말할 수도 있을 것이다.

"그 상업이 로마인에게 대항해(大航海), 즉 커다란 세력을 마련해 주었다. 새로운 상품이 국내 상업을 진작시키고, 기술을 조장하고, 산업을 유지했다. 새로운 생활수단에 비례해 시민의 수가 증가했다. 이 새로운 상업은 사치를 낳았는데, 사치는 다수통치에는 치명적이지만 일인통치에는 이롭다는 것을 이미 증명한 바 있다. 사치의 확립은 로마 공화정의 몰락과 때를 같이했다. 로마에서의 사치는 필연적이었다. 세계의 모든 부를 자신에게 끌어모으는 도시는 사치를 통해

---

125 제6편, 제23장.

그 부를 되돌려 주게 마련이었다."

스트라본은 인도 지역에서 로마인의 상업이 이집트 왕들의 상업보다 훨씬 더 막대했다고 말한다.126 상업을 잘 모르는 로마인이 인도 지역의 상업에는 상업을 훤히 꿰뚫고 있던 이집트 왕들보다 더 많은 주의를 기울였다는 것은 기이한 일이다. 이제 그것을 설명해야겠다.

알렉산드로스 사후, 이집트의 왕들은 인도 지역에서 해상 상업을 확립했다. 제국의 가장 동쪽의 여러 주, 즉 인도 지역을 가졌던 시리아의 왕들은 우리가 제6장에서 말한 바와 같이 육로와 강을 통해 이루어지는 상업을 유지했다. 그리고 마케도니아 식민지 건설에 의해 그 상업은 새로운 편의를 얻었다. 따라서 유럽은 이집트를 통해서, 그리고 시리아 왕국을 통해서 인도 지역과 교류하고 있었다. 박트리아 왕국을 탄생시킨 시리아 왕국의 분열은 이 상업에 아무런 피해를 주지 않았다.

프톨레마이오스는 티레인 마리노스를 인용하여 몇몇 마케도니아 상인들이 인도 지역에서 한 발견을 이야기한다.127 여러 왕의 원정대가 하지 못한 발견을 상인들이 한 것이다. 프톨레마이오스의 저서를 보면,128 그들은 돌탑129 (55)에서 세라까지 갔다. 그토록 멀리 떨어진 중국 동북부에 위치한 교역지를 상인들이 발견한 것은 일종의 기

---

126 그는 제2편에서 로마인이 120척의 배를 사용했다고 말한다. 그리고 제17편에서는 그리스 왕들이 그곳에 겨우 20척의 배를 보냈다고 말한다.

127 제1편, 제2장.

128 제6편, 제13장.

129 우리의 가장 좋은 지도는 돌탑을 경도 100도, 위도 약 40도에 위치시키고 있다.

적이었다. 그리하여 시리아와 박트리아의 여러 왕의 치하에서 인도 남부의 상품은 인더스강, 옥수스강, 카스피해를 거쳐 서양으로 갔고, 그보다 더 동쪽과 더 북쪽 지역의 상품은 세라, 돌탑, 그 밖의 교역지에서 유프라테스강까지 운반되었다. 이 상인들은 거의 북위 40도를 유지하며 중국의 서쪽에 있는 여러 지역을 거쳐 갔던 것이다. 이 지역들은 타타르족이 아직 황폐하게 만들지 않았기 때문에 오늘날보다 더 개화되어 있었다.

그런데 시리아 제국이 육지 쪽에서 상업을 매우 확장하는 동안, 이집트는 해상 상업을 그다지 증대시키지 않았다.

파르티아인이 나타나서 제국을 건설했다. 그리고 이집트가 로마의 세력 아래 쇠퇴했을 때, 이 제국은 강대해져서 영토를 확장했다.

로마와 파르티아는 경쟁적인 두 강대국이었고, 누가 지배하느냐가 아니라 누가 살아남느냐를 알기 위해서 싸웠다. 두 제국 사이에는 불모지대가 만들어졌고, 언제나 전투 상태에 있었다. 두 제국 사이에는 상업은커녕 소통도 없었다. 야망, 질투, 종교, 증오, 풍속이 모든 것을 갈라놓았다. 그리하여 몇 가지 길을 가지고 있던 서양과 동양 사이의 상업은 이제 하나의 길밖에 없게 되었다. 그리고 알렉산드리아는 유일한 교역지가 되어 번창했다.

그들의 국내 상업에 대해서는 한마디만 하겠다. 국내 상업의 주요 분야는 로마인의 생존을 위해 들여오는 밀이었다. 그러나 이것은 상업의 대상이라기보다는 차라리 통치의 한 분야였다. 그런 경우, 선원들은 몇 가지 특혜를 받았다.130 제국의 안녕이 그들의 경계심에 달려 있었기 때문이다.

제17장 : 로마인의 멸망 이후 서양의 상업

로마 제국은 침략당했다. 그리고 일반적 재앙의 결과 중 하나는 상업의 파괴였다. 처음에 야만족은 상업을 약탈의 대상으로만 여겼다. 그리고 그들이 정착했을 때도 상업을 농업이나 피정복 민족의 다른 직업 이상으로 존중하지는 않았다.

곧 유럽에는 상업이 거의 없어지게 되었다. 온 사방에서 세력을 떨치던 귀족계급은 그런 것은 조금도 걱정하지 않았다.

서고트족의 법은 큰 강들의 강바닥 절반을 특별한 개인이 차지하는 것을 허락했다. 131 나머지 절반을 그물과 선박을 위해 자유롭게 사용할 수만 있다면 말이다. 그러니 그들이 정복한 나라에서는 상업이 거의 없을 수밖에 없었다.

그 시기에 외국인 소유재산 몰수권과 난파선(難破船) 약탈권이라는 몰상식한 권리가 성립되었다. 외국인은 시민법의 어떤 통로에 의해서도 자신들과 결합되지 않으므로 한편으로는 어떤 종류의 정의도, 다른 한편으로는 어떤 종류의 연민도 외국인에게 베풀 필요가 없다고 생각한 것이다.

북쪽의 여러 민족이 존재하던 좁은 경계 안에서는 모든 것이 그들에게 낯설었다. 빈곤한 그들에게는 모든 것이 축재(蓄財)의 대상이었다. 정복에 나서기 이전에 그들은 암초가 가득한 좁은 해안에 자리

---

130 수에토니우스, "클라우디우스". Leg. 7, Cod. Théodos. , De naviculariis.
131 제8편, 제4조, 제9항.

잡고 있었는데, 난파선 약탈권은 그 암초조차 이용한 것이다.

그러나 전 세계를 위한 법을 만든 로마인은 난파선에 대해 매우 인도적인 법을 제정했다. 132 그들은 그 점에 대해서 해안에 사는 사람들의 약탈, 그리고 더 나아가 국고의 탐욕스러움을 억압했다. 133

제18장 : 특별한 규정

하지만 서고트족의 법은 상업에 유리한 규정을 하나 만들었다. 134 그것은 바다 너머에서 온 상인들은 그들 사이의 분쟁에서 그들 나라의 법과 재판관에 의해 재판되어야 한다는 것이었다. 이것은 모든 복합민족에게 확립된 관행, 즉 각자 자신의 고유한 법아래서 살아야 한다는 관행에 근거한 것이었다. 이에 관해서는 다음에 많은 이야기를 할것이다.

제19장 : 로마인의 쇠락 이후 동방에서의 상업

이슬람교도들이 나타나 정복했고, 분열했다. 이집트는 특별한 지배자를 갖게 되었고, 인도 지역의 상업을 계속했다. 그 지역 상품의 주인으로서 이집트는 다른 모든 지역의 부를 끌어모았다. 이집트의 술

---

132 Toto titulo (전체 제목), ff. de incend. ruin. naufrag. Cod. de naufragiis. Leg. 3, ff. ad leg. Cornel., de sicariis.
133 Leg. 1, Cod. de naufragiis.
134 제11편, 제3조, 제2항.

탄들은 그 시기 가장 강력한 군주였다. 그들이 잘 준비된 확고부동한 병력으로 십자군(十字軍)의 열기와 격분과 맹렬함을 어떻게 막아 냈는지 역사는 우리에게 보여준다.

제 20장 : 상업은 유럽에서 어떻게 야만 상태를 극복했나

아리스토텔레스의 철학이 서양에 전해지면서 명민한 정신의 소유자, 즉 무지의 시대에 재사(才士)라는 사람들에게 인기가 있었다. 스콜라 철학자들은 그것에 심취하여 그 철학에서 이자가 붙는 대출(貸出)에 대한 많은 설명을 끌어냈다.[135] 그 기원을 복음서에서 찾는 것이 너무 당연했는데도 말이다. 그들은 이자가 붙는 대출을 모든 경우에 무차별적으로 비난했다. 그로 인해 천한 사람들의 직업에 불과했던 상업은 또한 불성실한 사람들의 직업이 되었다. 당연히 허용되어야 하는 것이나 필요한 것을 금지할 때마다 그 일을 하는 사람을 불성실한 사람으로 만들 뿐이기 때문이다.

상업은 당시 치욕에 휩싸인 한 민족에게로 옮겨졌다. 그러자 곧 그것은 가장 추한 폭리, 독점, 국가의 필요에 의한 특별세 징수, 돈을 얻기 위한 온갖 부정한 수단과 구별되지 않게 되었다.

강탈을 통해 부자가 된 유대인은 똑같은 횡포로 군주들에게 약탈당했다.[136] 이것은 사람들에게 위안이 되기는 했지만, 그들의 짐을 덜

---

135 아리스토텔레스, 《정치학》, 제 1편, 제 9장과 제 10장 참조.
136 《스페인 변방》에서 1228년과 1231년의 아라곤 헌법, 브뤼셀(Nicolas Brussel,

어 주지는 못했다.

영국에서 행해진 일을 보면 다른 나라에서 어떤 일이 일어났을지 생각할 수 있을 것이다. 존 왕(56)이 유대인의 재산을 손에 넣기 위해 그들을 투옥했을 때, 적어도 눈알 하나라도 터지지 않은 사람은 거의 없었다.137 왕의 재판은 그런 식으로 이루어졌다. 그들 중 어떤 사람은 날마다 한 개씩 일곱 개의 치아를 뽑혔는데 여덟 개째에 은 1만 마르크를 헌납했다. 헨리 3세는 요크의 유대인 아론에게서 은 1만 4천 마르크와 왕비를 위한 1만 마르크를 빼앗았다. 그 시대에는 오늘날 폴란드에서 어느 정도 절제하며 행해지는 일이 난폭하게 행해졌다. 왕들은 자기 나라 신민에게는 특권이 있어서 그들의 주머니를 뒤질 수 없었으므로 시민으로 여겨지지 않던 유대인에게 고문을 가했다.

마침내 기독교를 신봉하는 유대인의 모든 재산을 몰수하는 관습이 도입되었다. 너무도 이상한 이 관습은 그것을 폐지하는 법령138을 통해 우리에게 알려졌다. 그 이유는 참으로 어이없는 것이었다. 그들을 시험하고, 악마의 노예였던 흔적을 아무것도 남기지 않도록 하려는 것이라고 했다. 그러나 이 몰수는 군주나 영주에게 있어 유대인에게

18세기 프랑스 법학자로 여기서 말하는 저서는 《11세기, 12세기, 13세기, 14세기 동안 프랑스에서 봉토의 일반적 사용에 대한 새로운 검토(*Nouvel examen de l'usage général des fiefs en France pendant les XIe, XIIe, XIIIe et XIVe siècles*)》이다__ 옮긴이 주) 의 저서에서 왕과 샹파뉴 백작 부인과 기 드 당피에르 사이에 체결된 1206년의 협정을 참조할 것.

137 스토(원문에는 Slowe로 되어있으나, 16세기 영국의 고고학자 John Stow를 잘못 표기한 것으로 보인다__옮긴이 주), 《런던 답사》, 제3편, 54쪽.
138 1392년 4월 4일 바빌에서 주어진 칙령.

징수하던 세금을 그들이 기독교를 신봉하면 거둬들일 수 없게 되는 것에 대한 일종의 보상권이었다는 것은 분명하다. 139 그 시대에는 사람이 토지처럼 여겨지고 있었다. 유대 민족이 시대의 변천에 따라 얼마나 농락을 당했는지 덧붙여 지적하고자 한다. 유대인은 기독교인이 되고자 하면 재산을 몰수당했고, 얼마 뒤에는 기독교인이 되는 것을 원하지 않으면 화형당했다.

그러나 학대와 절망 한가운데에서 상업이 솟아나왔다. 각국에서 차례로 추방된 유대인은 자신의 동산을 지키는 방법을 찾아냈다. 그 방법으로 그들은 자신의 모습을 영원히 숨길 수 있었다. 그들을 쫓아내고자 하는 군주도 그들의 돈을 쫓아 낼 생각은 없을 것이기 때문이다. 그들은 환(換)어음을 발명했다. 140 그리고 이 방법에 의해 상업

---

139 프랑스에서 유대인은 농노(農奴)였고 직계가 아니면 재산을 상속시킬 수 없었다. 그들의 재산은 영주들이 상속했다. 브뤼셀은 왕과 샹파뉴 백작 티보(Thibaut, 1201~1253. 티보 3세의 유복자로서 태어나자마자 샹파뉴 백작이 된 티보 4세를 말한다. 1234년부터는 나바라 왕국의 왕위에도 올랐는데 나바라 왕으로는 바스크어로 티발트 1세, 스페인어로 테오발도 1세로 불린다_옮긴이 주) 사이의 1206년의 협정을 이야기한다. 그 협정에 의해 왕과 백작 중 한쪽에 속한 유대인은 다른 한쪽의 땅에서 대출업을 하지 못하도록 결정되었다.

140 알다시피 필리프 오귀스트(Philippe-Auguste, 1165~1223, 프랑스 왕 필리프 2세를 말한다. 교묘하고도 정략적인 술수로 강력한 왕권을 확립하고 대대적으로 국가체제를 정비하여 오랫동안 약화되었던 프랑스의 국력을 단번에 신장시켰다. 프랑스 국왕으로서는 최초로 위대한 왕이라고 평가되어 '존엄왕'(Auguste)이라는 별명이 붙었다_옮긴이 주)와 장신왕 필리프의 치하에서 프랑스에서 추방된 유대인은 롬바르디아로 도망쳤다. 그리고 거기서 그들은 외국 상인과 여행자에게 프랑스에서 그들의 재산을 맡겨둔 사람들 앞으로 보내는 비밀 편지(이것이 곧 어음이다_옮긴이 주)를 주었고, 이 비밀 편지는 지불되었다.

은 폭력을 모면하고 어디서나 유지될 수 있었다. 가장 부유한 상인이 가지고 있는 것은 눈에 보이지 않는 재산뿐이었는데, 그 재산은 어디든 보낼 수 있고 아무런 흔적을 남기지 않았기 때문이다.

신학자들은 그들의 원리를 제한하지 않을 수 없었다. 그리하여 불성실에 강하게 묶여 있던 상업은, 말하자면 성실의 품 안으로 들어오게 되었다.

이와 같이 상업의 파괴를 동반한 모든 불행은 스콜라 철학자들의 사변(思辨) 때문이었고,[141] 군주들의 탐욕으로 인해 상업을 그들의 권력이 닿지 않는 곳에 두는 방법이 확립되었다.

그때부터 군주들은 그들 자신이 생각하는 것 이상으로 현명하게 통치해야 했다. 권위를 휘두르는 것이 몹시 분별없는 짓이라는 것이 사건을 통해 드러났고, 번영을 가져다주는 것은 올바른 통치밖에 없다는 것을 경험으로 알게 되었기 때문이다.

사람들은 마키아벨리즘에서 벗어나기 시작했고, 날마다 계속 벗어날 것이다. 평의회에는 더 많은 절제가 필요하다. 옛날에는 '쿠데타'라고 불리던 것이 오늘날에는 무분별한 짓에 불과하다. 그에 대한 공포와는 별개로 말이다.

정념(情念)은 악인이 되라고 부추기지만, 악인이 되지 않아야 이

---

141 법전에서 레온(Leon, 866~912, 현명한 황제라는 별명이 붙은 비잔티움의 황제 레온 6세를 말한다__옮긴이 주)의 신칙령 83을 참조할 것. 이것은 그의 부친 바실레이오스의 법을 폐지하는 것이다. 이 바실레이오스의 법은 하르메노풀로스 (Harmenopoulos, 14세기 비잔티움 법학자__옮긴이 주), 제3편, 제7조, 제27항에 레온 이름 밑에 수록되어 있다.

익이 되는 상황에 있다는 것은 인간에게는 다행한 일이다.

제 21장 : 두 신세계의 발견, 그에 대한 유럽의 상황

나침반은, 말하자면 세계를 열었다. 몇몇 해안밖에 알려지지 않았던 아시아와 아프리카가 발견되었고, 아무것도 몰랐던 아메리카가 발견되었다.

포르투갈인은 대서양을 항해하여 아프리카 최남단을 발견했다. 그들은 드넓은 바다를 보았고, 바다는 그들을 동인도제도로 데려갔다. 카몽이스(57)는 이 바다 위에서의 위기, 모잠비크와 말린디와 캘리컷의 발견을 노래했다. (58) 그의 시는 〈오디세이아〉의 매력과 〈아이네이스〉의 웅장함을 느끼게 한다.

베네치아인은 그때까지 터키 지방을 통해 인도 무역을 했고, 학대와 모욕 속에서 그것을 계속했다. 희망봉의 발견과 그 뒤에 이루어진 발견들로 인해, 이탈리아는 더 이상 상업 세계의 중심이 아니었다. 말하자면 이탈리아는 세계의 한 구석에 있었고, 지금도 그러하다. 오늘날에는 근동 지방의 무역조차 대국들이 두 인도 지역에서 행하는 무역에 의존하므로, 이탈리아는 보조적인 역할밖에 하지 못한다.

포르투갈인은 정복자로서 인도 지역에서 거래했다. 오늘날 네덜란드인이 상업에 관해 인도 지역의 소 군주들에게 부과하고 있는 불편한 법142은 그들보다 앞서 포르투갈인이 제정한 것이다.

---

142 프랑수아 피라르의 여행기, 제 2부, 제 15장 참조.

오스트리아 왕가의 행운은 기적적이었다. 카를 5세(59)는 부르고뉴, 아라곤, 카스티야를 상속했다. 그는 제위에 올랐고, 세계는 확장되어 그에게 새로운 종류의 위대함을 마련해 주었다. 그의 통치하에 새로운 세상이 나타난 것이다.

크리스토퍼 콜럼버스는 아메리카를 발견했다. 스페인은 그곳에 유럽의 소 군주가 보낼 수 있는 만큼의 병력도 보내지 않았는데도, 두 대제국과 그 밖의 다른 큰 나라들을 복종시켰다.

스페인 사람들이 서쪽에서 발견과 정복을 하는 동안, 포르투갈인은 동쪽에서 정복과 발견을 계속했다. 이 두 나라는 서로 충돌하게 되자, 교황 알렉산데르 6세(60)에게 도움을 청했다. 그는 유명한 경계선을 긋고 대 소송에 대한 판결을 내렸다.

그러나 유럽의 다른 나라들은 두 나라가 평온하게 자기 몫을 즐기도록 내버려 두지 않았다. 네덜란드인은 포르투갈인을 동인도제도 대부분에서 내쫓았고, 많은 나라가 아메리카에 식민지를 만들었다.

처음에 스페인 사람들은 발견된 땅을 정복의 대상으로 여겼다. 그런데 그들보다 더 세련된 민족은 그것을 상업의 대상으로 보고 그런 쪽에 목적을 두었다. 몇몇 민족은 아주 지혜롭게 처신하여 상인들의 회사에 지배권을 주었다. 이들 회사는 멀리 떨어진 그 나라들을 오직 거래를 위해서만 통치하면서 본국을 난처하게 하는 일 없이 부수적인 큰 권력을 이루었다.

거기에 만들어진 식민지들은 오늘날 나라 자체에 속해 있든 혹은 그 나라에 설립된 어떤 상업회사에 속해 있든 고대의 식민지에서는 그 유례를 찾아볼 수 없는 종속 상태에 놓여 있다.

이 식민지들은 모든 이익을 서로 나누어야 하는 이웃 민족과의 무역보다 더 좋은 조건에서 무역하는 것을 목적으로 한다.

식민지에서는 오직 본국만 교역할 수 있다고 정해졌다. 그것은 매우 합당한 일이었다. 식민지 설립의 목적이 도시나 새로운 제국을 건설하는 것이 아니라 상업을 확장하는 것이었기 때문이다.

그리하여 국외 식민지와의 모든 교역은 단순한 독점으로 간주되어 그 나라의 법으로 처벌할 수 있다는 것이 유럽의 기본법이 된다. 거기에 적용할 수 없는 고대 민족의 법과 예에 의해 그것을 판단해서는 안 된다. 143

본국들 사이에 무역이 확립되었다고 해서 식민지에서의 거래를 허가하는 것은 아니라는 것도 공인된 사실이다. 식민지는 언제나 수입 금지 상태에 있기 때문이다. 통상의 자유를 잃어버린 식민지의 불리함은 본국의 보호를 통해 분명히 보상된다. 144 본국은 식민지를 무력에 의해 방어하거나 법에 의해 유지한다. 여기에서 유럽의 제3법이 유래한다. 즉, 식민지와의 외국 무역이 금지되어 있을 때는 조약을 통해 규정된 경우가 아니면 그 바다를 항해할 수 없다는 것이다.

각 나라와 전 세계의 관계는 개인과 국가의 관계와 같아서, 나라들은 개인처럼 자연법과 스스로 제정한 법에 의해 지배를 받는다. 한 민족은 다른 민족에게 토지를 양도할 수 있는 것처럼 바다를 양도할 수

---

143 제1차 포에니 전쟁을 종결시킨 조약을 통해 아는 바와 같이 카르타고인은 예외이다.

144 본국(Métropole)은 고대인의 언어로 식민지를 건설한 나라를 말한다.

있다.145 카르타고인은 로마인에게 일정한 한계 너머로 항해하지 말 것을 요구했다. 그것은 그리스인이 페르시아 왕에게 말이 한달음에 뛸 수 있는 거리만큼 언제나 해안에서 떨어져 있을 것을 요구한 것과 마찬가지이다.146

식민지가 매우 멀리 떨어져 있는 것은 안전의 측면에서는 전혀 불편하지 않다. 본국이 식민지를 방어하기에 너무 멀리 떨어져 있다면, 본국의 경쟁국 역시 그것을 정복하기에 너무 멀리 떨어져 있기 때문이다.

게다가 멀리 떨어져 있는 탓에, 거기에 정착하러 가는 사람들은 너무도 다른 풍토의 생활양식을 취할 수가 없다. 그래서 그들은 본국에서 모든 생필품을 가져갈 수밖에 없다. 카르타고인은 사르데냐인과 코르시카인을 더욱 종속시키기 위해 식물을 심고 씨를 뿌리거나 그와 비슷한 일을 하는 것을 사형으로 금지했다.147 그들은 아프리카에서 식량을 보냈다. 우리는 그토록 가혹한 법을 만들지 않고도 같은 목적을 이루었다. 앤틸리스 제도의 우리 식민지들은 감탄할 만하다. 그 식민지들은 우리가 가지고 있지 않고 가질 수도 없는 상업적 물품을 가지고 있고, 우리의 상업적 물품은 가지고 있지 않다.

아메리카의 발견은 결과적으로 아시아와 아프리카를 유럽에 연결

---

145 폴리비오스, 제3편.
146 조약에 의해, 페르시아 왕은 어떤 전함으로도 시아네 암초와 켈리도니아섬들 너머로 항해해서는 안 되었다. 플루타르코스, "키몬의 생애".
147 아리스토텔레스, 《경이로운 것들》. 티투스 리비우스, 10편 묶음집 제2권, 제7편 참고.

시켰다. 아메리카는 '동인도제도'라 불린 아시아의 방대한 지역과의 통상을 위한 재료를 유럽에 제공했다. 가치 기호로서 상업에 매우 유익한 금속인 은(銀)은 상품으로서도 세계의 가장 커다란 상업의 기초가 되었다. 마침내 아프리카 항해가 필요하게 되었다. 그것은 아메리카의 광산과 토지 노동을 위해 사람을 제공했다.

유럽은 역사상 그 유례를 찾아볼 수 없는 정도로 대단히 강대해졌다. 군대가 완전히 무익하고 단지 과시를 위해 가지고 있을 뿐인데도, 막대한 비용을 쓰고 대규모로 군사를 모집하고 많은 수의 군대를 두고 계속해서 군대를 유지하는 것을 생각해보면 말이다.

뒤 알드 신부는 중국의 국내 상업이 유럽 전체의 상업보다 더 크다고 말한다.[148] 만약 우리의 국외 상업이 국내 상업을 증가시키지 않는다면 그럴 수 있을지도 모른다. 프랑스, 영국, 네덜란드가 유럽의 항해와 상업을 거의 다 하는 것처럼, 유럽은 전 세계 다른 지역의 상업을 하고 항해를 한다.

---

148 제2권, 170쪽.

제 22장 : 스페인이 아메리카에서 얻은 부

유럽이 아메리카의 상업에서 많은 이익을 보았다면, 스페인은 더 많은 이익을 얻었으리라고 생각하는 것은 당연하다. 149 스페인은 새로 발견된 세계로부터 그때까지 가지고 있던 것과는 비교가 될 수 없을 만큼 어마어마한 양의 금과 은을 끌어냈다.

그러나 (결코 추측하지 못했겠지만) 가난이 거의 온 사방에서 스페인을 파탄시켰다. 카를 5세의 뒤를 이은 펠리페 2세(61)는 모두가 아는 그 유명한 파산을 하지 않을 수 없었다. 언제나 급료를 제대로 받지 못하는 군대의 불평과 무례함과 반항으로 그보다 더 괴롭힘을 당한 군주는 결코 없었다.

이때부터 스페인 왕국은 끊임없이 쇠퇴했다. 부(富)의 속성에는 내면적인 물질적 결함이 있는데, 이것이 부를 무익한 것으로 만들었기 때문이다. 그리고 이 결함은 날마다 커졌다.

금과 은은 가상의 또는 기호의 부(富)이다. 이 기호는 그 속성에 알맞게 매우 지속적이고 거의 파괴되지 않는다. 그것은 많아지면 많아질수록, 더 적은 것을 나타내기 때문에 그 가치를 잃어버린다.

멕시코와 페루를 정복했을 때, 스페인 사람들은 자연적 부를 버리고 스스로 가치가 떨어지는 기호의 부를 선택했다. 금과 은은 유럽에

---

149 이것은 필자가 20여 년 전에 쓴 작은 저서의 원고에 들어 있는 내용인데, 여기에 거의 모두 흡수되어 있다(《스페인의 부에 관한 고찰(Considérations sur les Richesses de l'Espagne)》을 말하는 것으로, 이 장은 거의 이 저서에서 끌어온 것이다_옮긴이 주).

서는 매우 희귀했다. 갑자기 이 금속을 대량으로 갖게 된 스페인은 그때까지 결코 가져보지 못한 희망을 품었다. 그러나 피정복국에서 발견된 부는 그 광산의 부에 비례하지 않았다. 인디언은 부의 일부를 감추었다. 게다가 신들의 사원과 국왕의 궁전을 화려하게 장식하는 데만 금과 은을 사용했던 그 민족은 우리와 똑같은 탐욕으로 그것을 찾지 않았다. 그리고 그들은 모든 광물에서 금속을 추출하는 비결을 알지 못했다. 단지 불로 분리되는 광물에서만 추출할 뿐이었고, 수은(水銀)을 사용하는 방법을 몰랐다. 아니, 어쩌면 수은 자체도 몰랐을 것이다.

하지만 곧 유럽에서는 화폐량이 두 배로 늘어나게 되었다. 모든 물가가 약 두 배로 오른 것을 보면 그렇게 보였다.

스페인 사람들은 광산을 뒤지고, 산에 구멍을 뚫었다. 그리고 물을 빼 내고 광석을 부수고 분리하는 기계를 발명했다. 그들은 인디언의 생명을 무시했으므로 인디언에게 가차 없이 일을 시켰다. 곧 유럽에서 화폐량이 두 배가 되자, 스페인의 이윤도 똑같이 반감했다. 스페인은 해마다 금속을 같은 양밖에 얻지 못했는데 그 금속의 가치가 절반으로 떨어진 것이다.

두 배의 시간이 흐르자, 화폐는 또 두 배가 되었고 이윤도 또 절반으로 줄었다. 이윤은 심지어 절반 이상으로 줄었다. 그 이유는 다음과 같다.

광산에서 금을 캐내어 필요한 가공을 하고 그것을 유럽으로 수송하려면 다소의 비용이 필요했다. 그 비용이 64에 대해 1이라고 가정해 보자. 그러면 화폐가 일단 두 배가 됨에 따라 가치가 반감했을 때 비용은 64에 대해 2가 되었다. 그리하여 스페인으로 같은 양의 금을 운송한 함대는 실질적으로는 가치가 반감했으나 비용은 갑절이 들어간 물건을 운반한 셈이다. 갑절에서 갑절로 추이를 따라가 보면, 스페인의 부가 무력해진 원인의 수열(數列)을 알게 될 것이다.

서인도제도의 광산을 채굴하기 시작한 것은 약 200년 전부터이다. 교역하는 세계의 현재 화폐량과 아메리카 발견 이전의 화폐량을 32 대 1, 즉 두 배씩 다섯 번 증가했다고 가정해 보자. 다시 200년이 지나면, 이 수량은 발견 이전의 수량에 대해 64 대 1이 될 것이다. 즉, 또 두 배가 될 것이다. 그런데 현재 50퀸탈(62)의 금광석에서 4온스, 5온스 또는 6온스의 금이 생산된다.150 2온스의 금밖에 얻지 못할 때 광산업자는 겨우 비용을 회수할 뿐이다. 200년 후에는 4온스의 금을 얻게 되어도 광산업자는 역시 비용만 회수하게 된다. 따라서 금에서 얻을 수 있는 이윤은 거의 없을 것이다. 은광의 작업이 금광의 작업보다 조금 더 유리하다는 점을 제외하면, 은에 대해서도 똑같이 추론할 수 있다.

만약 더 많은 이윤을 주는 풍부한 광산이 발견된다 해도, 풍부하면 풍부할수록 이윤은 더 빨리 끝날 것이다.

포르투갈인이 브라질에서 많은 금을 발견했으므로151 필연적으로

---

150 프레지에(Frézier, 18세기 프랑스의 기술자이자 탐험가이며 항해자이다_옮긴이 주)의 여행기 참조.

151 앤슨 경에 의하면, 유럽은 브라질로부터 매년 200만 스털링의 금을 받고 있다. 이 금은 산기슭의 모래 속이나 강바닥에서 발견되는 것이다. 내가 이 장의 첫 번째 각주에서 말한 작은 저서를 집필했을 때는 브라질에서 얻는 수익이 오늘날처럼 대단

곧 스페인 사람들의 이윤은 상당히 줄어들 것이고, 포르투갈인의 이윤도 마찬가지일 것이다.

서인도제도에 대한 크리스토퍼 콜럼버스의 제안을 거절한 프랑수아 1세 자문회의의 몰지각을 한탄하는 소리를 나는 여러 번 들었다.(63) 그러나 사실은 어쩌면 무분별한 덕분에 아주 현명한 일을 한 것인지도 모른다. 스페인은 손에 닿는 것마다 황금으로 변하기를 요구했다가 결국 신에게 돌아가 자신의 불행을 끝내 달라고 기도하지 않을 수 없었던 그 어리석은 왕과 같은 일을 한 것이다.

여러 나라가 설립한 회사와 은행은 금과 은의 기호로서의 가치를 떨어뜨리고 말았다. 회사와 은행은 새로운 협정에 의해 기호로서의 물품을 증가시켰으므로, 금과 은은 부분적으로만 그 역할을 하게 되어 가치가 줄어들었기 때문이다.

그리하여 공적 금융 기관이 광산을 대신했고, 그로 인해 스페인 사람들이 그들의 광산에서 얻는 이윤은 더욱 감소했다.

네덜란드인이 동인도제도에서 행한 교역을 통해 스페인 사람들의 상품에 어느 정도 더 높은 가치를 부여한 것은 사실이다. 그들은 동양의 상품과 교환하기 위해 은을 가지고 갔으므로 유럽에서 과잉 상태이던 스페인 사람들의 물품 일부분을 덜어주었기 때문이다. 따라서 간접적으로만 스페인과 관련 있는 듯이 보이는 이 교역은 직접 교역하는 나라와 마찬가지로 스페인에도 이익이 된다.

앞에서 말한 모든 것에 의해서, 금과 은을 도금이나 그 밖의 다른

한 것은 아니었다.

사치품에 사용하는 것을 금지한 스페인 평의회의 명령이 과연 합당했는지 판단할 수 있다. 그것은 가령 네덜란드의 여러 주가 계피(桂皮) 소비를 금지한다는 칙령과 다를 바가 없다.

나의 고찰이 모든 광산을 대상으로 하는 것은 아니다. 비용 이상의 것을 조금이라도 얻고 있는 독일과 헝가리의 광산은 매우 유익하다. 그 광산들은 본국 안에 있고, 본국에서 수천 명의 사람에게 일자리를 주며, 또 그 사람들은 본국에서 엄청난 물품을 소비한다. 그것은 그 야말로 그 나라의 대규모 공장이다.

독일과 헝가리의 광산은 토지 경작의 가치를 높여주는데, 멕시코와 페루의 광산 작업은 그것을 파괴한다.

서인도제도와 스페인은 같은 주인 밑에 있는 두 강국이다. 그러나 서인도제도가 중심이고, 스페인은 부속물에 불과하다. 정책에 의해 중심을 부속물로 가져오려고 해도 소용없다. 서인도제도가 언제나 스페인을 자기 쪽으로 끌어당긴다.

매년 서인도제도로 가는 약 5천만의 상품 중에 스페인은 겨우 250만을 공급한다. 따라서 서인도제도는 5천만의 무역을 하고 스페인은 250만의 무역을 하는 것이다.

국민의 생업과 주민의 수 또는 토지 경작에 의존하지 않고 우연히 얻은 공물은 나쁜 종류의 부(富)이다. 카디스의 세관에서 막대한 금액을 받는 스페인 왕은 그런 관점에서 매우 가난한 나라의 매우 부유한 한 개인에 불과하다. 모든 것은 외국인에게서 왕에게 옮겨지고, 그의 국민은 거기에 거의 관여하지 않는다. 이 상업은 왕국의 행운이나 불운과 무관하다.

만약 카스티야의 몇몇 주(州)가 카디스 세관과 같은 금액을 왕에게 준다면, 그의 권력은 훨씬 더 커질 것이다. 그의 부는 오직 나라의 부의 결과이기 때문이다. 그리고 이들 주가 다른 모든 주를 활기 있게 만들고, 모든 주가 다 같이 각자의 세금을 더 잘 부담할 수 있게 될 것이다. 그러면 큰 보물 대신 위대한 민족을 갖게 될 것이다.

제 23장 : 문제점

스페인이 서인도제도와 스스로 무역할 수 없으므로 그 무역을 외국인이 자유롭게 하도록 하는 것이 낫지 않을까 하는 문제에 대해 왈가왈부하는 것은 내가 할 일이 아니다. 다만 이 무역에 대해 스페인이 정책적으로 가능한 한 장애를 최소화하는 것이 적절하다는 말만 하겠다. 여러 나라가 서인도제도로 가져가는 상품이 그곳에서 비싸다면, 서인도제도는 적은 외국 상품에 대해 그들의 상품, 즉 금과 은을 많이 주어야 한다. 외국 상품의 가격이 싸다면 정반대의 일이 일어난다. 서인도제도에 가져가는 상품이 언제나 거기서 싼 가격이 될 수 있도록 그 나라들이 서로 손해를 입히는 것이 어쩌면 유익할지도 모른다. 이상이 검토해야 할 원리이다.

그러나 이 원리들과 함께 다른 문제들, 즉 서인도제도의 안전, 단일 관세의 효용성, 커다란 변화에 따르는 위험, 예측할 수 있어서 예측할 수 없는 경우보다 종종 덜 위험한 어려움 등을 고찰해야 한다.

제 22 편

화폐 사용에 관련된 법

제 1장 : 화폐 사용의 이유

미개인처럼 교역을 위한 상품이 별로 없는 민족이나 문명화된 민족이더라도 두세 종류의 상품밖에 없는 경우에는 물물교환으로 교역을 한다. 그리하여 아프리카 내륙 통북투(1)에 소금과 황금을 교환하러 가는 무어인의 대상(隊商)은 화폐를 필요로 하지 않는다. 무어인은 소금을 한 무더기 쌓고, 흑인은 사금(砂金)을 한 무더기 쌓는다. 만약 황금이 충분하지 않으면, 쌍방이 합의할 때까지 무어인이 소금을 덜어 내거나 흑인이 황금을 보탠다.

그러나 매우 많은 양의 상품을 거래할 때는 필연적으로 화폐가 필요하다. 운반하기 쉬운 금속은 언제나 물물교환으로 진행하는 경우 소요되는 많은 비용을 절약해 주기 때문이다.

모든 국민이 서로 상반된 욕구를 가지고 있으므로, 한쪽은 상대방의 상품을 매우 많이 구하려고 하는데 상대방은 그쪽의 상품을 매우 적게 원하는 경우가 종종 생긴다. 반면 또 다른 국민에 대해서는 그와 정반대의 경우에 처하기도 한다. 그러나 모든 국민이 화폐를 가지고 매매를 진행할 때는 더 많은 상품을 가져가는 쪽이 돈으로 계산하거나 초과액을 지불한다. 그리고 구매의 경우에는 가장 많이 요구하는 국민의 필요에 비례해서 교역이 이루어지지만, 물물교환의 경우에는 가장 적게 요구하는 국민이 필요로 하는 범위 안에서만 교역이 이루어진다는 차이가 있다. 그렇지 않으면 가장 적게 요구하는 국민은 대차 차액을 청산하는 것이 불가능할 것이다.

제 2장 : 화폐의 성질

화폐는 모든 상품의 가치를 나타내는 기호이다. 기호가 지속성을 갖도록,[1] 사용해도 소모되지 않도록, 부서짐 없이 많이 분할될 수 있도록 사람들은 금속을 기호로 선택한다. 그리고 기호가 쉽게 운반될 수 있도록 귀금속이 선택된다. 금속은 똑같은 함유량으로 만들기 쉽기 때문에 공동의 척도가 되기에 매우 적절하다. 나라마다 거기에 각자의 특징을 새겨 넣었다. 형태가 함유량과 무게를 보증하고, 검사만 해보아도 서로 알아볼 수 있도록 하기 위해서였다.

아테네인은 금속을 사용하지 않고 소를 사용했었다.[2] 그리고 로마

---

1   에티오피아에서는 소금을 사용하는데, 소금은 계속 소모되는 단점이 있다.
2   헤로도토스는 "클리오"(각 여신의 이름을 제목으로 하는 아홉 편으로 구성된 《역

인은 암양을 사용했다. 그러나 금속 동전 하나는 다른 동전과 똑같을 수 있지만, 한 마리의 소는 다른 소와 똑같지 않다.

화폐가 상품의 가치에 대한 기호인 것처럼, 지폐는 화폐의 가치에 대한 기호이다. 지폐가 유효한 것일 때, 그것은 화폐 가치를 잘 나타내므로 그 효과에 차이가 없다.

화폐가 어떤 물건의 기호이고 그것을 나타내는 것과 마찬가지로, 각각의 물건도 화폐의 기호이고 그것을 나타낸다. 한편으로는 화폐가 모든 물건을 잘 나타내고 다른 한편으로는 모든 물건이 화폐를 잘 나타내어 서로가 서로의 기호가 된다면, 즉 상대적 가치에 있어서 물건이든 화폐든 어느 한쪽을 갖게 될 경우 곧 다른 것을 가질 수 있다면 국가는 번영한다.

그런 일은 제한된 정체에서만 일어나는데, 제한된 정체에서도 항상 일어나는 것은 아니다. 예를 들어 만일 법이 부당한 채무자에게 유리하게 작용한다면, 그에게 속하는 물건은 화폐를 나타내지 않고 화폐의 기호도 아니게 된다. 전제정체에서 만일 물건이 그 기호를 나타낸다면 그것은 기적일 것이다. 전제정체에서는 폭정과 불신 때문에 모든 사람이 자신의 화폐를 땅에 묻어 둔다.[3] 따라서 물건이 화폐를

사》 제 1편의 제목이다. 클리오는 그리스 신화에 나오는 뮤즈의 하나로 역사를 맡고 있는 여신이다__옮긴이 주) 에서 리디아인이 화폐를 주조하는 기술을 발견했다고 말한다. 그리스인은 그들에게서 그 기술을 배웠고, 그리스의 화폐에는 옛날의 소가 새겨졌다. 나는 펨브로크 백작의 서재에서 그 화폐 중 하나를 보았다.

3 가장이 저마다 매장된 보물을 가지고 있는 것이 알제의 옛 관습이다. 로지에 드 타시, 《알제 왕국의 역사》.

나타내지 않는다.

때때로 입법자는 물건이 그 성질상 화폐를 나타낼 뿐만 아니라 화폐와 마찬가지로 통화(通貨)가 되는 방법을 사용하기도 했다. 카이사르는 독재관이던 시절에 채무자가 내전 이전의 가격으로 토지를 채권자에게 주어 채무를 상환하는 것을 허용했다. 4 티베리우스는 화폐를 원하는 자는 그 두 배 가치에 해당하는 토지를 담보로 국고에서 화폐를 가질 수 있도록 정했다. 5 카이사르 치하에서 토지는 모든 채무를 지불하는 통화였고, 티베리우스 치하에서는 토지로 1만 세스테르티우스가 은(銀) 5천 세스테르티우스에 해당하는 공공 통화가 되었다.

영국의 대헌장은 채무자의 동산이나 인적 재산이 채무 변제에 충분하고 그가 그것을 주겠다고 제안하는 경우에는 그의 토지나 수입을 차압하는 것을 금지한다. 따라서 영국인의 모든 재산은 화폐를 나타냈다.

게르만족의 법은 저지른 잘못이나 범죄의 형벌에 대한 보상을 화폐로 평가했다. 그러나 나라에 화폐가 매우 적었으므로, 화폐를 물품이나 가축으로 재평가했다. 이것은 작센족의 법에 정해져 있는데, 여러 민족의 안락함과 편의에 따라 어느 정도 차이가 있었다. 우선 법은 금화의 가치를 가축으로 공표한다. 6 2트레미스(2)의 금화는 12개월 된 소 한 마리 또는 새끼양을 포함한 암양 한 마리에 해당했고, 3트레미

---

4 카이사르, 《내전기》, 제3편 참조.
5 타키투스, 《연대기》, 제6편.
6 작센족의 법, 제18장.

스의 금화는 16개월 된 소 한 마리의 가치가 있었다. 이들 민족에게는 통화가 가축이나 상품 또는 물품이 되고, 그런 물건들이 통화가 되었던 것이다.

화폐는 물건의 기호일 뿐만 아니라 또한 다른 화폐의 기호이고 다른 화폐를 나타낸다. 그것은 환시세의 장(章)에서 살펴볼 것이다.

제 3장 : 관념적 화폐

화폐에는 현실적 화폐와 관념적 화폐가 있다. 문명화된 민족은 거의 모두 관념적 화폐를 사용하는데, 그것은 그들이 현실적 화폐를 관념적 화폐로 바꿨기 때문이다. 처음에 그들의 현실적 화폐는 어떤 금속의 일정한 무게와 함유량이었다. 그러나 곧 기만(欺瞞) 또는 필요에 의해 화폐의 각 동전에서 금속의 일부를 떼어낸 채 같은 명칭을 남겨둔다. 예를 들어 중량 1리브르의 은화에서 절반의 은을 떼어내고 그것을 계속 리브르라고 부른다. 은(銀) 1리브르의 20분의 1이었던 동전은 더 이상 은 1리브르의 20분의 1이 아닌데도 계속 '수'(sou)라고 부른다. 그런 경우 리브르는 관념적 리브르이고 수는 관념적 수이다. 그 이하의 화폐단위에 대해서도 마찬가지이다. 이것은 '리브르'라 불리는 화폐가 실제 리브르의 매우 적은 양에 불과해질 때까지 나아갈 수 있다. 그러면 그것은 더욱더 관념적인 것이 될 것이다.

더 이상 정확하게 1리브르의 가치가 있는 동전도 1수의 가치가 있는 동전도 만들지 않는 일조차 벌어질 수 있다. 그런 경우 리브르와 수는 순전히 관념적인 화폐가 될 것이다. 사람들은 각각의 동전에 원하는 액수의 리브르와 수라는 명칭을 부여할 것이다. 그리고 그런 변동은 계속될 수 있을 것이다. 물건 자체를 바꾸는 일은 어렵지만 하나의 물건에 다른 명칭을 부여하는 것은 쉽기 때문이다.

폐해의 원천을 없애기 위해서는, 상업을 번영시키고자 하는 모든 나라에서 현실적 화폐를 사용하고 그것을 관념적 화폐로 만드는 작업을 하지 못하게 규정하는 법이 매우 좋은 법일 것이다.

모든 것의 공통 척도(尺度)가 되는 것은 그 무엇보다 변동되어서는 안 된다. 상거래는 그 자체가 매우 불확실한 것이다. 그러므로 본질적 불확실성에 새로운 불확실성을 덧붙이는 것은 커다란 해악이다.

제4장 : 금과 은의 양

문명국이 세계의 지배자일 때, 금과 은은 나날이 증가한다. 그 나라들이 자국에서 끌어내든 금은이 있는 곳으로 찾으러 가든 말이다. 반대로 야만적인 나라가 우세한 경우에는 금과 은이 감소한다. 한편으로는 고트족과 반달족이, 다른 한편으로는 사라센족과 타타르족이 침입했을 때 그 금속이 얼마나 드물게 되었는지 우리는 알고 있다.

제5장 : 같은 주제 계속

아메리카 광산에서 캐낸 은이 유럽으로 옮겨지고 거기서 다시 동양으로 보내지면서 유럽의 항해를 조장했다. 그것은 유럽이 물물교환으로 아메리카에서 받고 또 물물교환으로 인도 지역으로 보내는 하나의 상품 이상의 것이다. 따라서 금과 은을 상품으로 간주할 때는 그 금속이 더 많은 것이 유리하지만, 그것을 기호로 간주할 때는 유리하지 않다. 그것이 풍부하면 희소성에 토대를 많이 두는 기호로서의 자질에 타격을 주기 때문이다.

제1차 포에니 전쟁 이전에는 구리와 은의 비례가 960 대 1이었다.[7] 오늘날에는 약 73.5 대 1이다.[8] 이 비율이 옛날과 같다면, 은은 기호로서의 기능을 더 잘 담당할 것이다.

제6장 : 서인도제도 발견 시 금리가 반감한 이유

잉카 가르실라소는 서인도제도 정복 후 스페인에서 1할이었던 이자가 5푼으로 떨어졌다고 말한다.[9] 그것은 당연한 일이었다. 다량의 은이 갑자기 유럽으로 들어왔다. 곧 은의 수요가 줄자, 모든 물건의 가격이 오르고 은의 가격은 하락했다. 따라서 비율이 깨졌고 오래된 부채는 모두 없어졌다. 화폐를 제외한 모든 물건이 큰 가치를 가지고 있던 시스템(Système)[10]의 시대를 상기시킨다. 서인도제도 정복 후 은을 가지고 있던 사람들은 그들의 상품 가격 혹은 임대료, 즉 이자를 내리지 않을 수 없었다.

그때 이후로 대출은 예전의 이자율로 돌아갈 수 없었다. 유럽에서

---

7 아래의 제12장 참조.
8 은 1마르크에 49리브르, 구리 1리브르에 20솔로 가정하면.
9 《서인도제도에서의 스페인 내전의 역사》.
10 프랑스에서는 존 로(John Law)의 계획을 그렇게 불렀다.

은의 양이 매년 증가했기 때문이다. 게다가 상업에서 얻은 부에 토대를 둔 몇몇 나라의 공적 자금이 매우 저렴한 이자를 제시했으므로 개인들의 계약도 그것을 따라야 했다. 마침내 환(換)으로 인해 사람들은 놀랄 만큼 쉽게 은을 한 나라에서 다른 나라로 옮기게 되었으므로, 어떤 장소에서 은이 희귀해지면 온 사방의 은이 많은 장소에서 그곳으로 보내졌다.

제7장 : 기호로서의 부의 변동 속에서 물가는 어떻게 정해지나

은(銀)은 상품이나 물품의 가격이다. 그런데 어떻게 이 가격이 정해질까? 다시 말해 각각의 물건 가격은 어느 정도 분량의 은으로 나타내질까?

전 세계에 있는 금과 은의 총량을 세계의 상품의 합계와 비교한다면, 개개의 상품이나 물품이 금과 은의 총량 중 일정한 분량에 비교될 수 있으리라는 것은 분명하다. 금은의 전체와 상품 전체의 비율은 금은의 일부분과 상품 일부분의 비율과 같게 마련이다. 이 세상에 물품 또는 상품이 하나밖에 없다고 가정해 보자. 아니면 구매되는 물품이 하나밖에 없고 그것이 은처럼 분할된다고 가정해 보자. 그러면 그 상품의 한 부분은 은의 총량의 한 부분에 해당할 것이다. 상품 전체의 절반은 은(銀) 전체의 절반에, 상품의 10분의 1, 100분의 1, 1000분의 1은 은의 10분의 1, 100분의 1, 1000분의 1에 해당할 것이다.

그러나 인간의 재산을 형성하는 것이 동시에 상업에도 모두 있는 것은 아니고, 그 기호인 금속이나 화폐 역시 동시에 상업에 존재하는

것은 아니다. 그러므로 가격은 물건 전체와 기호 전체의 복비(複比),
그리고 상업에 존재하는 물건 전체와 역시 상업에 존재하는 기호 전
체의 복비로 정해질 것이다. 오늘 상업에 존재하지 않는 물건이 내일
존재할 수 있고, 오늘 상업에 존재하지 않는 기호도 내일은 상업으로
돌아올 수 있다. 따라서 물건 가격의 결정은 언제나 근본적으로 물건
전체와 기호 전체의 비율에 달려 있다.

그러므로 군주나 집정자가 1 대 10의 비율이 1 대 20의 비율과 같
다고 명령으로 정할 수 없는 것과 마찬가지로 상품의 가치를 정할 수
없다. 율리아누스는 안티오키아에서 식료품 가격을 내리는 바람에
무서운 기근을 야기했다. 11

제 8장 : 같은 주제 계속

아프리카 해안의 흑인은 화폐가 없는데도 가치 기호를 가지고 있다.
그것은 순전히 관념적인 기호로서, 상품에 대한 욕구에 비례해서 각
상품에 대해 머릿속으로 생각하는 평가 정도에 토대를 둔다. 어떤 물
품이나 상품은 3마큐트, 다른 것은 6마큐트, 또 다른 것은 10마큐트
의 가치가 있다. 마치 그냥 단순히 3, 6, 10이라고 말하는 것과 같다.
가격은 모든 상품 사이의 비교에 의해서 형성된다. 따라서 특정한 화

---

11 소크라테스(Socrates Scholastikos, 380~439. 유명한 그리스 철학자 소크라테
스가 아니라, 콘스탄티노폴리스의 교회사 연구자이다_옮긴이 주), 《교회사》,
제 2편.

폐는 없지만, 상품의 각 분량이 다른 상품에 대한 화폐인 것이다.

잠시 이런 물건 평가방법을 우리에게로 가져와서 우리의 방법과 결합시켜 보자. 세계의 모든 상품과 생산물, 또는 다른 모든 국가와 분리되어 있다고 간주한 개별적인 한 국가의 모든 상품이나 생산물은 일정한 수의 마큐트의 가치가 있을 것이다. 그리고 그 나라의 은을 마큐트의 수와 같은 개수로 나눈다면, 이 은의 분할된 부분 하나는 1마큐트의 기호가 될 것이다.

한 나라의 은(銀)의 양이 두 배가 된다고 가정하면, 1마큐트에 대해 두 배의 은이 필요할 것이다. 그러나 은을 두 배로 하면서 마큐트도 두 배로 한다면, 그 비율은 그 두 가지가 두 배로 되기 이전과 마찬가지일 것이다.

서인도제도 발견 이후 금은이 유럽에서 1 대 20의 비율로 증가했다면, 상품과 생산물의 가격도 1 대 20의 비율로 상승했을 것이다. 그러나 만일 다른 한편으로 상품의 수가 1 대 2로 증가했다면, 상품과 물품의 가격은 한편으로는 1 대 20의 비율로 오르고 다른 한편으로는 1 대 2의 비율로 내려야 할 것이다. 따라서 가격은 1 대 10의 비율에 그칠 것이다.

상품과 생산물의 양은 상업이 증가함에 따라 늘어난다. 상업의 증가는 잇달아 들어오는 은의 증가에 의해서, 그리고 새로운 육지 및 바다와의 새로운 소통에 의해서 야기된다. 그 소통이 우리에게 새로운 상품과 생산물을 제공하기 때문이다.

제9장 : 금과 은의 상대적 희소성

금과 은의 절대적 풍부함이나 희소성 이외에, 두 금속 중 하나가 다른 하나에 대한 상대적 풍부함과 희소성도 있다.

구두쇠는 금과 은을 보관한다. 그는 소비하는 것을 원하지 않고 파괴되지 않는 기호를 좋아하기 때문이다. 그는 은보다 금을 보관하기를 더 좋아한다. 항상 잃는 것을 두려워하는데 부피가 더 작은 것을 더 잘 감출 수 있기 때문이다. 따라서 은이 많아지면 금은 사라진다. 누구나 숨겨두기 위해 금을 가지고 있기 때문이다. 그리고 은이 적어지면 금이 다시 나타난다. 은닉처에서 금을 다시 꺼내지 않을 수 없기 때문이다.

따라서 은이 적을 때는 금이 많고, 은이 많을 때는 금이 적다는 것은 하나의 규칙이다. 이를 통해 상대적 풍부함과 희소성은 실제의 풍부함과 희소성과는 차이가 있다는 것을 알 수 있다. 이 점에 대해 나는 많은 이야기를 할 것이다.

제10장 : 환(換)시세

이른바 환시세를 형성하는 것은 여러 나라 화폐의 풍부함과 희소성이다. 환시세는 화폐의 현실적이고 순간적인 가치를 결정하는 것이다.

금속으로서의 은은 다른 모든 상품과 마찬가지로 가치를 지닌다. 그리고 다른 상품의 기호가 될 수 있는 데서 비롯되는 또 다른 가치를 갖는다. 만일 은이 단순한 상품에 불과하다면, 그 가격이 많이 떨어지리라는 것은 의심할 여지가 없다.

화폐로서의 은이 갖는 가치는 몇몇 관계에서는 군주가 정할 수 있으나 다른 관계에서는 군주가 정할 수 없다.

첫째, 군주는 금속으로서의 은의 양과 화폐로서의 같은 양 사이에 비율을 정한다. 둘째, 군주는 화폐에 사용되는 여러 금속 사이의 비율을 정한다. 셋째, 군주는 화폐의 각 동전의 중량과 함유량을 정한다. 마지막으로 군주는 각 동전에 내가 말한 관념적 가치를 부여한다. 나는 이 네 가지 관계에서의 화폐의 가치를 '절대적 가치'라 부르고자 한다. 그것은 법으로 고정될 수 있기 때문이다.

이외에 각 나라의 화폐는 다른 나라의 화폐와 비교된다는 의미에서 '상대적 가치'를 갖는다. 환시세가 정하는 것은 바로 이 상대적 가치이다. 그것은 절대적 가치에 많이 좌우된다. 그것은 상인들의 가장 일반적인 평가에 의해 정해지고, 군주의 명령으로 정해질 수 없다. 그것은 끊임없이 변하고 수많은 상황에 좌우되기 때문이다.

상대적 가치를 정하기 위해, 여러 나라는 가장 많은 통화를 가지고 있는 나라를 주로 따를 것이다. 만약 그 나라가 다른 나라 모두와 같은 정도의 통화를 가지고 있다면, 각 나라는 그 나라를 기준으로 하여 자국의 통화를 평가해야 할 것이다. 그렇게 하면 여러 나라 상호간의 조절은 주된 나라를 기준으로 평가한 것과 거의 일치하게 될 것이다.

세계의 현 상태에서, 우리가 말하는 그 나라는 바로 네덜란드이다.[12] 네덜란드와의 관계에서 환시세를 살펴보자.

---

12 자신들의 이익에 적합한가에 따라, 네덜란드인은 일종의 그들끼리의 의결을 통해

네덜란드에는 '플로린'이라는 화폐가 있다. 플로린은 20수, 40드미 수(수의 2분의 1) 혹은 그로에 해당한다. 생각을 단순화시키기 위해, 네덜란드에 플로린은 없고 그로만 있다고 상상해 보자. 1천 플로린을 가지고 있는 사람은 4만 그로를 갖는 셈이다. 나머지 경우도 마찬가 지이다. 그런데 네덜란드와의 환시세는 다른 나라 화폐가 각각 몇 그로에 해당하는가를 아는 데에 달려 있다. 보통 프랑스에서는 3리브르 짜리 에퀴로 계산하므로, 환시세는 3리브르짜리 에퀴가 몇 그로에 해 당하는지를 묻는 일이 될 것이다. 환시세가 54라면 3리브르짜리 에퀴 는 54그로에, 60이라면 60그로에 해당할 것이다. 만일 프랑스에 은 이 적다면, 3리브르짜리 에퀴는 그보다 더 많은 그로에 해당할 것이 다. 그리고 은이 풍부하다면, 더 적은 그로에 해당할 것이다.

환시세 변동을 초래하는 이 희소성이나 풍부함은 실제 희소성이나 풍부함이 아니다. 그것은 상대적 희소성이나 풍부함이다. 예를 들어 네덜란드인이 프랑스에서 자금을 가질 필요보다 프랑스가 네덜란드 에서 자금을 가질 필요가 더 많다면, 프랑스에서는 은이 많고 네덜란 드에서는 적다고 일컬어질 것이다. 그 반대의 경우도 마찬가지이다.

네덜란드와의 환시세가 54라고 가정해 보자. 만일 프랑스와 네덜 란드가 하나의 도시를 이루고 있다면, 1에퀴 화폐를 줄 때 하듯이 할 것이다. 즉, 프랑스인은 주머니에서 3리브르를 꺼내고, 네덜란드인 은 주머니에서 54그로를 꺼낼 것이다. 그러나 파리와 암스테르담 사 이에는 거리가 있으므로, 나의 3리브르짜리 에퀴 대신 네덜란드에 가

전 유럽의 환시세를 조정한다.

지고 있는 54그로를 내게 주는 사람은 네덜란드 앞으로 된 54그로의 환어음을 내게 주어야 한다. 이제는 더 이상 54그로에 관한 문제가 아니라 54그로의 어음에 관한 문제가 된다. 그러므로 은의 희소성이나 풍부함을 판단하기 위해서는[13] 프랑스에 프랑스를 위해 마련된 54그로 어음이 네덜란드를 위해 마련된 에퀴보다 더 많은지 아닌지를 알아야 한다. 네덜란드인이 발행한 어음이 많고 프랑스인이 제공하는 에퀴가 적다면, 은이 프랑스에는 적고 네덜란드에는 많은 것이다. 따라서 환시세가 높아지고 나의 에퀴에 대해 54그로보다 더 많이 내게 주어야 한다. 그렇지 않으면 나는 그 에퀴를 주지 않을 것이다. 반대의 경우도 마찬가지이다.

이와 같이 다양한 환 거래는 수지 계산을 형성하는데, 그것은 언제나 청산되어야 한다. 채무를 지고 있는 나라가 환으로 다른 나라에 변제하지 못하는 것은 개인이 환전하여 빚을 갚지 못하는 것과 마찬가지이다.

이 세상에 프랑스, 스페인, 네덜란드 단 세 나라밖에 없다고 가정해 보자. 그리고 스페인의 몇몇 개인이 프랑스에 은 10만 마르크의 빚을 지고 있고 프랑스의 몇몇 개인은 스페인에 11만 마르크의 빚이 있는데, 어떤 사정 때문에 스페인과 프랑스에서 각자 갑자기 자기 돈을 회수하려 한다면 환 거래는 어떻게 될까? 이 두 국민은 10만 마르크의 금액을 서로 갚게 될 것이다. 그러나 프랑스는 여전히 스페인에

---

13 지폐보다 은이 더 많을 때 그곳에는 은이 많은 것이고, 은보다 지폐가 더 많은 곳에는 은이 적은 것이다.

1만 마르크의 빚이 있고, 스페인 사람들은 여전히 프랑스에 대해 1만 마르크의 어음을 가지고 있지만 프랑스는 스페인에 대해 전혀 어음이 없게 될 것이다.

만약 네덜란드가 프랑스와 이와 정반대의 경우에 처해서 대차 차액으로 1만 마르크의 빚을 프랑스에 지고 있다면, 프랑스는 두 가지 방법으로 스페인에 지불할 수 있을 것이다. 즉, 네덜란드 채무자 앞으로 된 1만 마르크의 어음을 스페인 채권자에게 주거나 또는 현금으로 은화 1만 마르크를 스페인에 보낼 수 있다.

따라서 결과적으로 어떤 나라가 다른 나라에 일정한 금액을 보낼 필요가 있을 때, 은화를 거기로 운반하든 또는 환어음을 택하든 본질적으로 아무 상관이 없다. 이 두 가지 지불 방법의 이점은 오로지 현상황에 달려 있다. 현금으로 보내진 은화14와 네덜란드 앞으로 된 같은 금액의 어음 중에 그 순간에 어떤 것이 네덜란드에 더 많은 그로를 주게 되는지 알아보아야 할 것이다.

프랑스에서의 은의 함유량과 중량에 대해 네덜란드에서도 똑같은 함유량과 중량을 내게 줄 때, 환시세는 '액면 가격'이라고 말한다. 화폐의 현 상황에서, 15 액면 가격은 에퀴에 대해 약 54그로이다. 환시세가 54그로 이상이면 높다고 하고, 그 이하이면 낮다고 할 것이다.

환시세의 일정한 상황에서 한 국가가 이득을 보는지 손해를 보는지 알기 위해서는, 그 나라를 채무자로서, 채권자로서, 판매자로서, 구

---

14 운송비와 보험료를 공제하고.
15 1744년.

매자로서 검토해야 한다. 환시세가 액면 가격보다 낮을 때, 그 나라는 채무자로서는 손해를 보고 채권자로서는 이익을 본다. 그리고 구매자로서는 손해를 보고 판매자로서는 이익을 본다. 채무자로서 손해를 보는 것은 분명히 알 수 있다. 예를 들어 프랑스가 네덜란드에 일정액의 그로를 빚지고 있는데 에퀴가 그로보다 가치가 적을수록 빚을 갚기 위해 더 많은 에퀴가 필요할 것이다. 반면에 프랑스가 일정액의 그로에 대한 채권자라면 에퀴가 그로보다 가치가 적을수록 프랑스는 더 많은 에퀴를 받을 것이다. 국가는 또한 구매자로서는 손해를 본다. 똑같은 양의 상품을 사려면 언제나 똑같은 금액의 그로가 필요한데, 환시세가 낮으면 프랑스의 에퀴에 대해 더 적은 그로가 주어지기 때문이다. 같은 이유로, 국가는 판매자로서는 이익을 본다. 나는 이전에 팔던 것과 같은 금액의 그로로 내 상품을 네덜란드에 판다. 그러면 나는 프랑스에서 에퀴를 얻기 위해 54그로가 필요할 때보다 50그로가 필요할 때 더 많은 에퀴를 갖게 될 것이다. 상대편 국가에서는 이 모든 일과 정반대의 일이 일어날 것이다. 만약 네덜란드가 일정액의 에퀴를 빚지고 있다면, 이익이 될 것이다. 그리고 네덜란드가 채권자라면 손해를 볼 것이다. 판매자라면 손해를 보고, 구매자라면 이익을 볼 것이다.

이 문제를 더 살펴볼 필요가 있다. 환시세가 액면 가격 이하일 때, 예를 들어 54가 아니라 50이라면, 프랑스는 네덜란드에 환으로 5만 4천 에퀴를 보내면서 5만 에퀴의 상품을 사는 데 불과하고 다른 한편 네덜란드는 프랑스에 5만 에퀴의 값어치를 보내면서 5만 4천 에퀴의 상품을 사게 될 것이다. 이것은 54분의 8의 차이, 다시 말해 프랑스에

7분의 1 이상의 손해가 생길 것이다. 따라서 환시세가 액면 가격일 때보다 7분의 1만큼 더 많은 상품이나 은을 네덜란드에 보내야 한다. 이러한 채무는 환시세를 더욱 내려가게 할 터이므로 해악은 계속 늘어나고 프랑스는 결국 파산하게 될 것이다.

이런 일이 정말로 일어날 것처럼 보이지만 사실은 그렇지 않다. 그것은 내가 이미 다른 곳[16]에서 수립한 원리, 즉 국가는 언제나 수지를 맞추고 변제 수단을 얻기를 꾀한다는 원리 때문이다. 그리하여 국가는 지불 능력에 비례해서만 빚을 지고, 판매하는 것에 따라서만 구매를 한다. 위에서 든 예의 경우, 프랑스에서 환시세가 54에서 50으로 떨어지면 1천 에퀴의 프랑스 상품을 구매하고 5만 4천 그로를 지불하던 네덜란드인은 프랑스인이 동의한다면 5만 그로밖에 지불하지 않을 것이다. 그러나 프랑스 상품은 어느새 가격이 오를 것이고, 프랑스인과 네덜란드인이 이윤을 나누어 갖게 될 것이다. 상인이 이익을 볼 수 있을 때는 쉽게 이익을 나누기 때문이다. 따라서 프랑스인과 네덜란드인 사이에 이윤의 교류가 이루어질 것이다.

마찬가지로 환시세가 54일 때 5만 4천 그로의 네덜란드 상품을 구매하고 1천 에퀴를 지불하던 프랑스인은 똑같은 상품 구매를 위해서 프랑스의 에퀴를 54분의 4만큼 더 보태지 않을 수 없다. 그러나 자신이 손해 본다는 것을 알게 되는 프랑스인은 네덜란드의 상품을 더 싸게 사려고 할 것이다. 따라서 프랑스 상인과 네덜란드 상인 사이에 손실의 교류가 이루어질 것이다. 그리고 국가는 조금씩 균형을 찾게 되

16   제20편 제23장 참조.

고, 환시세의 하락은 걱정하는 모든 재난을 초래하지는 않을 것이다.

환시세가 액면 가격보다 낮을 때, 상인은 자기 재산을 줄이는 일 없이 외국에 자금을 보낼 수 있다. 그것을 회수할 때 손해 본 것을 회복할 수 있기 때문이다. 그러나 결코 다시 돌아오지 않는 은화만을 외국에 보내는 군주는 늘 손해를 본다.

상인들이 어떤 나라에서 많은 거래를 할 때, 그 나라의 환시세는 반드시 오른다. 그들이 계약을 많이 하고 많은 상품을 구매하는데, 그것을 지불하기 위해 외국으로 어음을 발행하기 때문이다.

군주가 자기 나라에 많은 양의 은을 축적하면, 그 나라에서 은화는 현실적으로는 적어지고 상대적으로는 많아질 수 있다. 예를 들어 이 나라가 같은 시기에 외국에 많은 상품의 값을 지불해야 한다면, 은이 아무리 귀해도 환시세는 내려갈 것이다.

모든 장소의 환시세는 언제나 일정한 비율을 좇는 경향이 있다. 그것은 당연한 이치이다. 만일 영국에 대한 아일랜드의 환시세가 액면 가격보다 더 낮고 네덜란드에 대한 영국의 환시세도 액면 가격보다 낮다면, 네덜란드에 대한 아일랜드의 환시세는 훨씬 더 낮을 것이다. 다시 말해 영국에 대한 아일랜드의 환시세와 네덜란드에 대한 영국의 환시세의 복비(複比)를 이룰 것이다. 네덜란드인은 영국을 통해 아일랜드에서 간접적으로 자금을 받을 수 있으므로 직접 받기 위해 더 비싸게 지불하려 하지 않을 것이기 때문이다.

나는 당연히 그렇게 되리라고 말하는 것이지만, 정확하게 그렇게 되지는 않는다. 언제나 이런 일을 변화시키는 여러 가지 사정이 존재한다. 한 장소에서 어음을 발행하는 것과 다른 장소에서 어음을 발행하는 것의 이윤의 차이는 은행업자들의 특별한 솜씨와 수완에 의해 만들어지는데, 그것은 여기서 다룰 문제는 아니다.

어떤 나라가 화폐 가치를 올리는 경우, 예를 들어 3리브르 또는 1에퀴라고 부르던 것을 6리브르 또는 2에퀴라고 부르는 경우, 이 새로운 호칭은 실질적으로 에퀴에 보태주는 것이 아무것도 없으므로 당연히 환시세에서 단 1그로도 더 얻지 못한다. 새로운 2에퀴에 대해 예전 1에퀴에 대해 받던 것과 똑같은 금액의 그로밖에 얻지 못할 것이다. 만일 그렇지 않다면, 그것은 가치 결정 그 자체의 결과가 아니라 새롭고 갑작스러운 일이라는 사실에서 초래된 결과이다. 환시세는 기존의 거래에서 기인하는 것으로, 일정한 시간이 지난 후에야 일반적인 규칙을 따르게 된다.

어떤 나라가 단순히 법으로 화폐의 가치를 올리는 대신 강한 화폐를 더 약한 화폐로 만들기 위해 새로 주조(鑄造)하는 경우, 실행기간 동안 두 종류의 화폐, 구화인 강한 화폐와 신화(新貨)인 약한 화폐가 존재하게 된다. 강한 화폐는 유통이 금지되고 조폐국에서만 받아들여지므로, 환어음은 신화로 지불되어야 하고 환시세는 신화에 대해 정해질 수밖에 없을 것으로 보인다. 예를 들어 프랑스에서 화폐를 절반으로 절하시켰는데 3리브르짜리 예전 에퀴가 네덜란드에서 60그로를 주었다면, 새 에퀴는 30그로밖에 주지 않을 것이다. 다른 한편으로는 환시세가 구화폐의 가치에 따라 정해져야 할 것처럼 보인다. 은화를 가지고 있고 어음을 받는 은행업자는 조폐국에 구화를 가져가서 신화로 바꾸어야 하는데 거기서 손해를 보기 때문이다. 따라서 환시세는 신화의 가치와 구화의 가치 사이에 있을 것이다. 구화의 가치는 내려간다. 이미 신화가 유통되고 있기 때문이다. 그리고 은행업자는 구화를 빨리 금고에서 꺼내어 유통시키는 것이 이익이고 심지어 지불하기 위해 그렇게 하도록 강요받으므로 엄격하게 그 가치를 지킬 수 없기 때문이다. 다른 한편으로 신화의 가치는 올라간다. 신화를 가지고 있는 은행업자는 커다란 이익으로 구화를 얻을 수 있는 상황에 있기 때문인데, 그 상황에 대해서는 나중에 살펴볼 것이다.

따라서 환시세는 앞에서 말한 것처럼 신화와 구화의 사이에 있게 될 것이다. 그런 경우, 은행업자는 구화를 국외로 내보내는 것에서 이익을 얻는다. 구화에 대해 정해진 환시세가 주는 것과 같은 이익, 즉 네덜란드에서 더 많은 그로를 얻기 때문이다. 그리고 반환되는 것은 신화와 구화 사이에 조정된 환시세로, 다시 말해 더 낮은 시세로 받기 때문이다. 그리하여 프랑스에서 더 많은 에퀴를 얻게 된다.

3리브르의 구화가 현재의 환시세로 45그로에 해당하고 이 에퀴를 네덜란드로 가져가면 60그로를 얻을 수 있다고 가정해 보자. 그러나 45그로의 어음으로는 프랑스에서 3리브르짜리 에퀴를 얻게 되는데, 그것을 구화로 네덜란드에 가져가면 다시 60그로를 얻게 될 것이다. 따라서 모든 구화는 화폐를 재주조(再鑄造)하는 나라 밖으로 나가게 되고 그 이익은 은행업자에게 돌아갈 것이다.

이런 점을 개선하기 위해 새로운 수단을 취하지 않을 수 없을 것이다. 화폐를 재주조하는 나라는 스스로 다량의 구화를 환시세를 조정하는 나라로 보낼 것이다. 그리고 여기에서 신용을 얻어 구화 3리브르의 에퀴를 국외로 내보내면서 얻는 것과 거의 같은 양의 그로를 3리브르짜리 에퀴의 환시세로 얻을 수 있을 정도로 환시세를 올릴 것이다. 내가 '거의'라고 말하는 것은 이윤이 적다면 운송비와 압수의 위험 때문에 현금을 국외로 보내려는 유혹을 느끼지 않을 것이기 때문이다.

여기서 이에 대해 명확한 관념을 제공하는 것이 좋겠다. 국가가 고용하고자 하는 베르나르 씨 또는 다른 어떤 은행업자가 네덜란드에 대한 환어음을 제시하고 현재의 환시세보다 1, 2, 또는 3그로 더 비싸게 그것을 준다. 그는 계속 운송한 구화를 이용해 외국에서 자금을 만들었다. 그래서 그는 방금 말한 정도로 환시세를 높인 것이다. 그러나 그는 환어음을 주면서 모든 신화를 거둬들이므로, 지불해야 하는 다른 은행업자들은 조폐국으로 구화를 가져가지 않을 수 없게 된다. 게다가 그가 어느새 모든 은화를 가지게 되었으므로 이번에는 다른 은행업자들이 매우 비싼 환시세로 그에게 어음을 주지 않을 수 없다. 그리하여 마지막의 이윤이 처음의 손실을 대부분 보상한다.

이런 모든 일이 진행되는 동안, 국가가 심한 위기를 겪어야 하는 것은 분명하다. 은화가 매우 희소해질 것이다. 첫째, 대부분의 은화 유통을 금지해야 하기 때문이다. 둘째, 그 일부를 외국으로 수송해야 할 것이기 때문이다. 셋째, 자기가 얻을 수 있을 것으로 기대되는 이윤을 누구도 군주에게 넘겨주려고 하지 않으므로 모든 사람이 그것을 움켜쥐고 있기 때문이다. 그래서 이 일을 천천히 하는 것은 위험하고, 신속하게 하는 것도 위험하다. 예상되는 이익이 엄청나다면, 그에 비례해 위험도 증가한다.

앞에서 살펴본 바와 같이, 환시세가 현금보다 낮을 때 은화를 외국으로 내보내는 것에서 이익을 얻을 수 있었다. 같은 이유로, 환시세가 현금보다 높을 때는 그것을 돌아오게 하는 것이 이익이 된다.

그러나 환시세가 액면 가격이더라도 은화를 내보내는 것이 이익이 되는 경우가 있다. 그것은 은화의 표시를 다시 하거나 다시 주조하기 위해 외국으로 보내는 경우이다. 그것이 되돌아왔을 때, 국내에서 사용하든 외국 환어음에 충당하든 화폐의 이익을 볼 수 있다.

만약 어떤 나라에서 매우 많은 주식을 가진 회사를 만들고 몇 달 뒤에 그 주식을 처음 산 가격의 20배나 25배로 뛰어오르게 했다면, 또는 은행 지폐가 화폐의 기능을 해야 하는 은행을 설립하고 주식의 어마어마한 법정 가치에 상응하여 그 지폐의 법정 가치가 어마어마하게 되었다면(이것이 바로 '로의 시스템'이다), 그 주식과 지폐는 그것이 확립된 것과 같은 방법으로 소멸하게 되는 것이 당연한 이치이다. 많은 사람에게 종이로 된 막대한 부를 얻는 수단을 주지 않고는 주식을 갑자기 처음 가격의 20배나 25배로 올릴 수 없었을 것이다. 그런데 사람들은 누구나 자기 재산을 안전하게 지키고 싶을 것이다. 그리고 재산의 성격을 변화시키거나 그것을 원하는 장소로 옮겨 놓기 위한 가장 쉬운 방법을 제공해 주는 것은 환(換)이므로, 사람들은 끊임없이 자기 재산의 일부를 환시세를 조정하는 나라로 보낼 것이다. 외국으로 보내는 일이 계속되면 환시세가 떨어질 것이다.

시스템의 시대에 은화의 함유량과 중량의 비례에서 환율이 1에퀴에 40그로였다고 가정해 보자. 수많은 종이가 화폐가 되었을 때, 1에퀴에 39그로밖에 주려 하지 않았을 것이다. 그다음에는 38그로, 37그로 등으로 이어졌을 것이다. 이것은 더 심해져서 8그로밖에 주지 않았고, 마침내 환시세는 없어지고 말았다.

이런 경우, 환시세가 프랑스에서의 은화와 지폐의 비율을 정해야 했다. 나는 은화의 중량과 함유량에 의해 3리브르짜리 에퀴가 40그로에 해당하고 환은 지폐로 이루어지므로 지폐로 된 3리브르짜리 에퀴는 8그로에 불과했다고 추측한다. 그 차이는 5분의 4였다. 따라서 지폐로 된 3리브르짜리 에퀴의 가치는 은화 3리브르짜리 에퀴보다 5분의 4만큼 적었다.

제11장 : 로마인이 화폐에 관해 취한 조치

요즘 프랑스의 잇따른 두 내각에서 화폐에 관해 몇 가지 강권이 행사되었더라도, 로마인이 행사한 강권에는 미치지 못한다. 그것도 부패한 공화정 시절도 무정부 상태에 불과했던 공화정 시절도 아니고, 지혜에 의해서나 용기에 의해서나 그 체제가 굳건하고 이탈리아의 여러 도시를 정복한 후 카르타고인과 패권을 다투던 시대에서였다.

나는 이 문제에 대해 좀 더 깊이 연구하게 되어 매우 만족스럽다. 그것은 전혀 본보기가 될 수 없는 것을 본보기로 삼지 않기 위해서이다.

제1차 포에니 전쟁에서[17] 구리 12온스여야 했던 아스[3]는 2온스밖에 안 되었다. 그리고 제2차 포에니 전쟁에서는 1온스에 불과했다. 이런 삭감은 오늘날 우리가 '화폐가치 상승'이라 부르는 것에 해당한다. 6리브르짜리 1에퀴에서 은 절반을 제거하여 그것으로 1에퀴 두 개를 만드는 것이나 그것을 12리브르로 가치를 올리는 것이나 똑같다.

---

17 플리니우스, 《박물지》, 제33편, 제13항.

로마인이 제 1차 포에니 전쟁 동안 어떤 방법의 조치를 취했는지에 대한 기록은 남아 있지 않다. 그러나 제 2차 포에니 전쟁 동안 그들이 한 일은 놀라운 지혜를 보여준다. 공화국은 부채를 갚을 능력이 없었다. 아스는 구리 2온스였고, 데나리우스는 10아스였으므로 구리 20온스였다. 공화국은 구리 1온스의 아스를 만들었고,[18] 채권자에 대해 절반의 이익을 보았다. 공화국은 이 구리 10온스로 1데나리우스를 지불했다. 이 조치는 국가에 큰 충격을 주는 일이므로, 최대한 충격을 적게 주어야 했다. 그리고 이 조치에는 부당함이 내포되어 있으므로 그 부당함을 최대한 적게 만들어야 했다. 그것은 시민에 대한 공화국의 채무 변제를 목적으로 한 것이었다. 따라서 시민들끼리의 채무 변제가 목적이 아니었다.

이로 인해 두 번째 조치가 취해졌다. 그때까지 10아스에 불과했던 데나리우스가 16아스를 포함해야 한다고 정해졌다. 이러한 이중의 조치로 인해, 공화국의 채권자는 절반의 손해를 보았으나[19] 개인의 채권자는 5분의 1만 손해를 보았다.[20] 상품은 5분의 1밖에 오르지 않았고, 화폐의 실질적 변화는 5분의 1에 불과했다. 그 밖의 다른 결과도 잘 알 수 있다.

따라서 로마인은 공공 재산과 개인 재산을 모두 포괄하는 조치를 취한 우리보다 더 잘 처신한 것이다. 그것이 다가 아니다. 그들은 우리

---

18 플리니우스, 《박물지》, 제33편, 제13항.
19 그들은 구리 20온스 대신 10온스를 받았다.
20 그들은 구리 20온스 대신 16온스를 받았다.

보다 더 유리한 상황에서 그런 조치를 취했다는 것을 알게 될 것이다.

제 12장 : 로마인이 화폐에 관한 조치를 취했을 때의 상황

옛날에는 이탈리아에 금과 은이 매우 귀했다. 이 나라에는 금광이나 은광이 거의 없었다. 로마가 갈리아인에게 점령되었을 때, 로마에서는 1천 리브르의 금밖에 발견되지 않았다.21 하지만 로마인은 여러 강대한 도시를 약탈했고 거기에서 부를 가지고 돌아왔다. 그들은 오랫동안 구리 화폐밖에 사용하지 않았다. 피로스(4)와 평화조약을 맺은 후에야 비로소 그들은 화폐를 만들기에 충분한 은을 가지게 되었다.22 그들은 이 금속으로 '데나리우스'를 만들었다. 그것은 10아스23 또는 구리 10리브르에 해당하는 것이었다. 그 당시 구리에 대한 은의 비율은 1 대 960이었다. 로마의 데나리우스는 10아스 또는 구리 10리브르로 구리 120온스에 해당했고, 같은 데나리우스가 은 8분의 1온스에 해당했으므로24 그러한 비율이 나온 것이다.

  로마가 그리스 및 시칠리아와 가장 가까운 이탈리아 지역의 지배자가 되자 차츰 두 부유한 민족, 즉 그리스인과 카르타고인의 사이에 있

---

21 플리니우스, 제 33편, 제 5항.
22 프라인스하임, 10편 묶음집 제 2권, 제 5편.
23 위의 책, 상기한 곳에서. 그들은 키나리우스라고 불리는 2분의 1데나리우스와 세스테르티우스라고 불리는 4분의 1데나리우스도 주조했다고 같은 저자는 말한다.
24 뷔데(Guillaume Budé, 1467~1540. 프랑스의 고전 연구 부활에 기여한 학자로, 여러 저서를 남겼는데 특히 고대의 화폐와 측량에 관한 연구서로 명성을 쌓았다_ 옮긴이 주)에 의하면 8분의 1인데, 다른 저자들에 의하면 7분의 1이다.

게 되었다. 로마에서 은이 증가했고, 은과 구리 사이의 1 대 960이라는 비율은 이미 유지될 수 없었으므로 화폐에 대해 여러 조치가 취해졌으나 우리에게는 알려져 있지 않다. 우리가 알고 있는 것은 다만 제2차 포에니 전쟁 초기에 로마의 데나리우스는 구리 20온스에 불과했고[25] 그에 따라 은과 구리의 비율은 1 대 160에 불과했다는 것뿐이다. 가치 인하는 매우 대단한 것이었다. 공화국이 모든 구리 화폐에 대해 6분의 5의 이익을 보았으니 말이다. 그러나 그것은 사물의 본질이 요구한 것을 실행하고 화폐로 사용되는 금속들 사이의 비율을 바로잡은 것일 뿐이었다.

제1차 포에니 전쟁을 종결시킨 평화조약은 로마인을 시칠리아의 주인으로 남겨 두었다. 곧 그들은 사르데냐로 들어갔고, 스페인을 알아가기 시작했다. 로마에서 은의 양은 더욱 증가했고, 데나리우스 은화를 20온스에서 16온스로 인하하는 조치가 취해졌다.[26] 그 결과 은과 구리의 비례가 다시 조정되었다. 1 대 160이던 비율이 1 대 128이 된 것이다.

로마인의 행동을 잘 검토해 보라. 그들이 이익이나 손해가 되는 상황에서 그토록 탁월한 선택을 했던 적이 없었음을 발견할 것이다.

---

25 플리니우스, 《박물지》, 제33편, 제13항.
26 위의 책.

제 13장 : 황제 시대의 화폐에 관한 조치

공화정 시대에 취해진 화폐에 관한 조치는 삭감의 방법이었다. 국가는 부족한 것을 인민에게 위임하고 인민의 마음을 사로잡으려 애쓰지 않았다. 황제의 시대에는 합금 방법이 취해졌다. 자신들의 무상공여로 인해 절망에 빠지게 된 군주들은 화폐를 변조하지 않을 수 없었다. 그것은 해악을 줄이고 해악을 끼치지 않는 듯이 보이는 간접적 방법이었다. 즉, 시여(施輿)의 일부를 회수하면서 그것이 눈에 드러나지 않게 했다. 급여나 시여의 감소를 말하지 않은 채 감소시킨 것이다.

오늘날에도 구리를 뒤덮은 얇은 은박에 불과한 이른바 도금된 가짜 메달을 진열실에서 볼 수 있다. 27 이 화폐에 대해서는 디오의 저서 제77편의 한 단편에 서술되어 있다. 28

디디우스 율리아누스(5)는 화폐 가치 인하를 시작했다. 카라칼라의 화폐는 절반 이상이 합금이었고, 29 세베루스 알렉산데르의 화폐는 3분의 2가 합금이었다30는 것을 알 수 있다. 가치 인하는 계속되었고,

---

27 조베르(Louis Jobert, 1637~1719. 프랑스의 예수회 수도사이자 고대 메달 및 화폐 전문가이다_옮긴이 주), 《메달학(Science des médailles)》, 파리 간행본, 1739, 59쪽 참조.

28 《덕과 악의 발췌본》.

29 사보트(Louis Savot, 1579경~1640경, 프랑스의 의학자이자 유명한 고고학자로서 나중에는 건축학에도 몰두하여 두각을 나타냈다. 여기서 말하는 저서는 《고대 메달론(Discours sur les médailles antiques)》이다_옮긴이 주), 제2부, 제12장 참조. 5만 개의 메달 발견에 대한 1681년 7월 28일의 《학자들의 신문(Journal des savants)》 참조.

30 위의 책.

갈리에누스⑹ 치하에서는 은도금한 구리밖에 볼 수 없었다. 31

요즘 시대에는 이런 과격한 조치가 취해질 수 없을 것이다. 군주는 자기 자신은 속일 수 있어도 다른 사람은 아무도 속일 수 없을 것이다. 환시세 덕분에 은행업자는 세상의 모든 화폐를 비교하여 그 정확한 가치를 정할 수 있게 되었다. 화폐의 함유량은 더 이상 비밀일 수 없다. 군주가 보조화폐를 만들기 시작하면, 모든 사람이 그 뒤를 이어 군주를 대신해 그것을 만든다. 처음에는 강한 화폐가 국외로 나가고, 그것은 약한 화폐가 되어 돌아온다. 만약 로마 황제들처럼 군주가 금화는 약화시키지 않고 은화만 약화시킨다면, 갑자기 금이 자취를 감추게 될 것이고 군주에게는 나쁜 은만 남게 될 것이다. 내가 전편32에서 말한 바와 같이, 환 거래는 강권 행사 혹은 적어도 강권 행사의 성공을 없애 버렸다.

제14장 : 환 거래는 어떻게 전제국가에 방해가 되나

러시아는 전제주의에서 벗어나고 싶어도 그럴 수가 없다. 무역의 수립은 환 거래의 수립을 요구하는데, 환 거래의 조치는 이 나라의 모든 법에 어긋난다.

1745년에, 여황제는 유대인을 추방하라는 명령을 내렸다. 그들이 시베리아에 유배된 사람들과 군 복무 중인 외국인들의 돈을 외국으로

---

31 위의 책.
32 제21장.

보냈기 때문이었다. 제국의 모든 국민은 노예와 마찬가지로 허락 없이 국외로 나갈 수도, 재산을 반출할 수도 없다. 따라서 한 나라에서 다른 나라로 돈을 운송하는 수단을 부여하는 환 거래는 러시아 법에 어긋난다.

상업 자체도 이 나라의 법에 어긋난다. 국민은 토지에 얽매인 노예와 이 노예들의 주인이라는 이유로 성직자나 귀족으로 불리는 노예로만 구성된다. 따라서 장인(匠人)이나 상인으로 이루어져야 하는 제3계급에는 아무도 남지 않는다.

제15장 : 이탈리아 몇몇 지방의 관행

이탈리아의 몇몇 지방에서는 국민이 자기 돈을 외국으로 옮기기 위해 토지를 파는 것을 금지하는 법을 만들었다. 이것은 각 나라의 부가 그 나라에 밀접하게 결부되어 있어서 다른 나라로 옮기는 것이 매우 어려웠을 때는 좋은 법이었을 지도 모른다. 그러나 환 거래에 의해 어떻게 보면 부가 어떤 특정 국가에 속하지 않고 그것을 한 나라에서 다른 나라로 옮기는 것이 매우 쉬워진 이후, 자기 돈은 마음대로 처분할 수 있는데 장사를 위해 토지를 마음대로 처분하는 것을 허용하지 않는 법은 나쁜 법이다. 이 법은 토지보다 동산에 이점을 주기 때문에, 외국인이 그 나라에 와서 정착하는 것을 싫어하게 만들기 때문에, 그리고 법망을 교묘히 피할 수 있기 때문에 나쁜 법이다.

제 16장 : 국가가 은행업자에게서 얻을 수 있는 도움

은행업자는 돈을 바꾸기 위해 있는 것이지 돈을 빌려주기 위해 있는 것이 아니다. 만약 군주가 돈을 바꾸기 위해서만 은행업자를 이용한 다면, 그는 큰 거래만 하므로 수수료로 주는 아주 적은 이윤도 상당한 금액이 된다. 만약 큰 이윤을 요구한다면, 그것은 행정상의 결함이라고 확신할 수 있다. 반면 대출을 위해 은행업자가 이용될 때는 고리대금이라는 비난을 받지 않으면서 돈에서 큰 이윤을 얻는 것이 바로 그들의 기술이 된다.

제 17장 : 공적 채무

어떤 사람들은 국가가 자기 자신에게 빚을 지는 것은 좋은 일이라고 생각했다. 그것이 유통을 늘림으로써 부를 증가시킨다고 생각한 것이다.

나는 사람들이 화폐를 나타내는 유통 증권 혹은 회사가 상업을 해서 얻었거나 얻게 될 이윤의 상징인 유통 증권과 채무를 나타내는 증권을 혼동한 것이라고 생각한다. 앞의 두 가지는 국가에 매우 유익하다. 그러나 마지막 것은 그럴 수 없다. 거기서 기대할 수 있는 것이라고는 그것이 개인에게 국가의 채무에 대한 좋은 담보라는 것, 즉 채무를 상환받게 해준다는 것뿐이다. 그러나 거기에서 다음과 같은 불리함이 초래된다.

① 외국인이 채무를 나타내는 증권을 많이 가지고 있으면, 매년 상

당한 금액이 국가에서 그들에게 이자로 빠져나간다. ② 그런 식으로 계속해서 채무자가 되는 나라의 환시세는 매우 낮을 수밖에 없다. ③ 채무에 대한 이자 지불을 위해 징수되는 세금은 노동자의 임금을 더 비싸게 함으로써 제조업에 해가 된다. ④ 국가의 진정한 수입을 일하고 활동하는 사람들에게서 빼앗아 게으른 사람들에게 이전시킨다. 즉, 일하지 않는 사람들을 일하기 편리하게 해주고, 일하는 사람들은 일하기 어렵게 한다.

불리한 점은 이상과 같지만, 유리한 점은 알 수 없다. 10명의 사람이 각각 토지나 생업에서 1천 에퀴의 수입을 갖는다면, 그것은 국가에는 5퍼센트로 따졌을 때 20만 에퀴의 자본을 형성한다. 이 열 사람이 수입의 절반, 즉 5천 에퀴를 다른 사람에게서 빌린 10만 에퀴의 이자를 지불하기 위해 사용한다 하더라도 국가에는 여전히 20만 에퀴를 이룬다. 대수학자의 언어로 표현한다면, 20만 에퀴 − 10만 에퀴 + 10만 에퀴 = 20만 에퀴인 것이다.

오류에 빠질 수 있는 것은 국가의 채무를 나타내는 증권이 부(富)의 상징이라는 점이다. 그런 증권을 유지하며 몰락하지 않을 수 있는 것은 부유한 국가뿐이기 때문이다. 국가가 몰락하지 않으려면, 그 국가가 다른 데에 커다란 부를 가지고 있어야 한다. 사람들이 재난이 없다고 말하는 것은 재난에 대항하는 재원이 있기 때문이다. 그리고 재난이 이익이 된다고 말하는 것은 재원이 재난을 능가하기 때문이다.

제18장 : 공적 채무의 지불

채권자로서의 국가와 채무자로서의 국가 사이에는 균형이 있어야 한다. 국가는 무한정 채권자가 될 수 있으나, 채무자가 되는 데에는 한계가 있다. 그 정도를 넘어서게 되면 채권자의 자격은 사라진다.

만약 그 나라가 침해받지 않은 신용을 여전히 가지고 있다면, 유럽의 한 나라[33]에서 적절하게 실행된 것을 할 수 있을 것이다. 그것은 많은 양의 현금을 확보하고, 모든 개인에게 이자를 내리기를 바라지 않는다면 상환에 응하라고 제안하는 것이다. 사실 국가가 돈을 빌릴 때 이자율을 정하는 것은 개인이지만, 국가가 상환하고자 할 때는 국가가 이자율을 정한다.

이자를 내리는 것만으로는 충분하지 않다. 이자 경감에서 얻은 이익으로 매년 원금의 일부를 갚기 위한 감채(減債) 기금을 구성해야 한다. 이것은 날마다 그 성과가 커지는 만큼 더욱더 탁월한 조치이다.

국가의 신용이 완전하지 않을 때는 감채기금을 만들려고 애써야 할 새로운 이유가 된다. 일단 이 기금이 설정되면 곧 신뢰가 회복되기 때문이다.

첫째, 국가가 공화정체라면 정체의 본질상 장기 계획을 세우는 것이 허용되므로 감채기금의 자본은 그다지 큰 액수가 아니어도 된다. 반면 군주정체에서는 이 자본이 더 커야 한다.

둘째, 국가의 모든 시민이 이 기금 설정의 부담을 지는 것을 규칙

---

33 영국.

으로 해야 한다. 그들 모두가 채무 설정의 부담을 갖고 있기 때문이다. 따라서 국가의 채권자는 자신이 분담하는 금액으로 자기 자신에게 지불하는 셈이 된다.

셋째, 국가의 채무를 지불하는 사람들은 네 가지 계층이 있다. 토지 소유자, 교역을 통해 사업을 행하는 자, 농부와 장인, 그리고 국가 또는 개인으로부터 금리를 받아 생활하는 자이다. 이 네 계층 중 마지막 계층은 불가피한 경우에 가장 배려해 줄 필요가 없을 듯이 보일 것이다. 이 계층은 국가 안에서 완전히 수동적인 데 반해, 국가는 다른 세 계층의 능동적 힘에 의해 유지되기 때문이다. 그러나 이 계층에 더 많은 부담을 지우면 공적 신뢰가 파괴된다. 일반적으로 국가에는 그리고 개별적으로 다른 세 계층에게는 공적 신뢰가 절대적으로 필요하므로, 일정한 수의 시민에게 공적 신용이 없다면 그것은 곧 모든 시민에게 없는 것이나 마찬가지이므로, 채권자 계층은 언제나 대신들의 계획에 가장 많은 위험을 무릅쓰게 되고 언제나 그들의 주시와 통제를 받게 되므로, 국가는 이 계층을 특별히 보호해야 하고, 채무자 측이 채권자 측에 비해 조금이라도 유리한 조건을 갖는 일이 없도록 해야 한다.

제 19장 : 이자가 붙는 대출

돈은 가치의 기호이다. 이 기호가 필요한 사람은 그것을 빌려야 하는 것은 분명하다. 필요한 모든 물건을 빌리는 것처럼 말이다. 다만 다른 물건은 빌리거나 살 수 있지만, 물건의 가격인 돈은 빌릴 수는 있

지만 살 수는 없다는 것이 다를 뿐이다. **34**

다른 사람에게 이자 없이 돈을 빌려주는 것은 매우 착한 행동이다. 그러나 그것은 종교적 조언이 될 수 있을 뿐, 시민법이 될 수는 없다.

상업이 잘 이루어지려면 돈이 대가를 가져야 한다. 그러나 이 대가가 막대하지 않아야 한다. 만약 돈의 대가가 너무 높으면, 상인은 상업에서 이익을 얻을 수 있는 것보다 이자로 더 비용이 많이 든다고 생각하여 아무 일도 꾀하지 않는다. 만약 돈이 전혀 대가가 없으면, 아무도 돈을 빌려주지 않으므로 마찬가지로 상인은 아무 일도 꾀하지 않는다.

그런데 내가 아무도 돈을 빌려주지 않는다고 말하는 것은 잘못이다. 사회의 여러 사업은 언제나 진행되어야 하므로 고리(高利)가 성립되는데, 모든 시대에서 경험한 바와 같이 혼란이 따르게 된다.

무함마드의 법은 고리와 이자가 붙는 대출을 혼동하고 있다. 이슬람국가에서 고리는 금지가 엄격할수록 그에 비례해 커진다. 돈을 빌려주는 사람이 법을 위반하는 위험에 대한 보상을 받기 때문이다.

이런 동방의 나라에서는 사람들 대부분이 확실한 것을 아무것도 가지고 있지 않다. 어떤 금액을 현재 소유하고 있는 것과 그것을 빌려준 후 되찾을 수 있는 희망 사이에 거의 관련이 없다. 따라서 채무 변제 불능의 위험에 비례해서 고리가 커진다.

---

34 금과 은이 상품으로 간주되는 경우에 대해 말하는 것이 아니다.

제 20장 : 해상(海上)의 고리

해상에서 고리가 큰 것은 두 가지 사항에 근거한다. 하나는 바다의 위험인데, 이로 인해 사람들은 훨씬 더 많은 돈을 얻기 위해서가 아니면 돈을 빌려주는 위험을 무릅쓰지 않는다. 그리고 다른 하나는 돈을 빌리는 사람이 상업 덕분에 다수의 큰 거래를 신속하게 하기 쉽다는 것이다. 반면 육지에서의 고리는 이 두 가지 이유 중 어떤 것에도 근거를 두지 않으므로, 입법자에 의해 금지되거나 또는 더 합리적으로 적절한 한계로 제한된다.

제 21장 : 로마인의 계약에 의한 대출과 고리

상업을 위해 행해지는 대출 이외에 시민적 계약에 의해 이루어지는 대출의 종류도 있는데, 거기에서도 이자 혹은 고리가 생긴다.

로마에서는 인민의 권력이 나날이 증가했으므로 집정자들은 인민의 비위를 맞추고 최대한 인민의 마음에 드는 법을 만들게 하려고 애썼다. 그들은 원금을 감면하고, 이자를 줄이고, 이자 받는 것을 금지하고, 채무자의 신체 구속을 폐지했다. 요컨대 호민관이 인기를 얻으려고 할 때마다 부채의 폐기가 검토되었다.

법이나 평민회 의결에 의한 이러한 계속된 변화는 로마에 고리를 정착시켰다. 인민이 채무자이자 입법자이자 재판관이라는 것을 알게 된 채권자가 더 이상 계약을 신뢰하지 않았기 때문이다. 신용이 떨어진 채무자로서의 인민은 많은 이윤에 의하지 않고는 자신에게 돈을 빌려주도록 부추길 수가 없었다. 법은 이따금 개입하는 것에 불과하지만, 인민의 불평은 끊임이 없고 언제나 채권자를 위협했으므로 더욱 그러했다. 그리하여 로마에서 돈을 빌려주고 빌리는 정직한 방법은 모두 사라졌고, 언제나 호되게 벼락을 맞으면서도 계속 되살아나는 무시무시한 고리가 정착되었다.[35] 여러 상황이 신중하게 고려되지 않은 데에서 초래된 해악이었다. 선을 위한 극단적인 법은 극단적인 악을 낳게 마련이다. 그리하여 돈의 대부에 대해서뿐만 아니라 법의 처벌 위험에 대해서도 대가를 지불해야 했다.

제 22장 : 같은 주제 계속

초기 로마인에게는 고리의 비율을 조정하기 위한 법률이 없었다.[36] 그 점에 대해 평민과 귀족 사이에 발생한 분쟁에서, 심지어 성스러운 산의 폭동[37]에서조차 한쪽에서는 신용만 내세웠고, 다른 쪽에서는 계약의 가혹함만 주장했다.

따라서 사람들은 개별적 합의를 따르고 있었다. 가장 일반적인 것은 연이율 12퍼센트였다고 생각한다. 그 이유는 로마인의 옛날 언어로 6퍼센트의 이자는 고리의 절반이라 불렸고 3퍼센트의 이자는 고리의 4분의 1로 불렸기 때문이다.[38] 따라서 전체 고리는 12퍼센트였다.

---

35 타키투스, 《연대기》, 제6편.
36 로마인에게 고리와 이자는 같은 의미였다.
37 이 폭동을 잘 묘사한 할리카르나소스의 디오니시오스를 참조할 것.
38 Usuræ semisses, trientes, quadrantes(절반, 3분의 1, 4분의 1의 이자). 이에

상업이 거의 없는 민족에게 어떻게 그렇게 높은 고리가 성립될 수 있었느냐고 묻는다면, 나는 이렇게 말하겠다. 이 민족은 무보수로 매우 자주 전쟁에 나가야 했기 때문에 빈번히 돈을 빌릴 필요가 있었는데, 끊임없이 행운이 따르는 원정을 했으므로 대부분 쉽게 돈을 갚을 수 있었다고 말이다. 그것은 그 문제에 관해 야기된 분쟁의 이야기를 보면 잘 알 수 있다. 그런 이야기들은 돈을 빌려주는 사람들의 탐욕을 부정하지는 않지만 불평하는 자들이 건실하게 행동했었다면 갚을 수 있었을 거라고 말하고 있다. 39

따라서 현재 상황에만 영향을 미치는 법이 만들어졌다. 예를 들어 전쟁을 치르기 위해 입대한 사람들은 채권자에게 고소되지 않는다거나 구속된 자들은 석방된다거나 가장 가난한 자들은 식민지로 끌려간다고 규정하는 법이었다. 때때로 국고(國庫)가 열리기도 했다. 인민은 현재의 불행이 경감되는 것에 의해 마음이 진정되었고, 그 이후의 일에 대해서는 아무것도 요구하지 않았기 때문에 원로원도 인민을 미리 배려하려고 하지 않았다.

원로원이 그토록 끈질기게 고리를 옹호하던 시대에는 로마인에게 가난과 검소함과 중용에 대한 사랑이 극도에 달해 있었다. 그러나 국가 구조는 주요 시민들이 국가의 모든 부담을 담당하고 하층민은 아무것도 지불하지 않는 것이었다. 과연 어떤 방법으로 그 시민들에게

대해서는 《학설휘찬》과 법전 de usuris의 여러 글을 참조할 것. 특히 ff. de usuris에서 제17법을 각주와 함께 볼 것.

39 할리카르나소스의 디오니시오스에서 그 점에 관한 아피우스의 연설을 참조할 것.

서 채무자를 고소하는 권리를 빼앗으면서 그들의 부담을 이행하고 공화국의 긴급한 필요비용을 보조해 달라고 요청할 수 있겠는가?

타키투스는 12표법이 이자를 연간 1퍼센트로 정했다고 말한다. **40** 그는 분명히 잘못 알고 있었고, 12표법을 이제 내가 말하려고 하는 다른 법으로 착각한 것이다. 만약 12표법이 그렇게 정했다면, 그 뒤에 채권자와 채무자 사이에 벌어진 분쟁에서 어떻게 그 법의 권위가 이용되지 않았겠는가? 이자가 붙는 대출에 대해서 이 법의 흔적은 전혀 찾아볼 수 없다. 조금이라도 로마의 역사에 관심을 기울였던 사람이라면 그런 법이 10인 위원들의 작품일 수 없다는 것을 알 것이다.

12표법보다 85년 뒤에 만들어진 리키니우스 법**41**은 앞에서 말한 일시적인 법의 하나였다. 이 법은 이자로 지불된 것을 원금에서 제하고 잔액을 똑같은 금액으로 세 번에 나누어 갚도록 정했다.

로마력 398(BC356)년에, 호민관 두엘리우스와 메네니우스는 이자를 연 1퍼센트로 낮추는 법을 통과시켰다. **42** 타키투스가 12표법과 혼동한 것은 바로 이 법으로, **43** 그것은 로마에서 이자율을 정하기 위해 만들어진 최초의 법이다. 10년 후, **44** 이 금리는 절반으로 줄었다. **45**

---

40 《연대기》, 제6편.

41 로마력 388(BC366)년. 티투스 리비우스, 제6편.

42 Unciaria usura(12분의 1의 이자). 티투스 리비우스, 제7편.

43 《연대기》, 제6편.

44 티투스 리비우스 제7편에 의하면 L. 만리우스 토르카투스와 C. 플라우티우스의 집정관 시대에서였다. 타키투스가 《연대기》 제6편에서 말하는 것은 바로 이 법이다.

45 Semiunciaria usura(24분의 1의 이자).

그 후에는 금리가 완전히 없어졌다. **46** 만약 티투스 리비우스가 읽은 몇몇 저자의 말을 믿는다면, 그것은 C. 마르티우스 루틸리우스와 Q. 세르빌리우스의 집정관 시대, **47** 로마력 413(BC341)년의 일이었다.

이 법도 입법자가 상황을 극단으로 이르게 한 다른 모든 법과 같은 결과를 초래했다. 법망을 피하는 방법이 발견된 것이다. 따라서 법을 강화하고 교정하고 완화하기 위한 다른 법들이 많이 만들어져야 했다. 사람들은 때로는 법을 버리고 관행을 따랐고, **48** 때로는 관행을 버리고 법을 따랐다. 그러나 그 경우 관행이 쉽게 우세를 보이기 마련이었다. 어떤 사람이 돈을 빌릴 때, 그를 위해 만들어진 법에서조차 장애를 발견하게 된다. 이 법은 보호하려는 자에게나 단죄하려는 자에게나 모두 불만스러웠다. 법에 따라 행동할 것을 채무자들에게 허용했던**49** 법무관 셈프로니우스 아셀루스는 더 이상 견딜 수 없는 엄격함에 대한 기억을 되살리려고 했기 때문에 채권자들에게 살해되었다. **50**

이제 도시를 떠나 잠시 여러 주(州)로 눈을 돌려 보자.

나는 로마의 주가 전제적이고 가혹한 통치로 인해 황폐해졌다고 이

---

46 타키투스가 《연대기》 제6편에서 말하듯이.

47 이 법은 인민 호민관 M. 게누키우스의 기소 때 만들어졌다. 티투스 리비우스, 제7편 말미.

48 Veteri jam more fœnus receptum erat(옛날 관습대로 이자를 받았다). 아피아노스, 《내란기》, 제1편.

49 Permisit eos legibus agere(그는 그들이 법대로 행동하는 것을 허용했다). 아피아노스, 《내란기》, 제1편. 티투스 리비우스의 《요약서》, 제64편.

50 로마력 663(BC91)년.

미 말한 바 있다. 51 그런데 그것이 다가 아니다. 로마의 주는 끔찍한
고리에 의해 더욱 황폐해 있었다.

살라미나(7) 사람은 로마에서 돈을 빌리고 싶어도 가비니아 법 때문
에 빌릴 수 없었다고 키케로는 말한다. 52 나는 그 법이 무엇이었는지
알아보고자 한다.

이자가 붙는 대출이 로마에서 금지되자 법망을 피하기 위한 온갖
수단이 고안되었다. 53 동맹 국민이나 라틴 민족 사람들은 로마인의
시민법에 구속되지 않았으므로, 라틴인이나 동맹 국민을 이용하여54
그들의 이름을 빌려 채권자로 내세웠다. 따라서 법은 채권자에게 단
지 한 가지 절차를 거치게 한 것에 불과했고, 사람들의 부담이 덜어진
것은 아니었다.

사람들은 이 기만행위에 불평했다. 그래서 인민 호민관 마르쿠스
셈프로니우스는 원로원의 권위에 의하여 로마 시민들 사이에 이자가
붙는 대출을 금지하는 법을 로마 시민과 동맹 국민 또는 라틴인 사이
에도 똑같이 적용하는 평민회 의결을 성립시켰다. 55

이 시대에 동맹 국민이란 엄밀한 의미에서 로마의 주로 통치되지
않는 곳으로 아르노강과 루비콘강까지 퍼져 있는 이탈리아의 여러 민
족을 일컫는 말이었다.

---

51 제11편, 제19장.
52 아티쿠스에게 보낸 편지, 제5편, 편지 21.
53 티투스 리비우스.
54 위의 책.
55 로마력 561(BC193)년. 티투스 리비우스 참조.

고리(高利)를 저지하기 위해 만들어진 법에 대해 언제나 새로운 기만행위가 행해졌다고 타키투스는 말한다. 56 동맹 국민의 이름으로 더 이상 돈을 빌리거나 빌려줄 수 없게 되었을 때, 속주의 주민을 이용해 명의를 빌리는 것은 쉬운 일이었다.

이런 폐해를 방지하는 새로운 법이 필요했다. 가비니우스(8)가 선거에서 부정을 방지하기 위한 목적으로 유명한 법을 만들면서57 그것에 성공하기 위한 가장 좋은 방법은 돈의 차용을 저지하는 것이라고 생각한 것은 당연한 일이었다. 이 두 가지는 자연히 연결되어 있었다. 선거에 이기려면 돈이 필요했으므로 선거 때는 언제나 금리가 상승했기 때문이다. 58 가비니아 법이 셈프로니우스의 원로원 의결을 여러 주에 확장시킨 것은 분명하다. 살라미나 사람들이 이 법 때문에 로마에서 돈을 빌릴 수 없었으니 말이다. 브루투스는 남의 명의로 월 4퍼센트로59 살라미나 사람들에게 돈을 빌려주었고, 60 그것에 대해 두 개의 원로원 의결을 얻어냈다. 그 중 첫 번째 원로원 의결에는 이 대출이 법에 대한 기만행위로 간주되지 않는다는 것61과 시칠리아 총

---

56 《연대기》, 제6편.

57 로마력 615(BC139)년.

58 키케로가 아티쿠스에게 보낸 편지 참조, 제4편, 편지 15와 16.

59 폼페이우스는 아리오바르자네스 왕(Ariobarzanes, BC93~BC63에 재위한 카파도키아 왕이다__옮긴이 주)에게 600달란트를 빌려주고 매달 33아티카달란트를 받았다. 키케로가 아티쿠스에게 보낸 편지, 제5편 편지 21, 제6편 편지 1.

60 키케로가 아티쿠스에게 보낸 편지, 제6편, 편지 1.

61 Ut neque Salaminis, neque cui eis dedisset, fraudi esset(살라미나 사람들도 그것을 준 사람도 부정행위를 한 것이 아니다). 위의 책.

독은 살라미나 사람들의 증서에 기재된 협약에 따라 판결하라는 내용이 명시되어 있었다.

가비니아 법에 의해 속주민과 로마 시민 사이에 이자가 붙는 대출이 금지되었을 때, 당시 로마 시민은 온 세계의 돈을 수중에 가지고 있었으므로 엄청난 고리의 유혹을 받을 수밖에 없었다. 그들은 탐욕에 눈이 멀어 빌려준 돈을 잃어버릴 수도 있는 위험을 보지 못했다. 그리고 로마에는 집정자를 위협하고 법을 침묵하게 만드는 유력자들이 있었으므로, 그들은 돈을 빌려주고 높은 이자를 요구하는 데 더 대담했다. 그 결과 속주들은 로마에 자금을 가지고 있는 모든 사람에 의해 차례로 유린되었다. 그리고 총독마다 주에 들어가면서 칙령을 만들어 자기 마음대로 이자율을 정했으므로, 62 탐욕은 입법을 돕고 입법은 탐욕을 도왔다.

공무는 진행되어야 한다. 만약 국가에서 모든 것이 활동하지 않으면, 국가는 멸망한다. 도시나 기관이나 도시 단체나 개인도 돈을 꾸어야 하는 경우가 있었다. 설사 군대의 유린, 행정관의 약탈, 공직자의 공금횡령, 날마다 정착되는 나쁜 관행에 비용을 대기 위해서라고 할지라도 돈을 빌릴 필요는 차고 넘쳤다. 사람들은 그렇게 부유했던 적도, 그렇게 가난했던 적도 없었기 때문이다. 집행권을 가졌던 원로원은 필요에 의해, 때로는 호의에 의해 로마 시민에게 돈을 빌리는 것

---

62 키케로의 칙령은 이자율을 월 1퍼센트로 정해서 1년 후에는 고리 중의 고리가 되었다. 그는 공화국의 농부들에 대해서는 채무자에게 유예기간을 주라고 촉구했다. 만약 이 채무자들이 정해진 기간에 갚지 않는다면, 증서에 기재된 고리대로 허용했다. 키케로가 아티쿠스에게 보낸 편지, 제6편, 편지 1.

을 허락했다. 그리고 그것에 대해 원로원 의결을 만들었다. 그러나 원로원 의결조차 법 때문에 권위를 잃게 되었다. 이 원로원 의결이 인민에게 새로운 법을 요구할 기회를 줄 수 있었으므로, [63] 그것은 원금 상실의 위험을 증가시켜서 고리를 더욱 증가시켰다. 사람들을 다스리는 것은 중용이지 과도함이 아니라는 것, 내가 항상 말하는 바는 바로 그것이다.

울피아누스는 "가장 늦게 내는 자가 가장 적게 낸다"고 말한다. [64] 로마 공화국이 파괴된 후 입법자들을 인도한 것은 바로 이 원리이다.

---

[63] 제 5편, 아티쿠스에게 보낸 편지 21에서 루케이우스가 말한 것을 참조할 것. 심지어 월 1퍼센트의 관행을 확정하기 위한 전체 원로원 의결도 있었다. 같은 편지 참조.

[64] Leg. 12. ff. de verbor. signif.

제 23 편   주민 수와 관계되는 법

제 23 편

제 1장 : 종의 번식과 관련한 인간과 동물

오, 비너스! 오, 사랑의 어머니!

… .

그대의 별이 다시 데려오는 아름다운 첫 햇살부터

서풍이 사랑의 숨결을 느끼게 하네

대지는 빛나는 색깔로 가슴을 장식하고

대기에는 꽃의 요정의 부드러운 향기가 가득하네

그대의 힘에 놀란 새들이 수많은 교성을 내며

그대의 출현을 찬양하는 소리가 들리네

아름다운 암소를 위해 거만한 황소들이

들에서 뛰고 강을 건너는 것이 보이네

마침내 숲에, 산에, 강에, 바다에,

푸른 들판에 사는 것들이

그대를 보고 사랑과 욕망에 불타오르며

쾌락에 이끌려 번식을 시작하는도다

기꺼이 그대를 따르리라, 숨 쉬는 모든 것에 대해

아름다움이 주는 그 멋진 나라. 1

　동물의 암컷은 거의 변함없는 번식력을 가지고 있다. 그러나 인간의 경우는 사고방식, 성격, 정념, 환상, 변덕, 아름다움을 유지하려는 생각, 임신의 곤란함, 식구 수가 너무 많은 가족의 곤란함 등이 수많은 방법으로 번식을 방해한다.

제 2장 : 혼인

아버지가 자식을 양육하는 자연적 의무가 혼인을 성립시켰다. 혼인은 이 의무를 완수해야 하는 사람을 분명히 드러낸다. 폼포니우스 멜라가 말하는 민족2은 오직 닮은 것에 의해서만 양육 의무자를 정했다. 3

　문명화된 민족에서 아버지란 혼인 의식에 의해 양육 의무자가 틀림

1　루크레티우스(Titus Lucretius Carus, 기원전 1세기 고대 로마의 시인이자 철학자로 에피쿠로스의 사상과 철학을 다룬 장편시 《사물의 본성에 관하여》로 유명하다_옮긴이 주)의 첫 부분을 에노 경(sieur d'Hesnaut)이 번역한 것.

2　가라만테스(고대 리비아 남서쪽에 거주했던 철기시대 베르베르족과 일치한다고 여겨지는 고대 민족_옮긴이 주).

3　제 1편, 제 8장.

없다고 법이 선언한 사람이다. **4** 법은 그 사람에게서 법이 찾는 사람을 발견한 것이기 때문이다.

동물의 경우 이 의무는 보통 어미 혼자 충분히 완수할 수 있다. 인간의 경우 이 의무는 그 범위가 훨씬 더 넓다. 인간의 자식은 이성을 가지고 있다. 그러나 자식에게 이성이 생기는 것은 오직 서서히 진행될 뿐이다. 그래서 자식을 기르는 것으로 충분하지 않고, 그들을 지도해야 한다. 이미 그들은 살아갈 수는 있겠지만, 스스로를 다스리지는 못한다.

불법적 결합은 종의 번식에 거의 도움이 되지 못한다. 그 경우에는 자식을 부양하고 기르는 자연적 의무가 있는 아버지가 정해져 있지 않다. 어머니에게는 의무가 남지만, 그녀는 수치, 후회, 여성이라는 구속, 법의 엄격함 때문에 수많은 장애를 만난다. 대개의 경우, 그녀에게는 능력이 없다.

매춘에 종사한 여자들은 자식을 교육하기가 쉽지 않다. 심지어 이 교육의 수고는 그녀들의 신분과 양립이 불가능하다. 그리고 그녀들은 몹시 타락해 있어서 법의 신용을 얻지 못할 것이다.

이 모든 것으로 보아, 공공의 순결성은 본래 종의 번식과 결합되어 있다는 결론이 나온다.

---

4 Pater est quem nuptiæ demonstrant (아버지는 혼인이 가리키는 사람이다).

제 3장 : 자식의 신분

이성적으로 생각할 때, 혼인한 상황에서는 자식이 아버지의 신분을 따르고, 혼인하지 않은 상황에서는 자식은 어머니에게만 관련될 수 있다. 5

제 4장 : 가문

아내가 남편의 가문으로 옮겨가는 것은 거의 어디에서나 공인된 것이다. 그런데 타이완에서는 그 반대의 경우가 아무렇지 않게 행해진다. 6 거기서는 남편이 아내의 가문에 소속된다.

같은 성별의 사람들이 이어지는 것으로 가문을 정하는 이 법은 처음 동기와는 무관하게 인류의 번식에 많은 기여를 한다. 가문은 일종의 재산이다. 가문을 영속시키지 않는 성별의 자식을 가진 사람은 가문을 영속시키는 성별의 자식을 가질 때까지 결코 만족하지 않는다.

사라져서는 안 될 것 같다고 생각하는 성(姓)은 모든 가문에 그 존속을 연장시키려는 욕망을 불러일으키기에 매우 적합하다. 성이 가문을 구별해 주는 민족이 있고, 성이 단지 사람을 나타내는 데 불과한 민족이 있다. 후자의 경우는 그것이 그렇게 대단한 것은 아니다.

5　그 때문에 노예제가 있는 나라에서는 거의 언제나 자식이 어머니의 신분을 따른다.

6　뒤 알드 신부, 제1편, 165쪽.

제 5장 : 정식 부인들의 순위

때때로 법과 종교는 여러 종류의 시민적 남녀 결합을 설정했다. 이슬람교도의 경우가 그러하다. 거기서는 부인들의 여러 순위가 있고, 그 자식들은 집안에서의 출생에 의해, 시민적 계약에 의해, 또는 어머니가 노예일 경우 아버지의 추후 시인에 의해서도 자식으로 인정된다.

법이 아버지에게 허용한 것을 자식에게는 잃게 하는 것은 이성에 어긋나는 일이다. 따라서 모든 자식이 아버지를 상속해야 하는데, 그것을 가로막는 특별한 이유가 있을 때는 예외이다. 왕이 제공한 여자의 자식들만 상속하는 일본의 경우처럼 말이다. 거기서는 왕이 주는 재산이 너무 분할되지 않을 것을 정치가 요구하고 있다. 그 재산에는 옛날 우리의 봉토(封土)처럼 의무가 부여되기 때문이다.

어떤 나라에서는 한 명의 정식 부인이 일처제인 우리의 풍토에서 한 명의 아내가 갖는 권세를 집안에서 거의 누리기도 한다. 거기서는 첩의 자식이 첫 번째 부인의 자식으로 간주된다. 중국에서는 그렇게 정해져 있다. 효도라든가 엄격한 장례 의식은 친어머니가 아니라 법이 정해주는 이 어머니에게 행해져야 한다. 7

이와 같은 의제(擬制) 덕분에, 서자(庶子)는 더 이상 없다. 8 이런 의제가 행해지지 않는 나라에서 첩의 자식을 적자로 인정하는 법은

---

7 뒤 알드 신부, 제2권, 121쪽.
8 아내는 큰 부인과 작은 부인, 즉 정식 부인과 그렇지 않은 부인으로 구별된다. 그러나 자식들 사이에는 그런 구분이 없다. 뒤 알드 신부가 번역한 도덕에 관한 중국 저서 140쪽에는 "그것은 제국의 큰 원칙이다"라고 쓰여 있다.

분명히 과도한 것이다. 법이 많은 국민을 절망에 빠뜨릴 것이기 때문이다. 이런 나라에서는 간통으로 태어난 사생아 역시 문제가 되지 않는다. 여자들의 격리, 유폐, 환관, 빗장으로 인해 그런 일이 매우 어려우므로 법도 그것이 불가능하다고 판단한다. 게다가 아마도 어미와 자식이 똑같은 칼에 죽게 될 것이다.

제 6장 : 여러 정체에서의 서자

따라서 다처제가 허용되는 나라에서는 서자라는 존재가 거의 없다. 서자는 일처제의 법이 확립되어 있는 나라에서 존재한다. 이런 나라에서는 축첩(蓄妾)을 틀림없이 비난했을 것이다. 따라서 첩에게서 태어난 자식들도 비난했을 것이 틀림없다.

공화정체에서는 풍속이 순결할 필요가 있으므로, 서자는 군주정체에서보다 훨씬 더 불쾌감을 준다. 어쩌면 로마에서는 그들에게 너무도 가혹한 규정을 만들었을 것이다. 그러나 고대의 제도는 모든 시민에게 혼인을 필연적인 것으로 만들었고 또 일방적 이혼이나 합의이혼을 허락함으로써 혼인이 완화되어 있었으므로, 축첩에 이르게 할 수 있는 것은 오직 풍속의 심한 부패뿐이었다.

민주정체에서는 시민의 자격이 주권을 포함하므로 중요하기 때문에 종종 서자의 신분에 관한 법이 만들어졌다. 그것은 이 문제 자체나 혼인의 성실성보다는 공화정체라는 특수한 정치 구조와 관련되어 있었다는 것을 주목해야 한다. 그리하여 인민은 때때로 세력가에게 맞설 힘을 증가시키기 위해 서자를 시민으로 받아들였다. 9 반면 아테네에서는 이집트 왕이 보낸 밀을 보다 큰 몫으로 차지하기 위해 시민의 수에서 서자를 뺐다. 그리고 여러 도시에서 시민의 수가 충분하지 않을 때는 서자가 상속했고, 시민의 수가 충분할 때는 상속할 수 없었다고 아리스토텔레스는 우리에게 알려준다. 10

제 7장 : 혼인에 대한 아버지의 동의

아버지의 동의는 그의 권력, 즉 그의 소유권에 토대를 둔 것이다. 그것은 또한 그의 사랑, 그의 이성, 나이 탓에 무지하고 정념으로 인해 도취 상태에 있는 자녀의 이성이 불확실하다는 점에 토대를 둔 것이기도 하다.

작은 공화국이나 우리가 앞에서 말한 특이한 제도에서는 시민의 자녀가 혼인할 때 감독권을, 자연이 이미 아버지에게 준 그 감독권을 집정자에게 부여하는 법이 있을 수 있다. 거기서는 공공복지에 대한 사랑이 다른 모든 사랑과 같거나 그것을 능가할 수 있다. 그래서 플라톤은 집정자가 혼인을 결정하기를 바랐고, 스파르타의 집정자는 혼인을 감독했다.

그러나 보통의 제도에서 자녀를 혼인시키는 것은 아버지의 일이다. 그 문제에 대한 아버지의 신중함은 언제나 다른 모든 신중함을 압도할 것이다. 자연은 자식에게 후계자를 마련해 주고 싶은 욕망을 아

---

9 아리스토텔레스, 《정치학》, 제6편, 제4장 참조.
10 위의 책, 제3편, 제3장.

버지에게 주는데, 그것은 아버지가 자기 자신에게는 이제 거의 느낄수 없는 욕망이다. 자손의 여러 단계에서 아버지들은 자기도 모르게 미래를 향해 나아가고 있는 셈이다. 그러나 억압과 탐욕이 아버지의 권위를 찬탈하는 지경에 이르면 어떻게 될까? 서인도제도에서 스페인 사람들이 한 행동에 대한 토머스 게이지(1)의 말을 들어보자. 11

"공물을 바치는 사람들의 수를 늘리기 위해 15세가 되는 모든 인디언은 결혼해야 한다. 심지어 인디언의 결혼 연령을 남자는 14세, 여자는 13세로 정했다. 간교함이 나이를 보완해 줄 수 있다고 하는 가톨릭교회 법령집을 근거로 한 것이다."

그는 그런 식으로 인구조사가 행해지는 것을 보았고, 그것은 수치스러운 일이었다고 말한다. 이와 같이 이 세상에서 가장 자유로워야할 행위에서도 인디언은 노예였다.

제 8장 : 같은 주제 계속

영국에서는 종종 여자들이 법을 남용하여 부모에게 의논하지 않고 제멋대로 혼인한다. 거기서는 수도원의 독신 생활이 법으로 확립되어 있지 않아서 여자들은 혼인으로 얻는 신분밖에 가질 수 없고 그것을 거부할 수 없기 때문에 아마도 다른 곳에서보다 더 그런 관행이 허용될 수 없는 것이 아닌가 하는 생각이 든다. 반면 프랑스에서는 수도원 제도가 확립되어 있어서 여자들이 언제나 독신 생활을 할 수 있는 수

11 《토머스 게이지의 견문기》, 171쪽.

단을 가지고 있다. 그러므로 아버지의 동의를 기다리라고 여자들에게 명령하는 법은 프랑스에는 더 적합할 수 있다. 그렇게 생각해 볼 때, 이탈리아와 스페인의 관행은 가장 불합리하다. 거기서는 수도원 제도가 확립되어 있는데도 아버지의 동의 없이 혼인할 수 있다.

제 9장 : 처녀

처녀들은 오직 혼인에 의해서만 쾌락과 자유로 인도된다. 처녀들은 정신이 있어도 감히 생각하지 않고, 마음이 있어도 감히 느끼지 않고, 눈이 있어도 감히 보지 않고, 귀가 있어도 감히 듣지 않고, 어리석다는 것을 보여주기 위해서만 모습을 나타내고, 쓸데없는 일과 계율을 끊임없이 강요받는다. 그런 처녀들은 충분히 혼인에 끌린다. 혼인하라고 부추겨야 하는 것은 오히려 총각들이다.

제 10장 : 혼인을 결정하는 것

두 사람이 편안하게 생활할 수 있는 장소가 있는 곳이라면 어디서나 혼인이 이루어진다. 자연은 생존의 어려움에 의해 저지되지 않는다면 충분히 혼인으로 이끈다.

신흥 민족은 번식하고 그 수가 많이 증가한다. 거기서는 독신으로 사는 것이 매우 불편하고, 자식을 많이 갖는 것은 불편하지 않다. 국가가 형성되면 그 반대의 일이 일어난다.

제 11장 : 통치의 가혹함

거지처럼 아무것도 가진 것이 없는 사람들은 자식을 많이 갖는다. 그들이 신흥 민족의 경우에 해당하기 때문이다. 즉, 아버지는 자식에게 자신의 기술을 부여하기 위한 비용이 전혀 들지 않고, 심지어 자식은 태어나면서 그 기술의 도구가 되기도 한다. 부유하거나 미신적인 나라에서는 이런 사람들이 자식을 많이 낳는다. 그들은 사회의 부담을 지지 않기 때문이다. 그러나 단지 가혹한 통치하에 살기 때문에 가난한 사람들, 그들의 밭을 생존의 토대가 아니라 억압당하는 계기로 여기는 사람들, 이런 사람들은 자식을 거의 갖지 않을 것이다. 그들에게는 자신이 먹을 식량조차 없다. 그런데 어떻게 식량을 나누어 줄 생각을 할 수 있겠는가? 그들은 병에 걸린 자신을 치료할 수도 없다. 그런데 어떻게 계속 병에 시달리는 유년기 아이를 키울 수 있겠는가?

국민이 가난하면 가난할수록 가족의 수가 많아졌고, 세금 부담이 무거우면 무거울수록 세금을 낼 능력을 갖추게 되었다고 말하기는 쉽지만, 그것은 제대로 된 검토 능력이 없음을 나타낸다. 그 두 가지 궤변은 항상 군주정체를 멸망시켰고 앞으로도 계속 멸망시킬 것이다.

통치의 가혹함은 자연적 감정 자체에 의해 자연적 감정을 파괴하기까지 이를 수 있다. 자기 자식이 그토록 잔인한 주인을 갖지 않게 하려고 아메리카의 여자들은 스스로 낙태시키지 않았던가?[12]

12　《토머스 게이지의 견문기》, 58쪽.

제 12장 : 여러 나라의 남아와 여아의 수

이미 말했듯이, 13 유럽에서는 여아보다 남아가 조금 더 많이 태어난다. 일본에서는 남아보다 여아가 좀 더 많이 태어났다고 알려졌다. 14 모든 조건이 같다면 유럽보다 일본에 아이를 낳을 수 있는 여자가 더 많을 것이고, 따라서 인구도 더 많을 것이다.

여러 여행기에 의하면, 15 반탐(2)에서는 남아 한 명당 여아 10명이라고 한다. 이런 불균형은 그곳 가정의 수와 다른 풍토의 가정의 수의 비율을 1대 5. 5로 만들 것이므로 너무 지나치다. 그곳의 가정은 확실히 더 대규모일 수는 있겠지만, 그렇게 대규모의 가족을 유지할 수 있을 만큼 안락한 사람은 거의 없다.

제 13장 : 바닷가 항구

남자들이 수많은 위험을 무릅쓰고 멀리 떨어진 고장으로 가서 죽기도 하고 살기도 하는 바닷가 항구에는 남자가 여자보다 적다. 그러나 다른 곳보다 아이들은 더 많이 볼 수 있다. 그것은 식량을 쉽게 얻을 수 있다는 것에 기인한다. 어쩌면 어류의 기름 성분이 생식에 도움을 주는 물질을 공급하기에 더 적당하기 때문일 것이다. 그것은 거의 어류

---

13 제 16편 제 4장에서.
14 당시 일본 수도의 인구조사를 보고하는 캠퍼 참조.
15 《동인도회사 설립에 도움을 준 여행기 모음집》, 제 1권, 347쪽.

만 먹고 사는 일본16과 중국17의 인구가 매우 많은18 원인 중 하나이
리라. 만약 그렇다면, 어류만 먹고 살기를 강요하는 어떤 수도원 규
칙은 규칙 제정자의 정신에 어긋나는 것이다.

제14장 : 많든 적든 인간을 필요로 하는 토지 생산물

방목지가 있는 지방에는 인구가 별로 없다. 거기서는 적은 수의 사람
들만 일거리를 찾을 수 있기 때문이다. 반면 밀밭은 더 많은 사람에게
일거리를 주고, 포도밭은 훨씬 더 많은 사람을 고용한다.

영국에서는 방목지의 증가가 주민을 감소시킨다는 불평이 종종 있
었다.19 그리고 프랑스에서는 포도밭이 많은 것이 인구가 많은 커다
란 원인 중 하나라고 지적되고 있다.

탄광이 연료를 제공하는 지방은 숲이 필요하지 않아서 다른 지방에
비해 모든 토지가 경작될 수 있다는 이점이 있다.

쌀이 생산되는 곳에서는 물을 관리하기 위해 많은 작업이 필요하
다. 따라서 많은 사람이 고용될 수 있다. 그뿐만 아니라 다른 곡물을

---

16 일본은 여러 섬으로 이루어져 있으므로, 해안이 많고 바다에는 어류가 매우 많다.

17 중국에는 강이 많다.

18 뒤 알드 신부, 제2권, 139쪽과 142쪽 이후 참조.

19 버넷의 말에 의하면, 대부분의 토지 소유자가 밀보다 양모를 판매하는 것에서 더
많은 이윤을 발견하여 소유지를 폐쇄했다고 한다. 굶어 죽게 된 행정 지역들(즉
사람들)이 반란을 일으키자, 토지법이 제시되었다. 젊은 왕은 그것에 대해 글도
썼고, 토지를 폐쇄한 사람들을 비난하는 선언문이 만들어졌다. 《종교개혁사 개
요》, 44쪽과 83쪽.

생산하는 곳보다 한 가족의 식량 공급에 필요한 토지가 더 적다. 그리고 다른 곳에서는 가축의 먹이를 위해 사용되는 토지가 그곳에서는 인간의 식량을 위해 직접 사용된다. 다른 곳에서는 짐승이 하는 일을 거기서는 인간이 한다. 그리하여 토지 경작은 인간에게 막대한 규모의 공장이 된다.

제 15장 : 주민의 수와 수공업의 관계

토지법이 있어서 토지가 균등하게 분배될 때는 수공업이 거의 없어도 인구는 매우 많을 수 있다. 각 시민이 자신의 토지에서 일하여 바로 먹을 것을 얻고 모든 시민이 함께 나라의 모든 산물을 소비하기 때문이다. 고대의 몇몇 공화정체가 그러했다.

그러나 오늘날 우리의 국가들에서는 토지 분배가 불균등하므로, 토지를 경작하는 사람들이 소비할 수 있는 것보다 더 많은 산물이 토지에서 생산된다. 만약 그런 국가에서 수공업이 등한시되고 사람들이 농업에만 전념한다면, 인구가 많아질 수 없다. 경작하거나 경작을 시키는 사람들은 여분의 생산물을 갖게 되므로 다음 해에 그들을 일하게 할 수 있는 것은 아무것도 없다. 생산물은 아무 일도 하지 않는 사람들에 의해서는 소비되지 않을 것이다. 아무 일도 하지 않는 사람들에게는 그것을 구입할 수 있는 수단이 전혀 없을 것이기 때문이다. 따라서 생산물이 경작자와 수공업자에 의해 소비되도록 수공업이 확립되어야 한다. 간단히 말해서, 그런 국가에서는 많은 사람이 자신에게 필요한 것 이상으로 경작해야 한다. 그러기 위해서는 그들에게 잉여분을 가지려는 욕망을 주어야 하는데, 그것을 줄 수 있는 자는 수공업자뿐이다.

수공업을 줄이는 것을 목적으로 하는 기계가 언제나 유익한 것은 아니다. 만약 어떤 제품이 값도 저렴하고 그것을 사는 사람과 만든 사람에게 똑같이 도움이 된다면, 그 제조를 단순화하는 기계, 즉 노동자의 수를 감소시키는 기계는 해가 될 것이다. 만약 물레방아가 어디에나 설치되지 않았다면, 나는 그것이 사람들이 말하는 것만큼 그렇게 유익하다고 믿지 않을 것이다. 물레방아는 수많은 일손을 쉬게 했고, 많은 사람에게 물을 사용하지 못하게 했으며, 많은 토지에 비옥함을 잃게 했기 때문이다.

제 16장 : 종의 번식에 관한 입법자의 견해

시민의 수를 조정하는 것은 많은 상황에 좌우된다. 자연이 모든 것을 행한 나라가 있다. 따라서 그런 나라에서는 입법자가 할 일이 아무것도 없다. 풍토의 생식능력이 충분한 인구를 제공할 때 법으로 번식을 권장하는 것이 무슨 소용이 있겠는가? 때로는 기후가 토질보다 더 적절할 때가 있다. 그러면 거기서 인구가 증식하는데, 기근이 소멸시킨다. 중국의 경우가 그러하다. 그래서 중국에서는 아버지가 딸을 팔고 자식을 버린다. 통킹에서도 같은 원인이 같은 결과를 낳는다. 20 르노도(3)가 우리에게 그 여행기를 제공해 준 아라비아 여행자들처럼21 그

20 댐피어, 《새로운 세계 일주》, 제 2권, 41쪽.

것에 대해 윤회설을 거론할 필요는 없다.

같은 이유로 타이완에서는 여자가 35살이 될 때까지는 아이를 낳는 것이 종교에 의해 금지되어 있다. 22 그 나이가 되기 전에는, 여승이 여자의 배를 밟아 낙태시킨다.

제 17장 : 그리스와 주민의 수

동양의 어떤 지방에서는 물리적 원인에서 기인하는 이런 결과가 그리스에서는 정체의 본질에 의해 야기되었다. 그리스인은 저마다 나름의 정체와 법을 가진 도시들로 구성된 거대한 국민이다. 그 도시들은 오늘날 스위스와 네덜란드와 독일의 도시들과 마찬가지로 정복을 추구하지 않았다. 각 공화국에서 입법자가 목표로 삼은 것은 안으로는 시민의 행복, 밖으로는 이웃 도시들에 뒤지지 않는 역량이었다. 23 작은 영토와 큰 행복으로 인해 시민의 수가 증가함으로써 부담이 되기 쉬웠다. 그래서 그들은 끊임없이 식민지를 만들었고, 24 오늘날 스위스인이 그러듯 전쟁터의 용병이 되었다. 아이들이 지나치게 증가하는 것을 막을 수 있는 것은 무엇이든 소홀히 되지 않았다.

그들에게는 국가 구조가 특이한 공화국들이 있었다. 복종하는 민

---

21 167쪽.
22 《동인도회사 설립에 도움을 준 여행기 모음집》, 제 5권, 제 1부, 182쪽과 188쪽 참조.
23 능력, 규율, 군사 훈련에 의해서.
24 같은 상황에 처해 있던 갈리아인도 똑같이 했다.

족은 시민에게 생필품을 공급해야 했다. 스파르타인은 헬로트인에 의해, 크레타인은 페리에시안인에 의해, 테살리아인은 페네스트인에 의해 부양되었다. 노예가 자유인에게 생필품을 공급할 수 있으려면 자유인의 수가 일정한 수로 한정되어야 했다. 오늘날 우리는 정규군의 수를 제한해야 한다고 말한다. 그런데 스파르타는 농민에 의해 유지되는 군대였다. 따라서 그 군대를 제한해야 했다. 그렇지 않으면, 사회의 모든 특혜를 차지하는 자유인이 수없이 늘어날 테고 농민은 녹초가 되었을 것이다.

그러므로 그리스의 정치가들은 시민의 수를 조절하는 데 특별히 애썼다. 플라톤은 시민의 수를 5,040으로 정한다. 25 그리고 그는 명예, 수치, 노인의 훈계를 통해 필요에 따라 번식을 멈추거나 권장하기를 바란다. 심지어 그는 공화국에 지나친 부담이 되지 않을 정도로만 인구가 보충되도록 혼인의 수를 조절하고자 한다. 26

"나라의 법이 자식을 버리는 것을 금지한다면 각자 낳아야 할 자식의 수를 제한해야 한다"고 아리스토텔레스는 말한다. 27 그는 법으로 정해진 숫자 이상의 자식을 갖게 되면 태아가 생명을 갖기 전에 아내를 낙태시키라고 권고한다. 28

아이들의 숫자가 너무 많아지는 것을 방지하기 위해 크레타인이 사용한 불명예스러운 방법은 아리스토텔레스에 의해 알려져 있다. 나

---

25 《법률》, 제5편에서.
26 《국가》, 제5편.
27 《정치학》, 제7편, 제16장.
28 위의 책.

는 그것을 이야기하고자 했을 때, 수치심에 몸이 떨렸다.

아리스토텔레스는 또 외국인, 서자, 어머니만 시민인 사람을 법에 의해 시민으로 만드는 곳이 있다고 말한다.[29] 그러나 그런 곳에서도 인구가 충분해지면 더 이상 그렇게 하지 않는다. 캐나다의 미개인은 포로를 화형에 처한다. 그러나 포로에게 줄 빈 오두막이 있을 때는 포로를 같은 국민으로 인정한다.

페티[(4)]의 계산에 의하면, 영국에서 한 인간은 알제에서 팔리는 시세만큼의 가치가 있다고 상정되었다.[30] 그것은 영국에서만 유효할 수 있다. 인간이 아무 가치도 없는 나라도 있고, 극히 미미한 가치밖에 없는 나라도 있다.

제18장 : 로마인 이전의 인구 상태

이탈리아, 시칠리아, 소아시아, 스페인, 갈리아, 게르마니아는 그리스와 거의 마찬가지로 소수민족으로 가득했고 주민으로 넘쳤다. 따라서 거기서는 주민 수를 증가시키기 위한 법이 필요 없었다.

---

29 《정치학》, 제3편, 제5장.
30 60파운드.

제 19장 : 세계의 인구 감소

이 모든 소 공화국은 하나의 커다란 공화국으로 합병되었다. 그리고 깨닫지 못하는 사이에 세계 인구가 감소했다. 로마인 승리 전후의 이탈리아와 그리스가 어떠했는지를 보기만 하면 알 수 있다.

"볼스키족은 그토록 자주 패배한 후에도 전쟁하기에 충분한 병사들을 대체 어디에서 찾아낼 수 있었냐고 사람들은 물을 것이다. 오늘날에는 약간의 병사와 로마의 노예들을 제외하면 황야에 불과했을 이 지역에 틀림없이 수많은 인구가 있었을 것이다"라고 티투스 리비우스는 말한다.[31]

"신탁(神託)은 끝났다. 신탁이 내려졌던 장소가 파괴되었기 때문이다. 오늘날 그리스에 전사는 기껏해야 3천 명 정도일 것이다"라고 플루타르코스는 말한다.[32]

"나는 에페이로스와 그 주변의 장소들에 대해 묘사하지 않을 것이다. 그 지방들은 완전히 황량하기 때문이다. 오래전부터 시작된 이 인구 감소는 날마다 계속되고 있다. 그래서 로마의 병사들은 버려진 집에 주둔하고 있다"라고 스트라본은 말한다.[33] 그는 그 이유를 폴리비오스에서 찾아낸다. 폴리비오스는 아이밀리우스 파울루스(5)가 승리한 후 70개의 에페이로스 도시들을 파괴했고 15만의 노예를 끌고

---

31 제6편.
32 《모랄리아》, "끝난 신탁에 대하여".
33 제7편, 496쪽.

갔다고 말한다.

제 20장 : 로마인은 종의 번식을 위해 법을 만들 필요가 있었다

로마인은 모든 민족을 파괴하면서 자기 자신도 파괴했다. 그들은 끊임없는 행동과 노력과 폭력 속에서 마치 계속 사용된 무기처럼 기력이 고갈된 것이다.

나는 여기서 그들이 시민을 잃어감에 따라 시민을 얻으려고 기울인 관심,34 그들이 만든 연합, 그들이 부여한 시민권, 그들이 노예들 속에서 발견한 거대한 시민 양성소에 대해서는 말하지 않을 것이다. 시민의 상실이 아니라 인구의 상실을 회복하기 위해서 그들이 한 일을 말하고자 한다. 그들은 법과 계획을 세계에서 가장 잘 조화시킬 줄 아는 민족이었으므로, 그 점에 관해 그들이 행한 것을 검토하는 것은 중요하다.

제 21장 : 종의 번식에 관한 로마인의 법

로마의 옛 법은 시민을 혼인시키려고 매우 애썼다. 디오35가 전하는 연설문 속에서 아우구스투스가 말하듯, 원로원과 인민은 그것에 관해 종종 규칙을 만들었다.

---

34 나는 이 문제를 《로마인의 위대함과 그 쇠락의 원인에 관한 고찰》에서 다루었다.
35 제 56편.

할리카르나소스의 디오니시오스36는 베이 사람들에게 몰살당한 파비우스 가문 사람들이 305명 죽은 후 그 가문 사람으로는 단지 어린 아이 한 명밖에 남지 않았다는 것을 믿을 수 없었다. 각 시민에게 혼인해서 모든 아이를 키울 것을 명령하는 옛날 법이 여전히 유효했기 때문이다. 37

법과는 별개로 감찰관이 혼인을 주시하고 있었다. 그리고 공화국의 필요에 따라, 그들은 수치와 형벌에 의해 혼인을 권장했다. 38

풍속이 부패하기 시작하면, 시민들은 혼인을 싫어하게 된다. 순결의 기쁨에 대해 더 이상 의미를 두지 않는 사람들에게 혼인은 단지 고통일 뿐이다. 그것이 바로 메텔루스 누미디쿠스(6)가 감찰관직을 수행하면서 인민에게 한 연설의 정신이다. 39

"만일 아내를 갖지 않는 것이 가능하다면, 우리는 그런 불행에서 해방될 것이다. 그러나 아내와 함께하면 행복하게 살 수 없고 또 아내 없이는 존속할 수 없다는 것은 자연에 의해 정해진 것이므로, 일시적 만족보다는 종족 보존을 더 고려해야 한다."

풍속의 부패는 감찰관직을 파괴했다. 감찰관직은 풍속의 부패를 없애기 위해 수립된 것이지만, 풍속의 부패가 일반적인 것이 되었을

---

36 제2편.
37 로마력 277(BC477)년.
38 그들이 이 점에 대해 행한 일을 참조할 것. 티투스 리비우스, 제45편. 티투스 리비우스의 《요약서》, 제59편. 아울루스 겔리우스, 제1편, 제6장. 발레리우스 막시무스, 제2편, 제9장.
39 이 연설은 아울루스 겔리우스, 제1편, 제6장에 들어있다.

때 감찰관직은 더 이상 힘을 갖지 못했다. **40**

국내의 분쟁, 삼두정치, 추방제도는 로마가 행한 어떤 전쟁보다 더 로마를 약화시켰다. 시민은 얼마 남지 않았는데, **41** 대부분 혼인하지 않았다. 혼인하지 않는 폐해를 개선하기 위하여, 카이사르와 아우구스투스는 감찰관직을 복원시켰고 심지어 직접 감찰관이 되고자 했다. **42** 그들은 여러 가지 규칙을 만들었다. 카이사르는 자식을 많이 가진 사람에게 상을 주었고, **43** 남편도 자식도 없는 45세 이하 여자에게는 보석 착용이나 가마 사용을 금지했다. **44** 허영심에 의해 독신을 공격하는 탁월한 방법이다. 아우구스투스 법은 더 과격했다. **45** 그는 혼인하지 않은 사람에게 새로운 형벌을 부과했고, **46** 혼인한 사람과 자식을 가진 사람에게 주는 상을 늘렸다. 타키투스는 이런 법들을 율리아 법이라고 부르는데, **47** 원로원과 인민과 감찰관에 의해 만들어진 옛 규칙들이 합쳐진 것으로 보인다.

아우구스투스 법은 수많은 장애를 만났다. 그 법이 만들어진 지 34년 후, **48** 로마의 기사들은 그에게 그 법의 폐지를 요구했다. 그는 한

---

40 내가 제5편 제19장에서 말한 것을 참조할 것.

41 카이사르가 내전 후에 인구조사를 했는데, 가장이 15만 명밖에 없었다. 티투스 리비우스에 대한 플로루스의 《요약서》, 10편 묶음집 제12권.

42 디오, 제43편. 크시필리노스, "아우구스투스".

43 디오, 제43편. 수에토니우스, 《황제들의 생애》, 제20장. 아피아노스, 《내란기》, 제2편.

44 에우세비우스, 《연대기》.

45 디오, 제54편.

46 로마력 736(BC18)년.

47 Julias rogationes(율리우스의 법률안), 《연대기》, 제3편.

쪽에는 혼인한 사람을, 다른 한쪽에는 혼인하지 않은 사람을 정렬시켰다. 후자 쪽의 숫자가 훨씬 더 많은 것으로 나타나자, 시민들은 놀라고 당황했다. 아우구스투스는 옛 감찰관의 위엄을 보이며 그들에게 다음과 같이 말했다. 49

"질병과 전쟁이 우리에게서 그 많은 시민을 앗아가는 동안, 더 이상 혼인이 맺어지지 않는다면 도시는 어떻게 되겠는가? 도시는 가옥, 회랑, 공공 광장으로 이루어지는 것이 아니다. 도시를 구성하는 것은 바로 사람이다. 동화에서처럼 땅 밑에서 사람이 나와 그대들의 일을 돌보는 것은 있을 수 없는 일이다. 그대들이 독신으로 남는 것은 혼자 생활하기 위해서가 아니다. 그대들은 모두 식탁과 침대를 위한 여자들을 가지고 있다. 그대들은 단지 평온하게 방탕한 생활을 하려는 것일 뿐이다. 여기서 베스타 여신을 섬기는 처녀들의 예를 인용하려 하는가? 그렇다면 그대들이 정결의 법을 지키지 않을 경우, 베스타의 처녀들처럼 벌을 받아야 할 것이다. 모든 사람이 그대들의 예를 모방하든 아무도 그 예를 따르지 않든, 어쨌든 그대들은 나쁜 시민이다. 나의 유일한 목적은 공화국의 영속이다. 나는 복종하지 않는 사람들의 형벌을 무겁게 했다. 그리고 상에 대해 말하자면, 내가 아는 한 지금까지 어떤 덕성도 이보다 더 큰 상을 받지 못했다. 더 작은 상에도 수많은 사람이 자기 목숨을 내던지기도 하는데, 이 상이 그대들에게

---

48 로마력 762(AD9)년. 디오, 제56편.

49 나는 참을 수 없을 정도로 긴 이 연설을 요약했다. 이 연설은 디오 제56편에 인용되어 있다.

아내를 얻고 자식을 키우려는 마음을 불러일으키지 못한단 말인가?"

그는 자신의 이름을 본떠 '율리아'라 명명한 법을 부여했고, 그 해의 일부 시기에는 집정관들50의 이름을 따라 파피아 포파이아 법이라고도 불렸다. 폐해가 얼마나 컸는지는 그 집정관들이 선출되었다는 것 자체에서도 드러났다. 디오에 의하면, 그들은 혼인도 하지 않았고 자식도 없었다고 하니 말이다. 51

아우구스투스 법은 정확히 말하자면 법전으로, 그 문제에 관해 만들어질 수 있었던 모든 규칙의 체계적인 전서였다. 거기에 율리아 법이 다시 합쳐짐으로써52 그 법은 더 큰 힘을 부여받았다. 율리아 법은 로마 시민법의 상당한 부분을 구성할 만큼 많은 것을 다루고 있고 많은 것에 영향을 준다.

울피아누스의 귀중한 《단장(斷章)》에서, 파피아 법에 대한 저자들의 저서에서 가져온 《학설휘찬》의 법에서, 그것을 인용한 역사가나 다른 저자들의 저서에서, 그것을 폐지한 테오도시우스 법전에서, 틀림없이 저승의 것에 대해서는 대단한 열성을 가지고 있지만 이승의 일에 대해서는 거의 아는 것 없이 그것을 비판했을 사제들의 저서에서 율리아 법의 단편이 흩어져 있는 것을 발견할 수 있다. 53

이 법에는 여러 조항이 있었는데 그중 35개의 조항이 알려져 있

---

50 마르쿠스 파피우스 무틸루스와 Q. 포파이우스 사비누스. 디오, 제56편.

51 디오, 위의 책.

52 울피아누스, 《단장》 제14조는 율리아 법과 파피아 법을 분명히 구별한다.

53 자크 고드프루아(Jacques Godefroy, 1587~1652, 제네바의 법학자이자 외교관 이다_옮긴이 주)가 그것을 편집했다.

다. 54 그러나 가능한 한 직접 나의 주제로 나아가기 위해서, 아울루스 겔리우스55가 제 7조라고 말하는 조항부터 시작하고자 한다. 그것은 이 법에 의해 부여되는 명예와 상에 관한 조항이다.

대부분 스파르타 식민지였던56 라틴 도시 출신인 로마인들은 그 도시들로부터 법의 일부를 가져왔고, 57 스파르타인처럼 노인에게 존경심을 가지고 모든 명예와 우선권을 부여했다. 공화국에 시민이 부족해지자, 나이에 대해 주어졌던 특권은 혼인과 자녀 수에 대해 주어졌다. 58 태어날 수 있는 자식과는 별개로 혼인만 해도 몇몇 특권이 부여되었다. 그것은 '남편의 권리'라고 불렸다. 자식을 가진 사람에게는 다른 특권이, 자식을 셋 가진 사람에게는 더 큰 특권이 주어졌다. 이 세 가지를 혼동해서는 안 된다. 기혼자가 언제나 누리는 특권이 있었는데, 예를 들어 극장의 특별석 같은 것이었다. 59 그리고 자식이 있는 사람들이나 더 많은 자식을 가지고 있는 사람들이 빼앗지 않을 때만 기혼자가 누리는 특권도 있었다.

이 특권들은 매우 광범위했다. 가장 자식이 많은 기혼자에게는 명예를 추구하는 것에서나 그 명예 자체를 행사하는 것에서나 항상 우선권이 주어졌다. 60 자식이 가장 많은 집정관은 가장 먼저 속간(束

---

54 35번째 항목은 제 19법 ff. de ritu nuptiarum에 인용되어 있다.

55 제 2편, 제 15장.

56 할리카르나소스의 디오니시오스.

57 그리스의 법을 알아보기 위해 파견된 로마의 사절들은 아테네와 이탈리아의 여러 도시로 갔다.

58 아울루스 겔리우스, 제 2편, 제 15장.

59 수에토니우스, "아우구스투스", 제 44장.

棒)(7)을 잡았고, 61 속주의 선택권을 가졌다. 62 자식이 가장 많은 원로원 의원은 의원 명부에 제일 처음 기재되었고, 원로원에서 가장 먼저 의견을 말했다. 63 자식 한 명마다 1년이 면제되었기 때문에, 자식이 있는 사람은 정해진 나이가 되기 전에 관직에 오를 수 있었다. 64 로마에서 자녀가 셋이면, 모든 개인세가 면제되었다. 65 자녀가 셋인 자유인 여자와 자녀가 넷인 해방된 노예 여자는 로마의 옛 법이 그들을 묶어 두었던 영속적인 후견66에서 벗어났다. 67

상이 있으면 벌도 있었다. 68 혼인하지 않은 사람은 외부인의 유언을 통해 아무것도 받을 수 없었다. 69 혼인했지만 자녀가 없는 사람은 절반밖에 받을 수 없었다. 70 로마인은 상속인을 갖기 위해서가 아니

---

60 타키투스, 《연대기》, 제2편. Ut numerus liberorum in candidatis præpolleret, quod lex jubebat(법은 지원자의 자녀 수가 최우선시되는 관심사이기를 요구했다).

61 아울루스 겔리우스, 제2편, 제15장.

62 타키투스, 《연대기》, 제15편.

63 제6법, 제5항, ff. de decurion 참조.

64 제2법, ff. de minorib 참조.

65 제1법 제3항과 제2법 제1항, ff. de vacat. et excusat. muner.

66 플루타르코스, "누마의 생애".

67 울피아누스, 《단장》, 제29조, 제3항.

68 울피아누스, 《단장》, 제14조, 제15조, 제16조, 제17조, 제18조 참조. 이것은 로마의 옛 판례에 대한 훌륭한 단편 중 하나이다.

69 소조메노스(Sozomenos, 콘스탄티노폴리스에서 활동한 5세기의 그리스도교 법률가로 《교회사》를 썼다__옮긴이 주), 제1편, 제9장. 부모로부터는 받을 수 있었다. 울피아누스, 《단장》, 제16조, 제1항.

70 소조메노스, 제1편, 제9장. 단일법, 테오도시우스 법전, de infirm. pœnis cælib. et orbitat.

라 상속인이 되기 위해서 혼인했다고 플루타르코스는 말한다. 71

남편과 아내가 유언을 통해 서로에게 줄 수 있는 이익은 법에 의해 제한되었다. 부부 사이에 자식이 있으면, 그들은 서로에게 전부를 줄 수 있었다. 72 그들에게 자식이 없으면, 혼인에 대해서 상속 재산의 10분의 1을 받을 수 있었다. 그리고 그들에게 다른 혼인으로 인한 자식이 있으면, 그들은 자녀 1인당 10분의 1의 상속 재산을 서로에게 줄 수 있었다.

남편이 나랏일 이외의 다른 이유로 아내 옆에 있지 않으면, 그는 아내의 상속인이 될 수 없었다. 73

법은 사별한 남편이나 아내에게 재혼을 위하여 2년을 주었고, 74 이혼한 경우에는 1년 반을 주었다. 아버지는 자식을 혼인시키고 싶지 않거나 딸에게 지참금을 주고 싶지 않아도 집정자가 그렇게 하도록 강요했다. 75

혼인이 2년 이상 연기되어야 할 때는 약혼할 수 없었다. 76 그리고

---

71 《모랄리아》, "자식에 대한 아버지의 사랑".

72 이 점에 대해서는 울피아누스, 《단장》, 제15조와 제16조에서 더 길고 상세한 설명을 참조할 것.

73 울피아누스, 《단장》, 제16조, 제1항.

74 울피아누스, 《단장》, 제14조. 첫 율리아 법은 3년을 주었던 것으로 보인다. 디오 제56편에 나오는 아우구스투스의 연설. 수에토니우스, "아우구스투스의 생애", 제34장. 다른 율리아 법은 1년밖에 주지 않았고, 파피아 법은 2년을 주었다. 울피아누스, 《단장》, 제14조. 이 법들은 전혀 사람들의 마음에 들지 않았다. 그래서 아우구스투스는 사람들이 법을 받아들일 채비가 되어 있는 정도에 따라 법을 완화하기도 하고 강화하기도 했다.

75 그것은 파피아 법 35번째 조항이었다. leg. 19, ff. de ritu nuptiarum.

12살이 되어야만 딸을 혼인시킬 수 있었으므로, 10살 이전에는 약혼시킬 수 없었다. 법은 약혼을 핑계로 기혼자의 특권을 쓸데없이 누릴 수 있게 되는 것을 원하지 않은 것이다. 77

60세 남자는 50세 여자와 혼인하는 것이 금지되었다. 78 기혼자에게 커다란 특혜가 주어졌으므로, 법은 무익한 결혼이 이루어지는 것을 원하지 않았다. 같은 이유로, 칼비시우스 원로원 의결은 50세 이상 여자와 60세 이하 남자의 혼인을 불공정하다고 선언했다. 79 그 결과 50세 여자는 이러한 법의 형벌을 받지 않고는 혼인할 수 없었다. 티베리우스는 파피아 법의 엄격함을 강화시켜 60세 남자에게 50세 이하의 여자와 혼인하는 것을 금지했다. 80 따라서 60세 남자는 어떤 경우에도 형벌을 받지 않고는 혼인할 수 없었다. 그러나 클라우디우스는 티베리우스 치하에서 만들어진 그런 법을 폐지했다. 81

이 모든 규정은 북쪽의 풍토보다 이탈리아의 풍토에 더 적합한 것이었다. 북쪽 지방에서는 60세 남자도 아직 정력이 있고 50세 여자도 대체로 불임이 아니다.

상대를 선택할 때 불필요하게 제한받지 않도록 아우구스투스는 원로원 의원이 아닌 모든 자유인에게82 해방된 노예와 혼인하는 것을

76 디오, 제54편, 736년. 수에토니우스, "옥타비아누스", 제34장.
77 디오, 제54편, 디오 제56편의 아우구스투스 연설 참조.
78 울피아누스, 《단장》, 제16조, 제27법, de nuptiis 법전.
79 울피아누스, 《단장》, 제16조, 제3항.
80 수에토니우스, "클라우디우스", 제23장 참조.
81 수에토니우스, "클라우디우스", 제23장. 울피아누스, 《단장》, 제16조, 제3항.
82 디오, 제54편. 울피아누스, 《단장》, 제13조.

허용했다. 83 파피아 법은 원로원 의원에게 해방된 여자 노예 또는 무대 위에 출현했던 여자와의 혼인을 금지했다. 84 울피아누스 시대에는 방탕한 생활을 한 여자, 무대 위에 올라갔던 여자, 공공 재판에 의해 유죄판결을 받은 여자와 혼인하는 것이 자유인에게 금지되었다. 85 이것은 틀림없이 원로원 의결에 의해 정해졌을 것이다. 공화정 시대에는 이런 종류의 법은 만들어지지 않았다. 그런 혼란이 발생하자마자 감찰관이 바로잡거나 발생하지 못하게 막았기 때문이다.

콘스탄티누스는 하나의 법을 만들어86 파피아 법의 금지 속에 원로원 의원뿐만 아니라 국가에서 중요한 지위를 차지한 사람들을 포함시켰는데, 더 낮은 신분의 사람들에 대해서는 말하지 않았다. 그것이 그 시대의 법을 이루었다. 즉, 콘스탄티누스 법에 포함된 자유인에게만 그런 혼인이 금지된 것이다. 유스티니아누스는 콘스탄티누스 법을 폐지하고, 모든 부류의 사람에게 그러한 혼인을 허용했다. 87 그로 인해 우리는 참으로 한심한 자유를 얻은 셈이다.

법의 금지를 어기고 혼인한 사람들에게 가해지는 형벌은 혼인하지 않은 사람들에게 가해지는 형벌과 똑같았던 것은 분명하다. 그런 혼인은 그들에게 어떠한 시민적 이익도 주지 않았다. 88 아내가 죽은 후

---

83 디오, 제56편에서 아우구스투스의 연설.

84 울피아누스, 《단장》, 제13장. 제44법, ff. de ritu nuptiarum 끝에서.

85 울피아누스, 《단장》, 제13조와 제16조 참조.

86 제1법, 법전 de nat. lib. 참조.

87 《신칙법》 117.

88 제37법, ff. de oper. libert. , 제7항. 울피아누스, 《단장》, 제16조, 제2항.

지참재산89은 몰수되었다. 90

아우구스투스는 그와 같은 법에 의해 상속할 수 없다고 선고된 사람들의 상속 재산과 유산을 국고에 귀속시켰으므로, 91 그 법들은 정치적이고 시민적인 법이라기보다는 재정적인 것으로 보였다. 사람들은 세금 부담이 가혹하다고 여기면서 혐오를 느꼈는데, 계속해서 국고(國庫)의 탐욕에 먹이가 되는 것을 보면서 그러한 혐오는 더욱 배가되었다. 그로 인해 결국 티베리우스 치하에서는 그런 법들을 수정하지 않을 수 없었다. 92 네로는 국세에 대한 밀고자의 포상을 줄였고, 93 트라야누스(8)는 그 법들의 약탈을 멈추었고, 94 세베루스는 그런 법들을 수정했고, 95 법학자들은 그 법을 고약한 것으로 간주하여

---

89 《단장》, 위의 책.

90 뒤에서 서술하는 제26편의 제13장 참조.

91 몇몇 경우는 제외되었다. 울피아누스, 《단장》, 제18조 참조. 단일법, 법전 de caduc. tollend.

92 Relatum de moderanda Papia Poppæa(파피아 포파이아 법을 완화하는 제안). 타키투스, 《연대기》, 제3편, 117쪽.

93 그는 포상을 4분의 1로 줄였다. 수에토니우스, "네로", 제10장.

94 플리니우스(Gaius Plinius Caecilius Secundus, 61~112, 《박물지》를 쓴 대(大) 플리니우스의 조카인 소(小) 플리니우스이다. 고대 로마의 문학가, 법조인, 자연철학자로서 숙부가 《박물지》의 초고를 쓰는 것을 돕기도 했으며, 서간문과 함께 《트라야누스 찬사》를 남겼다_옮긴이 주) 《찬사》 참조.

95 세베루스는 파피아 법에 규정된 시기를 남자는 25세, 여자는 20세까지 미루었다. 울피아누스, 《단장》 제16조와 테르툴리아누스(Tertullianus, 155~220, 카르타고 출생의 기독교 교부로서 '삼위일체'라는 신학 용어를 가장 먼저 사용한 사람으로 알려져 있다. 그는 아직 세례를 받지 않은 초신자들과 기성 신자들을 가르치는 교사로서, 저술을 통해 기독교 신앙과 관행을 변호하는 재능을 발휘하여 아프리카 교회의 지도자로 떠올랐다_옮긴이 주)가 《호교론(Apologeticum)》 제4장

그들의 판결에서 가혹함을 버렸다.

게다가 황제들은 남편의 권리, 자식을 가진 권리, 세 자녀를 가진 권리의 특권을 부여함으로써 그 법들을 약화시켰다. 96 그들은 거기서 더 나아가, 몇몇 개인에게 이 법의 형벌을 면제해 주었다. 97 그러나 공공의 이익을 위해 정해진 규칙은 면제를 허용해서는 안 되는 것으로 여전히 여겨지고 있었다.

종교에 의해 반드시 처녀일 것이 강요되었던 베스타의 무녀(巫女)들에게 자식을 가진 자의 권리가 부여된 것은 합리적이었다. 98 마찬가지로 병사에게도 남편의 특권이 주어졌다. 99 병사들은 혼인할 수 없었기 때문이다. 황제에게 특정한 시민법의 제약을 면제해 주는 것은 관습이었다. 그래서 아우구스투스는 노예를 해방하는 권한100과 유증(遺贈) 하는 권한101을 제한하는 법의 제약에서 면제되었다. 이 모든 것은 특별한 경우에 불과했다. 그러나 이후에는 거리낌 없이 면

에서 말한 것을 대조해 보면 알 수 있다.

96 감찰관 스키피오는 풍속에 대해 인민에게 연설하면서 이미 채택된 악습, 즉 양자가 친자와 똑같은 특권을 제공하는 것에 대해 불평했다. 아울루스 겔리우스, 제5편, 제19장.

97 제31법, ff. de ritu nupt. 참조.

98 아우구스투스는 파피아 법에 의해 그녀들에게 어머니에게 주는 것과 똑같은 특권을 주었다. 디오, 제56편 참조. 누마는 그녀들에게 세 자녀를 가진 여자들에게 주어졌던 고대의 특권, 즉 후견인을 갖지 않는 특권을 주었다. 플루타르코스, "누마의 생애".

99 클라우디우스가 그들에게 그 특권을 주었다. 디오, 제60편.

100 Leg. Apud eum, ff. de manumissionib. 제1항.

101 디오, 제56편.

제가 주어져서 오히려 규칙이 예외에 불과한 것이 되었다.

철학의 여러 학파에 의해 세상사를 멀리하는 정신이 이미 제국에 도입되어 있었다. 모든 사람이 전쟁과 평화의 기술에 전념했던 공화정 시절이었다면 그런 정신이 그 정도로 사람들의 마음을 사로잡지 못했을 것이다. 102 그로 인해 사변적인 생활로 이끄는 모든 것을 완벽한 것으로 생각하고 가족에 대한 보살핌과 걱정을 멀리하게 되었다. 철학 다음에는 기독교라는 종교가 나타나서 철학이 단지 준비시킨 것에 불과했던 사상을 고착시켰다.

기독교는 그 특성을 법규에 부여했다. 제국은 언제나 교황권과 관련을 맺고 있었기 때문이다. 테오도시우스의 법전을 보면, 기독교 황제들의 명령집에 불과하다는 것을 알 수 있다.

콘스탄티누스의 한 예찬자는 황제에게 "폐하의 법은 오직 악습을 고치고 풍속을 조정하기 위해서 만들어졌습니다. 폐하는 어리석은 자에게 덫을 놓는 것 이외의 다른 목적이 없는 듯이 보이는 옛 법들의 술수를 없앴습니다"라고 말했다. 103

콘스탄티누스의 변혁이 기독교의 확립에 관련된 사상이나 그 완전성에 관한 사상을 토대로 이루어진 것은 분명하다. 우선 기독교의 확립을 목적으로 주교들에게 큰 권한을 주어서 성직자 재판권의 토대가 된 법이 생겼다. 그리고 거기에서 자식의 재산에 대한 소유권을 아버

---

102 키케로의 《의무론》에서 이러한 사변 정신에 대한 그의 생각을 참조할 것.

103 나자리우스(Nazarius, 4세기 로마의 웅변가이자 수사학자_옮긴이 주), 〈콘스탄티누스 찬가〉, 321년.

지에게서 빼앗아 부권(父權)을 약화시키는 법도 생겼다. 104 새로운 종교를 퍼뜨리기 위해서는 자식의 극심한 종속성을 없애야 한다. 자식은 언제나 기성의 것에 대한 집착이 덜한 법이다.

기독교의 완전성을 목적으로 만들어진 법은 특히 황제가 파피아 법의 형벌을 없애고105 혼인하지 않은 사람이나 혼인했지만 자식이 없는 사람에게 형벌을 면제해 준 법이었다.

"그런 법은 인류의 수가 신의 명령에 따라 증감한다고 생각하지 않고 마치 인류의 증식이 우리의 수고의 결과일 수 있듯이 만들어진 것이었다"라고 한 교회사가는 말한다. 106

종교의 원리는 인류의 번식에 대단한 영향을 미쳤다. 그것은 때로는 유대인, 이슬람교인, 조로아스터교인, 중국인의 경우처럼 번식을 권장했고, 때로는 기독교인이 된 로마인의 경우처럼 번식에 타격을 주었다.

사방에서 금욕(禁慾)에 대한 설교가 그치지 않았다. 본질적으로 금욕을 실천하는 사람은 매우 적을 수밖에 없으므로 그것은 더 완전한 덕성이었다.

콘스탄티누스는 남편과 아내가 자식 수에 비례해서 서로에게 줄 수 있는 증여를 더 증대시키는 10분의 1 법은 없애지 않았다. 테오도시

---

104 테오도시우스 법전, 제1법, 제2법, 제3법, de bonis maternis, maternique generis 등을 참조할 것. 그리고 같은 법전의 단일법, de bonis quæ filiis famil. acquiruntur 참조.
105 단일법, 테오도시우스 법전, de infirm. pœn. Cælib. et orbit
106 소조메노스, 27쪽.

우스 2세는 그 법들도 폐지했다. 107

유스티니아누스는 파피아 법이 금지했던 모든 혼인을 유효하다고
선언했다. 108 파피아 법은 사람들이 재혼하는 것을 원했는데, 유스
티니아누스는 재혼하지 않는 사람에게 이익을 주었다. 109

옛 법에 의하면, 각자 혼인하고 자식을 갖는 자연적 권한을 박탈할
수 없었다. 그리하여 혼인하지 않는다는 조건으로 유증을 받았을
때, 110 주인이 해방된 노예에게 혼인하지 않겠다거나 자식을 갖지 않
겠다는 서약을 시켰을 때, 111 파피아 법은 그 조건과 서약을 무효화했
다. 112 따라서 우리에게 확립되어 있는 "재혼하지 않고 과부의 신분을
지키면"이라는 조항은 옛 법에 어긋나는 것으로, 완전성에 대한 생각
을 토대로 만들어진 황제들의 법령에서 유래한 것이다.

이교도 로마인들이 혼인과 자식의 수에 대해 부여했던 특권과 명예
를 명시적으로 폐지하는 내용이 담긴 법은 없다. 그러나 독신이 우위
를 차지하는 곳에서 혼인에 대한 경의는 더 이상 있을 수 없었다. 그
리고 형벌을 폐지함으로써 징세 청부인에게 많은 이익을 포기하게 만
들 수 있었으니, 포상을 없애는 것은 더욱 쉬웠다는 것을 알 수 있다.

독신을 허용했던 것과 똑같은 정신적 이유로 곧 독신 자체의 필요

---

107 테오도시우스 법전, 제2법과 제3법, de jure lib.
108 Leg. Sancimus, Cod. de nuptiis.
109 《신칙법》 127, 제3장. 《신칙법》 118, 제5장.
110 제54법, ff. de condit. et demonst.
111 제5법, 제4항, de jure patronat.
112 파울루스(Julius Paulus, 160~230, 고대 로마의 법률가_옮긴이 주), 《판결
문》, 제3편, 제4조, 제15항.

성이 강요되었다. 나는 여기서 종교가 채택한 독신주의를 비판하는 것이 아니다. 그러나 방탕함을 키운 독신, 남녀가 자연적 감정 자체에 의해 서로를 부패시키면서 그들을 더 좋게 만들어주는 결합을 피하고 언제나 더 나쁘게 만드는 결합 속에서 생활하는 독신에 대해 누가 입을 다물고 있을 수 있겠는가?

이루어질 수 있는 혼인의 수가 줄어들면 줄어들수록 이미 이루어진 혼인이 부패한다. 마치 도둑이 많으면 도둑질도 더 많이 발생하듯이 혼인한 사람이 적을수록 혼인에 대한 성실성이 적어진다. 이것은 자연에서 파생된 규칙이다.

제22장 : 자녀 유기

초기 로마인은 자녀 유기(遺棄)를 상당히 잘 단속했다. 로물루스는 모든 시민에게 모든 아들과 맏딸을 반드시 키워야 하는 임무를 부과했다고 할리카르나소스의 디오니시오스는 말한다.113 만약 자식이 기형이거나 불구이면, 가장 가까운 이웃 다섯 사람에게 자식을 보여준 후 버리는 것이 허용되었다.

로물루스는 3세 이하의 어떤 자식도 죽이는 것을 허용하지 않았다.114 그리하여 그는 아버지에게 자식에 대한 생살여탈권을 준 법과 자식을 버리는 것을 금지한 법을 조정했다.

---

113 《고대 로마》, 제2편.
114 위의 책.

할리카르나소스의 디오니시오스를 보면, 115 시민에게 혼인해서 모든 자식을 키울 것을 명령한 법이 로마력 277(BC477)년에 시행되었다는 것도 알 수 있다. 즉, 둘째 딸 이하의 딸들을 버리는 것을 허용한 로물루스 법이 관행에 의해 제한된 것이다.

로마력 301(BC453)년에 만들어진 12표법의 자녀 유기에 관한 규정에 대해서는 키케로의 한 구절을 통해서만 우리에게 알려져 있다. 116 그는 인민 호민관 제도에 관해 이야기하면서 그것은 12표법의 기형아처럼 태어나자마자 질식당했다고 말한다. 따라서 기형아가 아닌 자식은 보존되었고, 12표법은 이전의 제도에서 아무것도 바꾸지 않은 것이다.

"게르만족은 자식을 버리지 않는다. 그들의 좋은 풍속은 다른 곳의 좋은 법보다 더 많은 힘을 가지고 있다"라고 타키투스는 말한다. 117 따라서 로마인에게는 이 관행에 어긋나는 법이 있었는데, 사람들이 더 이상 그 법을 따르지 않은 것이다. 로마법에는 자식을 버리는 것을 허용하는 어떤 법도 발견되지 않는다. 118 아마도 그것은 공화정 말기에, 즉 사치가 안락함을 빼앗았던 때, 분할된 부가 가난이라 불렸던 때, 아버지가 가족에게 준 것을 손실이라 생각하고 자기 재산과 가족을 구별했던 때 생긴 악습이었을 것이다.

---

115 제9편.
116 《법률론》, 제3편.
117 《게르만족의 풍속》.
118 《학설휘찬》에는 그것에 대한 조항이 없다. 법전의 조항도 그것에 대해 아무 언급이 없고, 《신칙법》도 마찬가지이다.

제 23장 : 로마 멸망 후 세계의 상황

로마인이 시민의 수를 증가시키기 위해 만든 규칙은 공화국의 제도가 한창 힘을 발휘하고 있어서 용기에 의해서든, 대담성에 의해서든, 확고함에 의해서든, 명예에 대한 사랑에 의해서든, 덕성 자체에 의해서든 손실을 회복하기만 하면 되는 동안에는 효과가 있었다. 그러나 곧 가장 현명한 법도 죽어가는 공화정체, 전반적인 무정부 상태, 군사적 정부, 가혹한 제정, 오만한 전제주의, 나약한 군주정체, 어리석고 멍청하며 미신적인 궁정이 연달아 무너뜨린 것을 회복시킬 수 없게 되었다. 로마인이 세계를 정복한 것은 마치 세계를 약화시켜 야만족에게 무방비로 넘겨주기 위해서였던 듯했다.

고트족, 게테족,(9) 사라센족, 타타르족이 차례로 그들을 괴롭혔다. 곧 야만족은 야만족 외에는 멸망시킬 것이 없어졌다. 마치 신화의 시대에 범람과 대홍수가 일어난 후 무장한 사람들이 땅에서 나와 서로를 멸망시킨 것과 같았다.

제 24장 : 주민 수와 관련하여 유럽에 생긴 변화

유럽이 처한 상황이 회복될 수 있으리라고는 아무도 생각할 수 없었다. 카롤루스 마그누스 치하에서 유럽이 단지 거대한 하나의 제국을 형성했을 때는 특히 그랬다. 그러나 당시 정체의 본질상, 그것은 수많은 작은 통치권으로 나뉘어 있었다. 그리고 영주는 자기 마을 혹은 자기 도시에 거주했고 오직 주민의 수에 의해서 위대함과 부유함과 힘을 가지게 되었으므로, 아니 무엇보다 안전했으므로 모든 영주는 특별한 주의를 기울여 자신의 작은 지역을 번영시키는 데 전념했다. 그것은 일관성 없는 정체, 상업에 대한 지식 부족(나중에는 지식을 얻게 되지만), 끊임없이 일어나는 수많은 전쟁과 분쟁에도 불구하고 유럽 대부분의 지방에 오늘날보다 더 많은 인구가 있었을 정도로 성공을 거두었다.

나는 이 문제를 철저하게 다룰 시간이 없다. 그러나 모든 부류의 사람들로 구성되었던 놀라운 십자군을 예로 들고자 한다. 푸펜도르프는 샤를 9세 치하에서 프랑스에 2천만의 인구가 있었다고 말한다.[119]

그런데 이 작은 지역들을 끊임없이 합병한 것이 인구 감소를 초래했다. 옛날에는 프랑스의 각 마을이 수도였는데, 오늘날에는 커다란 수도 하나밖에 없다. 국가의 모든 부분이 권력의 중심이었는데, 오늘날에는 모든 것이 하나의 중심에 의존한다. 이 중심이 말하자면 국가 자체이다.

제 25장 : 같은 주제 계속

유럽이 2세기 전부터 항해(航海)를 많이 늘린 것은 사실이다. 그로 인해 유럽은 주민을 얻기도 하고 잃기도 했다. 네덜란드는 매년 인도 지역에 많은 선원을 보내는데 그중 3분의 2만 돌아온다. 나머지는 죽거나 인도 지역에 정착한다. 이 무역을 하는 다른 모든 국민에게도 똑

---

119 《세계사》, 제 5장, "프랑스".

같은 일이 거의 틀림없이 일어날 것이다.

단독으로 인도 지역에 대규모 항해를 하는 개별적인 한 국가를 판단하듯이 유럽을 판단해서는 안 된다. 그런 나라라면 인구가 증가할 것이다. 주변의 모든 국민이 그 항해에 참여하러 올 것이기 때문이다. 사방에서 선원이 그 나라로 몰려들 것이다. 그런데 종교에 의해서,120 거대한 바다와 사막에 의해서 세계의 다른 지역과 분리되어 있는 유럽은 그런 식으로 인구가 보충되지 않는다.

제 26장 : 결론

이 모든 것으로 미루어, 유럽은 오늘날에도 여전히 인류의 번식을 권장하는 법이 필요한 상황이라고 결론을 내릴 수밖에 없다. 그래서 그리스 정치가들이 공화국을 괴롭히는 많은 수의 시민에 대해 늘 이야기했듯이, 오늘날의 정치가는 인구를 증가시키는 데 알맞은 방법에 관해서만 이야기한다.

---

120 이슬람 국가가 거의 사방에서 유럽을 둘러싸고 있다.

제 27장 : 종의 번식을 권장하기 위해 프랑스에서 만들어진 법

루이 14세는 10명의 자녀를 갖는 사람을 위해 일정한 연금을, 12명의 자녀를 갖는 사람을 위해서는 더 많은 연금을 정했다.[121] 그러나 기적에 대해 상을 줄 문제가 아니었다. 종의 번식으로 이끄는 일반적인 정신을 부여하기 위해서는 로마인처럼 일반적인 보상이나 일반적인 벌을 확립해야 했다.

제 28장 : 어떻게 하면 인구 감소를 막을 수 있나

국가의 인구가 특별한 사건, 전쟁, 페스트, 기근으로 감소할 때는 구제할 방법이 있다. 남은 사람들은 노동과 근면의 정신을 보존하고 있을 수 있다. 그러면 그들은 불행을 만회하려고 애쓰고 재난 자체에 의해 더 근면해질 수 있다. 인구 감소가 오래전부터 내부의 악습과 악정에 의해 초래되는 경우는 거의 치유할 수 없는 병이다. 그런 경우 사람들은 알지도 못하는 사이에 만성이 된 병으로 죽어갔다. 무기력, 가난, 정부의 폭력이나 편견 속에 태어나 때때로 그 원인도 모르는 채 죽어갔다. 전제주의 때문에, 또는 세속인과 비교해 성직자가 갖는 과도한 이익 때문에 황폐해진 나라들은 인구 감소의 두 가지 커다란 예를 보여준다.

　이렇게 인구가 감소한 나라를 재건하기 위해 태어날 아이들의 구원

---

121 혼인을 장려하는 1666년의 칙령.

을 기다려도 헛일일 것이다. 그럴 시간은 이미 지났다. 사람이 별로 없는 곳에 있는 인간은 용기도, 근면함도 없기 때문이다. 한 민족을 부양할 수 있는 토지를 가지고도 한 가족을 부양할 것도 거의 얻지 못한다. 이런 나라에서 하층민은 하찮은 것에조차, 즉 그들로 가득 채워진 황무지에조차 자기 몫을 갖지 못한다. 성직자, 군주, 도시, 귀족, 몇몇 주요 시민이 미처 알지 못하는 사이에 전 국토의 소유자가 되어 있는 것이다. 그것은 경작되지 않는 땅이다. 그것은 몰락한 가문으로부터 그들에게 목초지로 남겨졌고, 일하는 사람은 아무것도 가지고 있지 않다.

이런 상황에서는 로마인이 제국의 일부 지역에서 행한 것을 제국 전체에서 행해야 할 것이다. 즉, 부유할 때 준수하던 것을 주민이 부족할 때 실천하여, 아무것도 갖지 않은 모든 가족에게 토지를 나누어 주고 그것을 개간하고 경작할 수단을 제공하는 것이다. 이 분배는 그것을 받을 사람이 한 사람이라도 있으면 실행되어야 한다. 그래서 일할 시간을 놓치지 말아야 한다.

제 29장 : 자선시설

사람은 아무것도 가진 것이 없기 때문에 가난한 것이 아니라 일하지 않기 때문에 가난한 것이다. 재산이 아무것도 없지만 일하는 사람은 일하지 않고 100에퀴의 소득이 있는 사람과 똑같이 안락하다. 가진 것이 아무것도 없지만 직업이 있는 사람은 10에이커의 땅을 소유하고 생계를 위해 그것을 경작해야 하는 사람보다 더 가난하지 않다. 자식들에게 자기 기술을 상속 재산으로 준 장인(匠人)은 자식의 수에 비례하여 증가한 재산을 남겨준 것이다. 생계를 위해 10에이커의 토지를 가진 사람이 자식들에게 그 토지를 분배하는 경우와는 다르다.

많은 사람이 기술만 가진 상업국에서는 종종 국가가 노인과 병자와 고아에게 필요한 것을 공급해 주지 않을 수 없다. 잘 통치되는 나라는 기술 자본 자체에서 생계를 끌어낸다. 즉, 어떤 사람들에게는 할 수 있는 일을 주고, 또 어떤 사람들에게는 일을 가르쳐 준다. 그것 또한 이미 하나의 일이다.

길거리에서 헐벗은 사람에게 약간의 동냥을 주는 것은 국가의 의무를 이행하는 것이 아니다. 국가는 모든 시민에게 생계, 즉 음식, 적당한 의복, 건강에 해가 되지 않는 생활방식을 보장해야 한다.

왜 자선시설을 건립하지 않느냐고 묻는 사람에게 아우랑제브(10)는 "나는 자선시설이 필요하지 않을 만큼 내 제국을 부유하게 만들 것이다"라고 말했다. 122 그는 "나는 내 제국을 먼저 부유하게 만들고 자선시설을 세울 것이다"라고 말했어야 한다.

한 나라의 부는 많은 생업을 전제로 한다. 수많은 분야의 상업에는 항상 부진을 면치 못하는 분야가 있게 마련이고, 따라서 그 분야의 장인은 일시적 빈곤 상태가 될 수밖에 없다.

바로 그때 국가는 인민의 고통을 막기 위해서든 인민이 반란을 일으키는 것을 피하기 위해서든 신속한 구조를 제공할 필요가 있다. 그런 가난을 예방할 수 있는 자선시설 혹은 그에 상당하는 어떤 규정이

---

122 샤르댕, 《페르시아 여행》, 제8권 참조.

필요한 것은 바로 그런 경우이다.

그러나 국민이 가난할 때, 개별적 가난은 전반적 궁핍에서 유래한다. 말하자면 그것은 전반적 궁핍이다. 이 세상의 어떤 자선시설도 이런 개별적 가난을 구제할 수는 없을 것이다. 오히려 그것은 게으른 정신을 불러일으켜 전반적 가난을 증가시키고, 따라서 개별적 가난도 증가시킨다.

헨리 8세는 영국 교회를 개혁하고자 수도원을 폐지했다. 123 수도사들은 그 자체가 게으른 집단으로 다른 사람의 게으름을 부추긴다. 구호 활동을 실천하면서 귀족이든 서민이든 수많은 게으른 사람이 수도원을 전전하며 일생을 보내기 때문이다. 귀족이 수도원에서 생계를 찾듯이 하층민은 자선시설에서 생계를 찾는데, 헨리 8세는 그런 자선시설도 없앴다. 이러한 변혁 이후, 영국에는 상업과 근면의 정신이 확립되었다.

로마에서는 일하는 사람들, 생업을 가진 사람들, 기술을 연마하는 사람들, 토지를 가진 사람들, 상업하는 사람들을 제외한 모든 사람이 자선시설 덕분에 안락하게 지낸다.

나는 부유한 나라에는 자선시설이 필요하다고 말한 바 있다. 거기서는 재산이 수많은 사고에 좌우되기 쉽기 때문이다. 그러나 일시적 구제가 항구적 시설보다 더 낫다는 것을 알 수 있다. 불행은 일시적이다. 따라서 개별적 사고에 적용될 수 있도록 그것과 같은 성질의 일시적 구제가 필요하다.

---

123 버넷, 《영국 종교개혁사》 참조.

옮긴이 주

제14편 풍토의 성질과 법의 관계

(1) 유미는 소장에서 흡수된 지방으로 가득 찬 림프로, 지방 때문에 우유 같은 형상을 띤다.
(2) Herodotos(BC484~BC425). 고대 그리스의 역사가로, 체계적으로 사료를 수집하고 어느 정도 사료의 정확성을 검증하였으며 생생한 줄거리에 따라 사료를 배치한 최초의 역사가로 알려져 있다. 그리스와 페르시아 전쟁의 《역사》("페르시아 전쟁사"라고도 함)를 썼다.
(3) Gnaeus Pompeius Magnus(BC106~BC48). 로마 공화정 말기의 위대한 장군이자 정치인으로, 마르쿠스 리키니우스 크라수스와 가이우스 율리우스 카이사르와 함께 삼두정치 체제를 이끌었다. 한때 카이사르와 동맹을 맺었지만 카이사르와의 내전에서 패하고 이집트에서 죽었다.
(4) 매독을 말한다.
(5) 알라만니족(혹은 알레만니족)은 여러 게르만족이 합쳐져 이루어진 일종의 게르만족 연맹체로, 3세기 무렵 도나우강과 라인강 상류 지방에서 형성되었으며 민족 대이동 때 알자스 지방에 살았으나 프랑크 왕국에 정복당했다. 알레만(혹은 알라만)이라고도 한다. 독일을 뜻하는 프랑스어 Allemagne와 스페인어 Alemania는 이들의 이름에서 유래된 것이다.
(6) 솔(sol)은 프랑스 대혁명 이전 구체제의 화폐단위이다. 라틴어로는 solidus였는데, 이것이 soldus로 되었다가 11세기부터는 solt가 되었다. 그리고 12세기부터는 sol이 되었고, 18세기에 이르면 sou로 된다.
(7) 12편 옮긴이 주 20 참조.

제15편 시민적 노예제 법은 풍토의 성질과 어떻게 관련되나

(1) Francisco Lopez de Gomara. 16세기 스페인 역사가로, 멕시코 정복의 역사를 기록한 《서인도제도의 역사》가 유명하다.
(2) 아체는 인도네시아 수마트라섬 북쪽에 있던 지역으로, 시대에 따라 아션, 아쳄 등의 이름으로도 불렸다.

(3) Numa Pompilius. 로마 전설에 따르면 로마 공화정 건립(BC 509경) 이전의 로마 일곱명의 왕 가운데 두 번째 왕으로, 그의 치세는 BC715~BC673년이라고 한다.

(4) 티미쇼아라는 루마니아 서부 티미슈주의 주도로, 1552년부터 오스만투르크의 지배를 받다가 1716년 오스트리아로 넘어간 후 제 1차 세계대전 이전에는 오스트리아-헝가리 제국의 땅이었다.

(5) 볼시니는 지금의 볼세나〔이탈리아 비테르보주(州)〕에 있던 고대 에트루리아의 도시이다.

(6) 의제(擬制)는 실체가 다른 것을 법률적으로 동일하게 취급하고 동일한 법적 효과를 부여하는 것을 일컫는다.

(7) 통킹은 프랑스 식민지 시대의 베트남 북부를 가리키는 이름으로, 베트남인들이 공식 지명으로 사용하는 명칭은 아니다.

(8) John Milton(1608~1674). 영국의 시인으로, 장엄한 문체와 사탄의 묘사로 유명한 대서사시 《실락원》의 저자이다.

제 16편 가내 노예제 법은 풍토의 성질과 어떻게 관련되나

(1) 말라바르는 인도 남서부 케랄라주(州)의 해안 지방을 말하고, 나야르(Nayar, Nair라고도 씀)는 이곳의 힌두 카스트이다. 1792년 영국이 점령하기 전 이곳에는 작은 봉건 왕국들이 있었는데, 각 왕국의 왕족, 귀족, 군인, 대부분의 농장 경영자들이 나야르 또는 나야르에 관련된 카스트 출신이었다.

(2) 531~579년에 재위한 사산 왕조의 호스로 1세(Khosrow, Khosrau, Khusro, Chosroes 등으로 표기된다)로, 아누시르반(Anushirvan, 불사의 영혼을 가진 자)이라는 이름으로 알려져 있다. 마즈다크라는 종교에 의해 야기되고 있던 사회적 혼란을 진정시키고 국교인 조로아스터교의 권위를 회복하고, 국내의 여러 개혁을 실시하여 왕권을 강화시켰다.

(3) Agathias(530~582). 비잔티움 제국의 역사가이며 변호사이자 시인으로, 유스티니아누스 1세의 통치 기간 중 일부를 다룬 역사책의 저자이기도 하다.

(4) 파탄(Patane)은 인도 중서부에 있는 도시이다.

(5) Spurius Carvilius Ruga. 고대 로마의 인물로 할리카르나소스의 디오니시오스와 아울루스 겔리우스가 최초로 이루어진 그의 이혼을 언급했다. BC230년경에 살았던 인물로 추정된다.

(6) 플루타르코스는 230년이 아니라 530년이라고 했는데, 몽테스키외가 착각한 것

이다. 아마도 루가의 이혼이 BC230년경으로 알려져 있어서 혼동한 듯하다. 이 착각을 토대로 다음 문장에 12표법이 생기기 71년 전이라는 계산이 나왔다. 즉, 로물루스의 로마 건국이 BC753년이므로 로물루스로부터 230년 후라면 BC523년이 된다. 따라서 BC451~BC449년에 제정된 12표법이 생기기 71년 전이라는 계산이 나온다. 그러나 이는 잘못된 전제에 의한 추론이다.

제17편 정치적 노예제 법은 풍토의 성질과 어떻게 관련되나

(1) 타타리아 혹은 타타리는 카스피해와 우랄산맥으로부터 태평양까지 뻗어 있는 중북부 아시아 지역으로 타타르족이 거주하던 지역을 유럽인들이 중세부터 20세기까지 지칭하던 명칭이다. 이 지역에는 시베리아, 투르키스탄, 몽골, 만주, 때때로 티베트도 포함된다.

(2) 노바야제믈랴 제도는 북극해에 있는 러시아의 군도로, 남북 두 섬과 주위의 작은 섬들로 이루어져 있다.

(3) 라플란드는 노르웨이, 핀란드와 국경이 닿아 있는 스웨덴 북부 지역이다.

(4) 오보(Åbo)는 핀란드에서 가장 오래된 도시이며 아우라강 하구에 위치한 투르쿠(Turku)를 가리킨다. 1812년까지 스웨덴과 러시아 치하에서 핀란드의 수도였다. 2개 국어를 쓰는 도시로, 오보는 스웨덴어로 투르쿠를 부르는 명칭이다.

(5) 부샤리(Boucharie)는 큰 부샤리와 작은 부샤리가 있었다. 큰 부샤리는 지금의 우즈베키스탄에 있던 고대 국가 소그디아나와 박트리아(지금은 아프가니스탄과 우즈베키스탄, 타지키스탄의 일부)를 포함하는 지역이고, 작은 부샤리는 큰 부샤리의 동쪽에 위치해서 중국 국경까지 이어지는 지역을 말한다. 카리즘(Charisme)은 유럽에서 중국 타타리아를 일컫던 명칭이었다.

(6) Ferdinand Verbiest(1623~1688). 스페인령 네덜란드(지금의 벨기에)의 예수회 선교사로, 1659년 포교 사업을 위해서 중국에 갔다가 강희제의 신임을 얻어 흠천감(천문대장)이 되어 역법의 개정에 이바지하였다. 저서에 《강희 영년의 연력법》, 《곤여전도》 등이 있다.

(7) 여기서 말하는 왕국은 덴마크로서 1660년의 반란을 가리키는데, 이 사건은 군주 정체에 절대적 권력을 부여했다.

(8) 제트는 고대에 도나우강 유역에 거주하던 트라키아인의 한 부족을 가리키는 말로, 그리스인이 부여한 명칭이다.

(9) Olaus Rudbeck(1630~1702). 스웨덴의 박물학자로서, 스칸디나비아가 플라톤의 아틀란티스라고 주장했다. 아틀란티스는 플라톤의 저작 《티마이오스》와

《크리티아스》에 언급된 전설상의 섬이자 그 섬에 있던 국가이다.

제 18편 토지의 성질과 법의 관계

(1) Titus Pomponius Atticus(BC109~BC32). 로마 기사계급 출신 인물로, 에피쿠로스학파였으며 문예를 후원했다. 특히 함께 교육받은 키케로와의 친분으로 잘 알려져 있다. BC88년 내란을 피해 아테네로 갔으며 그곳에서 학문과 사업에 관심을 쏟았고, 로마로 돌아와서는 정치에 관심을 두지 않고 살면서 가장 친한 친구인 키케로와 오랫동안 서신을 교환했다.

(2) 아티카라는 라틴어 명칭은 영어권 및 라틴 문화권에서 통용되는 이름으로, 아티케 또는 아티키라고도 한다. 그리스의 전통적인 지역 가운데 한 곳으로, 에게해와 접한 반도 지대로서 그리스의 수도인 아테네를 포함한 주변 지역을 가리킨다.

(3) Kylon. 기원전 7세기 아테네의 음모자로, BC632년경 아테네에서 권력을 독점하고 참주가 되려고 시도했다.

(4) Aristaios. 그리스 신화에 나오는 신으로, 전원 활동 및 농업에 관련되어 있다. 특히 보이오티아(코린토스만 동북쪽에 있는 그리스의 한 지방), 시칠리아, 사르데냐 등에서 이 신을 숭배했다고 한다.

(5) 5세기에 갈리아를 정복한 프랑크족 계통인 살리족의 법전이다. 다른 게르만 부족의 법전에 비해 게르만 고래의 전통이 가장 강하다. 5, 6세기에 성립된 것으로, 살리족이 프랑크의 중심세력이 되었기 때문에 프랑크 제국법에 적지 않은 영향을 주었고 후대의 유럽 여러 법에도 강한 영향을 미쳤다.

(6) Aristippos(BC435~BC356). 고대 그리스의 철학자로 북아프리카의 키레네 출신의 향락가였다.

(7) Sesostris(BC1918~BC1875 재위). 기원전 20세기에 활동한 이집트의 왕으로, 10년 동안 아버지와 공동 섭정을 맡다가 왕위를 계승했으며 그가 통치하는 동안 이집트는 전성기를 맞이했다.

(8) Johann Georg von Eckhart(1674~1730). 독일의 역사가로, 1720년 《살리 프랑크족과 리푸아리 프랑크족의 법(*Leges Francorum Salicae Et Ripuariorum*)》을 썼다.

(9) 리푸아리 프랑크족은 쾰른 주변의 라인강변 중부에 자리 잡았던 프랑크족의 일파이고, 살리 프랑크족은 오늘날 네덜란드와 벨기에 부근인 라인강 서안에 거주하던 프랑크족의 일파이다.

(10) Childericus(436~487). 영어로는 Childeric, 프랑스어로는 Childéric, 독일어

로는 Childerich로 표기한다. 메로빙 왕조 출신의 프랑크인 군주로, 프랑크 왕국을 수립한 클로도베쿠스 1세의 아버지인 킬데리쿠스 1세를 말한다. 그는 방탕함으로 나라(지금의 플랑드르와 피카르디)에서 쫓겨났다.

(11) 리푸아리아법은 리푸아리 프랑크족의 법을 말한다. 몽테스키외는 '리푸아리 프랑크족의 법'이라는 표현과 '리푸아리아법'이라는 표현을 혼용하고 있는데, 저자의 표현을 그대로 옮긴다.

(12) Chlodomerius(495~524). 영어 Clodomer, 프랑스어 Clodomir, 독일어 Chlodomer로 표기한다. 프랑크 왕국 메로빙 왕조의 군주로 오를레앙의 왕이었으며, 부르군트족을 정벌하는 전쟁에 참여했다. 그의 사후, 그의 영지는 두 동생인 킬데베르투스 1세와 클로타리우스 1세에 의해 분할되었고, 그의 두 아들은 후에 아버지의 영토를 요구할 것을 우려하여 살해되었다. 세 아들 중 장남인 클로도알두스만 목숨을 구하고 수도원으로 피신하였다.

(13) Chlodechildis 혹은 Chrodechildis(475~545). 영어와 프랑스어로는 Clotilde로 표기한다. 독실한 기독교도로서 남편인 클로도베쿠스를 개종시켰다. 사후에 성인으로 추증되었다. 바로 위의 옮긴이 주에서 언급된 클로도메리우스, 킬데베르투스, 클로타리우스의 어머니이다.

(14) Gundovaldus. 프랑스어 Gondovald 또는 Gondebaud, 영어 Gundovald 또는 Gundoald, 독일어 Gundowald로 표기한다. 메로빙 왕조 출신 프랑크 왕국의 왕족이자, 프랑크 왕 클로타리우스 1세의 서자(庶子)였다. 킬데베르투스 2세를 킬페리쿠스의 잔학행위에서 구출하여 어린 킬데베르투스 2세를 아우스트라시아(프랑크 동부 왕국)의 왕으로 추대했다. 584년에는 아키텐 지방에서 스스로 왕으로 선포하고 갈리아 남부 지역을 획득하였으나, 부르군트족의 영역이던 푸아티에와 툴루즈를 공략하던 중 부르군트족의 곤트라누스에게 패하고 축출되었다.

(15) Chilpericus I(539~584). 프랑스어 Chilpéric, 독일어 Chilperich, 영어 Chilperic으로 표기한다. 프랑크 왕국 네우스트리아(프랑크 서부 왕국)의 왕이었다.

(16) 에룰리족은 게르만족의 소수 부족 중의 하나이다.

(17) Chlodovechus I(466~511). 영어나 프랑스어 Clovis, 독일어 Chlodwig이다. 프랑크족을 통일하고 486년 최초로 프랑크 왕국을 수립했다. 기독교로 개종한 프랑크족의 왕으로, 메로빙 왕조의 킬데리쿠스 1세의 아들이다.

제19편 국민의 일반정신, 풍속, 생활양식을 형성하는 원리와 법의 관계

(1) 라지족은 아르메니아 북부에 살던 민족이다.

(2) AD8~12년에 파르티아인(지금의 이란과 이라크를 지배했던 유목민족)의 왕이 었던 보노네스 1세를 가리킨다. 그는 프라아테스 4세의 장남으로 기원전 20년대 에 그의 아버지와 아우구스투스가 맺은 협약을 확실히 하기 위해 로마의 인질로 보내졌다. 그는 로마인처럼 교육되었고 파르티아 귀족에 의해 로마의 노예라는 멸시를 받았다. 12년경에 보노네스 1세는 아르메니아로 달아나서 15~16년에 그곳의 왕이 되었다.

(3) 여기서 말하는 국민은 프랑스 국민을 가리킨다.

(4) 라다만티스(Rhadamanthys) 또는 라다만투스(Rhadamanthus)라고도 하는데, 그리스 신화에 나오는 왕으로 현명하고 공정한 왕의 대명사이다. 후기 전승에서 는 지하세계에서 죽은 사람들의 심판관이 되었다고 한다.

(5) Gaius(130경~180). 유명한 로마 법학자로, 그의 생애에 대해서는 알려진 것이 거의 없다. 그의 주요 저서《법학제요(Institutiones)》는 당시 법학자의 저서 중 에서 원형 그대로 오늘날까지 전해진 유일한 문헌이다. 이 문헌이 후세의 법학에 끼친 영향은 매우 큰데, 4~5세기경부터 각지에서 교과서로 사용되었고, 유스티 니아누스 1세 때의 로마 대법전 편찬 사업 중《법학제요》의 구성은 완전히 이 저 서에 따른 것이었다.

(6) 영국에서는 교회와 관련된 문제를 성직자 회합이 아니라 의회를 통해 해결했다.

(7) Quintus Horatius Flaccus(BC65~BC8). 아우구스투스 황제 시대에 로마에서 활동한 뛰어난 서정 시인이자 풍자작가이다. 옥타비아누스가 안토니우스와 클레 오파트라를 무찌른 뒤에는〈서정시〉와〈풍자시〉를 발표했고, 옥타비아누스가 아우구스투스라는 칭호와 함께 지위를 굳히자〈송가〉로 방향을 바꿔 88편의 짧 은 시로 이루어진 3권의 시집을 발표했다. 아우구스투스가 '100년제'라고 부르는 고대 축제를 되살리자,〈세기의 찬가〉를 지었다. 그의 작품에 가장 자주 나오는 주제는 사랑과 우정, 철학 및 시론이다. 따라서 몽테스키외는 통렬하고 신랄한 풍자시를 쓴 유베날리스와 비교한 것이다. 11편 옮긴이 주 9의 고대 영웅 호라티 우스와는 전혀 다른 인물이다.

제 20편 상업의 본질 및 특성과 법의 관계

(1) 최초의 여러 판본에서는 제 20편에서부터 제 2권이 시작되었다. 따라서 베르길리우스의 서사시 〈아이네이스〉에서 인용한 이 명구는 제 1편의 명구에 대응하는 것이다. 원서에는 "Docuit quæ maximus Atlas"라는 라틴어로 쓰여 있다. 그리고 그 뒤로는 제 1장이 시작되기에 앞서 "시의 여신에의 기원"(Invocation aux Muses) 이라는 기묘한 글이 실려 있었는데, 몽테스키외에게서 교정쇄를 부탁받은 자콥 베르네(Jacob Vernet) 의 권고에 따라 삭제되었다.

(2) Bocchoris 또는 Bakenranef, 이집트 24왕조의 왕(BC725~BC720 재위) 이다.

(3) Sextus Empiricus. 기원전 2, 3세기에 알렉산드리아, 로마, 아테네 등에 살았다는 의학자이자 철학자이다. 그의 철학적 저작은 고대 그리스 로마의 회의론으로서 BC360~BC270년에 살았던 철학자 피론의 이름을 따서 명명된 '피론주의'를 기록한 것이다.

(4) "수입"은 크세노폰이 BC355년경에 아테네의 경제구조에 관해 쓴 소책자로서, 그리스어 원어의 제목은 "자원 혹은 수입"을 뜻하는 Πόροι ἤ περὶ Προσόδων이다. 프랑스어로는 수입이라는 의미의 "Des revenus"로 출판되었으나 영어판에서는 "Ways and means"로 번역되었다. 그로 인해 우리나라에서는 "수단과 방법"으로 소개되기도 한다.

(5) Theophilos(804~842). 비잔티움 제국의 황제로서, 치세 내내 이슬람 세력과 싸웠지만 학문을 사랑하고 장려하여 비잔티움 제국의 번영기를 구가한 문화 군주로 인정받는다.

(6) 고아는 인도에 있는 포르투갈 식민지의 수도이다.

제 21편 세계적 변혁의 관점에서 고찰한 상업에 관한 법

(1) 세스테르티우스는 고대 로마에서 쓰인 화폐단위의 하나로, 로마 공화정 시대에 작은 은화가 제조되었으며 로마 제국 시대에는 대형 황동 주화가 제조되었다.

(2) 고대 조지아 지역을 가리킨다. 조지아 서부, 카프카스 산맥에서 남쪽으로 혹해 동쪽 끝에 걸쳐 삼각형 모양을 이루고 있던 지역이다.

(3) 세미라미스(Semiramis) 는 바빌론의 전설적인 여왕으로, 고대의 역사가 디오도로스가 이 여왕에 관한 모든 전설을 종합하여 잘 기록하였다. 전설에 의하면, 세미라미스는 시리아의 여신 데르케트와 어느 시리아인 사이에서 태어났지만 어려서 버려져 비둘기에 의해 교육되었다. 성장한 후, 세미라미스는 아시리아 왕 니

누스 군대의 장군인 온네스와 결혼했다가 미모와 용기로 니누스 왕을 사로잡아 그의 부인이 되었다. 얼마 뒤 니누스가 죽자, 권력을 잡고 수년 동안 나라를 다스렸으며 바빌론을 건설하고 원방 정복에 나섰다. 역사가들은 세미라미스의 캐릭터가 기원전 9세기에 통치했던 아시리아 여왕 삼무라마트(Sammuramat)를 중심으로 구축되었다고 보고 동일 인물로 상정하기도 한다. 삼무라마트는 아시리아 왕 아다드 니라리 3세(BC810~BC783 재위)의 어머니로, 그녀의 남편 샴시 아다드 5세(BC823~BC811 재위)가 죽은 뒤 어린 아들을 대신해 5년 동안 통치한 역사적 실재 인물이다.

(4) 에라토스테네스(Eratosthenes, BC274~BC196)는 고대 그리스의 수학자이자 천문학자로, 문헌학 및 지리학을 비롯해 헬레니즘 시대 학문 다방면에 걸쳐 업적을 남겼다. 아리스토불로스(Aristoboulos, BC375경~BC301경)는 고대 그리스의 역사가이다. 파트로클로스(Patroklos)는 그리스 신화의 트로이 전쟁 영웅으로 아킬레우스가 매우 아꼈던 전우 또는 애인이다. 호메로스의 〈일리아스〉에서 중요한 인물로 나오는데 그의 죽음으로 인해 트로이 전쟁의 양상이 완전히 뒤바뀌게 된다.

(5) 파미르고원에서 발원해 힌두쿠시산맥을 빠져서 투르크메니스탄과 우즈베키스탄의 국경 지대의 북서쪽에서 흐르는 아무다리야강을 고대에는 옥수스강이라고 불렀다.

(6) Marcus Terentius Varro(BC116~BC27). 고대 로마의 작가이며 학자이다. 공화정 말기의 내란에서 반 카이사르 입장을 취했으나 카이사르 사후에는 조용한 연구로 여생을 보냈다. 지리, 고대학, 법률, 철학 등 광범위한 분야에 걸쳐 600권이 넘는 저서를 집필한 것으로 알려져 있다.

(7) 작사르테스강은 우즈베키스탄, 타지키스탄, 카자흐스탄을 흐르는 중앙아시아 시르다리야강의 고대 명칭이다.

(8) Seleukos Nikator(BC358~BC281). 알렉산드로스 대왕의 사후 분열된 제국의 승계권을 두고 싸웠던 후계자들 중 한 명으로, 제국이 분열된 후 바빌론의 총독으로 임명되었고 후에 시리아와 이란 지역에 셀레우코스 제국을 세워 통치했다.

(9) 타나이스강은 모스크바 남동쪽의 툴라 근처로부터 발원하여 아조프해에 이르는 돈강의 옛 이름이다.

(10) Samuel Bochart(1599~1667). 프랑스의 동양학자.

(11) 전자는 트로이 전쟁을 배경으로 한 현존하는 고대 그리스 문학의 가장 오래된 서사시 〈일리아스〉를, 후자는 트로이 전쟁 영웅 오디세우스의 10년간에 걸친 귀향 영웅담을 노래한 〈오디세이아〉를 말한다. 율리시스는 오디세우스의 라틴어 이

름이다.

(12) 이두매는 고대 유대의 변경 지역으로 이두마이아라고도 한다. 고대 이스라엘과 경계를 이루던 고대 지역 에돔에서 유래한다. 에돔은 사해와 아카바만 사이의 요르단 남서부 지역으로, 에돔인들이 이 지역을 점령한 것은 대략 기원전 13세기경이었던 것으로 보인다. 이들은 이스라엘인과 빈번하게 충돌했고, 아라비아와 지중해 간 무역로상에 위치하는 전략적 이점으로 번영을 누리다가 쇠퇴하게 되면서 남부 유다로 옮겨 갔다. 이 남부 유다에 살던 이들이 신약성서에 나오는 이두매인으로 알려졌고, 그 지역은 이두매 혹은 이두마이아로 불렸다.

(13) Flavius Josephus(37~100). 1세기 제정 로마 시대 유대인 출신의 정치가이자 역사가이다. 66년에 발발한 유대인의 반란에서 유대군을 지휘하여 로마군에 맞섰으나, 로마군의 포로가 된 뒤 투항하여 로마 시민이 되었다. 유대인 반란과 고대 유대교의 역사에 대해서 《유대 전쟁사》, 《유대 고대사》, 《아피온에 대한 반박》과 같은 중요한 책들을 썼다.

(14) 엘라트는 이스라엘 최남단, 아카바만 최북단의 항구도시이다. 에지온게베르는 솔로몬을 비롯한 유다 왕국 후기 왕들 시대의 항구도시로 아카바만 북단에 있다. 1940년 이후 고대 에지온게베르 지역을 탐사해 온 고고학자 넬슨 글릭(Nelson Glueck)은 에지온게베르가 엘라트와 완전히 일치한다고 결론짓기도 했다.

(15) Yehoshafat(BC870~BC848). 유대 왕국의 제4대 왕으로 신을 잘 숭배하고 옳은 일을 해서 위대한 왕으로 꼽힌다. 여호사밧으로도 표기한다.

(16) Minos. 그리스 신화에서 미노스는 크레타섬의 전설적인 왕으로, 제우스와 에우로페의 아들이었다. 그리스 최초로 함대를 만들어 에게해 대부분을 통제하고, 퀴클라데스 군도를 정복하여 대부분의 섬에 식민지를 세웠다.

(17) 말레아(Malea) 곶은 그리스 펠로폰네소스반도 남동쪽 끝에 있는 곳으로, 말레아스(Maleas) 곶으로도 불린다.

(18) 헬레스폰트는 에게해와 마르마라해를 잇는 터키의 다르다넬스 해협의 옛 명칭이다. 그리고 프로폰티스는 흑해와 에게해를 잇는 마르마라해의 옛 명칭이다.

(19) 미니아족은 그리스 신화에 나오는 고대 종족으로, 조상 미니아스(Minyas)로부터 유래한 이름이다. 미니아스는 오르코메노스를 건설한 영웅이다. 그들의 후손이 황금 양털을 찾으러 간 아르고호의 원정대를 이루었다고 한다.

(20) 파로파미사다이 또는 파로파미소스는 힌두쿠시산맥의 영역으로 아프가니스탄의 동쪽에 있다.

(21) 인도 펀자브 지방 가장 서쪽에 위치한 가장 큰 강인 젤룸강을 고대 그리스어로는 히다스페스강이라고 불렀다.

(22) 카르마니아는 현재 이란 남동부 지역인 케르만주(州)에 해당하는 옛 지역이다.

(23) 네아르코스(Nearchos, BC360~BC300)는 알렉산드로스 대왕을 섬긴 마케도니아 왕국의 장군이고, 오네시크리토스(Onesikritos, BC360~BC290)는 기원전 4세기 말의 역사가이자 철학자이다.

(24) 수사는 엘람의 고대 도시이다. 엘람은 오늘날의 이란 서쪽 끝의 일람주(州)와 남서쪽 끝의 후제스탄주(州) 저지대 그리고 오늘날의 이라크 남부를 중심으로 한 문명 또는 제국이었다.

(25) Cambyses II. 기원전 6세기에 활동한 페르시아 아케메네스 왕조의 왕(BC529~BC522 재위)으로, BC525년 이집트를 정복했다. 그 후 캄비세스는 에티오피아와 아몬의 오아시스 및 카르타고에 대한 원정을 계획하고, 직접 에티오피아 원정에 나섰지만 에티오피아 북부 지방을 합병한 뒤 보급품 부족으로 귀환할 수밖에 없었다. 그리고 테베에서 출발한 파견 부대는 아몬의 오아시스에 도착하기 전 모래폭풍에 휘말려 전멸했으며 카르타고는 공격해 보지도 못했다.

(26) 라고스(Lagos)는 기원전 4세기에 살았던 마케도니아 장군이고, 그의 아들 프톨레마이오스는 프톨레마이오스 1세 소테르(Ptolemaios Soter, BC367~BC283)를 말한다. 프톨레마이오스는 알렉산드로스 대왕 시대의 마케도니아 왕국의 부하 장군이었으며 알렉산드로스의 사후 그의 뒤를 이은 계승자 중 한 사람으로 BC323년부터 이집트의 총독이 되었고 BC305년 통치자가 되었다. 이집트의 헬레니즘 왕조인 프톨레마이오스 왕조의 창시자였다. 그의 별칭인 소테르는 "구원자"라는 뜻이다.

(27) Nebuchadnezzar II(BC634~BC562). 신바빌로니아 제국의 제2대 왕으로, 신바빌로니아의 전성기를 이끈 왕이다. 수도 바빌론에 바빌론의 문, 바빌론의 공중정원 등의 건축물을 세운 왕으로 유명하며 구약성서 〈다니엘서〉에서는 유대와 예루살렘을 정복한 왕으로 기록되어 있다.

(28) Antiochos Soter(BC324~BC261). 셀레우코스 왕조를 창건한 셀레우코스 1세 니카토르의 아들이며, 셀레우코스 제국의 두 번째 왕이다. BC278년 갈리아인의 침공을 받았으나, 전투 코끼리를 사용해 왕국을 지켜내는 데 성공하여 소테르(Soter)라는 칭호를 얻었다. 아버지의 뒤를 이어 카스피해 탐험대를 파견했다.

(29) Apollodoros Artemitenos(BC130~BC87). 고대 그리스의 저자로, 파르티아 제국의 역사를 썼다. 현재 이라크 동부에 해당하는 곳으로 파르티아 제국 시절에 번영을 이루었던 고대 도시 아르테미타 출신이다. 스트라본은 그를 매우 믿을 만한 역사가로 꼽으며 인용했다.

(30) 아라비아펠릭스는 고대 아라비아 남서부와 남부의 비교적 비옥한 지역을 말한

다. 오늘날의 아시르와 예멘에 해당하는 곳으로 불모지인 아라비아 중부와 북부를 지칭하는 아라비아데제르타 지역, 또 제정 로마에 종속되어 있었던 아라비아 북서부를 가리키는 아라비아페트라이아('돌 많은 아라비아'라는 뜻) 지역과 대조를 이루었다.

(31) 타프로반은 스리랑카섬의 옛 명칭이다.

(32) 네코(Necho II)는 기원전 7~6세기에 활동한 이집트의 왕이다. 헤로도토스에 따르면 그는 아프리카 일주 항해를 위해 탐험대를 보냈는데, 그들이 아프리카 남부 어떤 지점을 지나고 있을 때 태양이 오른편(즉 북쪽)에 떠 있다는 보고를 한 것으로 보아 탐험에 성공한 것으로 추정된다. 에우독소스(Eudoxos)는 기원전 2세기에 활동한 그리스의 항해가로 서부 유럽에서 아프리카까지의 항해를 처음 시도한 것으로 알려져 있다. 프톨레마이오스 라티로스(Ptolemaios Lathyros, BC143?/140?~BC81)는 마케도니아 왕조 출신의 이집트 왕 프톨레마이오스 9세를 말한다. 프톨레마이오스 8세의 아들로 태어나 동생인 프톨레마이오스 10세 및 어머니 클레오파트라 3세와 함께 여러 차례 번갈아가며 짝을 이루어 이집트와 키프로스를 다스렸다.

(33) 크세르크세스(Xerxes I)는 BC485~BC465년에 페르시아를 통치한 크세르크세스 1세를 말한다. 사타스페스(Sataspes)는 페르시아의 항해가로서 헤로도토스에 의하면 크세르크세스 1세의 사촌이었다고 한다. 한노(Hanno)는 기원전 5세기에 항해 탐험단을 이끌고 아프리카의 서부 해안을 탐험해 식민지를 건설한 카르타고인으로, 기원전 3세기 포에니 전쟁에서 활동한 카르타고 귀족이자 정치가인 한노(10편 옮긴이 주 7 참고)와 구별된다. 헤라클레스의 기둥은 지브롤터 해협 어귀 부분의 낭떠러지에 있는 바위를 가리키는 명칭이다.

(34) 바브엘만데브 해협은 홍해와 아덴만을 연결하는 해협으로, 아덴만을 거쳐 아라비아해로 연결된다.

(35) 아로마타곶은 아프리카 대륙의 가장 동쪽에 돌출되어 있어 "아프리카의 뿔"이라 불리는 지역에 있는 과르다푸이곶의 옛 명칭이다.

(36) Artemidoros. 기원전 1세기의 유명한 그리스 지리학자로, 그의 방대한 저서는 스트라본에 의해 자주 인용된다.

(37) 프라숨곶은 모잠비크 해안의 남위 14.5도쯤에 해당하는 곳이고, 라프툼곶은 남위 10도에 해당하는 곳이다.

(38) 시암만은 남중국해의 만으로 말레이시아, 태국, 캄보디아, 베트남과 접하고 있는 타이만(혹은 태국만)을 말한다.

(39) 세르네는 고대인이 세계의 서쪽 끝에 있다고 한 섬인데, 어디인지 잘 확인되어

있지 않다.

(40) Scylax. 기원전 6세기에 살았던 그리스 탐험가이다.

(41) '카르타고인의 맹세'(la foi punique)는 대단한 불성실과 불신을 의미하는데, 승리자인 로마인들에 의해 카르타고인이 폄하된 표현인 셈이다.

(42) 황금해안은 서아프리카 가나의 기니만 연안의 해변을 말한다. 금의 주산지였기 때문에 황금해안이라는 지명이 붙었고, 17세기 이후 치열한 식민지 경쟁의 대상지였다.

(43) 베티스강은 스페인에서 네 번째로 길고 안달루시아에서는 가장 긴 과달키비르강의 옛 명칭이다.

(44) 마르크는 귀금속을 재는 옛 중량 단위로 244.5g에 해당하고, 그리스의 화폐단위이기도 한 드라크마는 고대 그리스의 무게 단위로는 3.24g에 해당한다. 그리고 리브르는 프랑스 혁명 전의 화폐단위이다.

(45) 포토시(Potosi)는 은광으로 유명한 고대 페루의 도시이다.

(46) Himilco. 기원전 5세기경 카르타고의 항해자이며 탐험가로, 지중해에서 유럽 북서해안에 도착한 최초의 탐험가로 알려져 있다.

(47) 카시테리데스 제도는 주석을 뜻하는 그리스어 카시테로스에서 유래한 이름으로 그곳에 주석이 풍부했다고 한다. 실리 제도는 영국 해협에 있는, 콘월 남서쪽의 제도이다.

(48) 베티카는 스페인 남쪽, 현재의 안달루시아에 해당하는 지역의 옛 명칭이다.

(49) 폰토스는 흑해 연안 아나톨리아 지방 북동부의 옛 왕국 이름으로, 기원전 1세기에 아나톨리아 지방을 놓고 로마와 주도권 다툼을 벌였다. 폰토스 왕국의 세력은 미트리다테스 6세(BC115경~BC63) 치하에서 최고조에 이르렀다. 그의 팽창계획은 로마와 파국적인 대립을 야기했고, 결국 폰토스 왕국이 사실상 멸망하여 로마 제국에 합병되는 결과를 낳았다(BC63~BC62).

(50) 그라티아누스(Flavius Gratianus Augustus, 367~383 재위)는 로마 제국의 황제로서 아버지 발렌티니아누스 1세(364~375 재위), 숙부 발렌스와 함께 나라를 다스렸다.

(51) Marcus Aurelius Probus(232~282). 로마 제국의 황제로, 상당히 능력 있는 장군이고 행정관으로서의 자질도 갖추고 있었다. 그는 6년간 로마 제국을 통치하며, 야만족들의 침략을 성공적으로 막아 내는 등 제국의 안정을 꾀하고 전체적으로 번영의 시기를 이루어 냈다.

(52) Flavius Claudius Julianus(331~363). 최후의 비기독교인 로마 황제로, 쇠락하는 제국의 재부흥을 위해 로마의 전통을 부활시켜 개혁하려고 노력하였고 모든

종교의 자유를 인정하는 포고령을 발표하여 로마가 가진 본래의 종교적 관용 정
신을 강조했다. 이 때문에 후세의 기독교로부터 "배교자 율리아누스"라고 평가되
었다. 초기에는 그리스 철학과 사상에 심취하였고, 그가 남긴 저작들은 상당한
문학적 재능을 보여준다. 안티오키아에서 자신의 턱수염을 놀리는 주민들에게
맞서 저술한 《미소포곤(Misopogon)》, 기독교인들을 비판하는 《갈릴래아인들
에게 반대하는 책》, 기독교 황제인 콘스탄티누스 1세를 비롯한 몇몇 로마 황제들
에 대한 우화적인 내용을 담은 《황제들》 등이 있다.

(53) Aelius Gallus. 아우구스투스 치하에서 BC27~BC25년에 이집트의 총독을 지냈
다. 그는 아우구스투스의 명령에 따라 아라비아펠릭스로 원정했다.

(54) 알레포는 시리아 북부의 도시이고, 수에즈는 이집트 북동부 수에즈만에 위치한
항구도시이다.

(55) 지리학자 프톨레마이오스는 고대 실크로드의 중간 지점을 표시한 "돌탑"에 대해
기록했는데, 이것은 이 경로에서 가장 중요한 랜드마크로 대상이 여행을 계속하
기 전에 식량을 준비하고 휴식을 취하고 물품을 거래할 수 있도록 멈춘 곳이었다
고 한다. 프톨레마이오스가 그의 저서에서 돌탑의 좌표를 남겼음에도 불구하고
그 정보가 불충분하여 실제 위치는 수세기 동안 학자들의 논쟁의 대상이 되었다.

(56) John(1167~1216). 잉글랜드의 왕으로, 무지왕(無地王)이라는 별칭이 붙어
있다. 프랑스 왕 필리프 2세와 벌인 전쟁으로 인해 노르망디를 비롯하여 프랑스
에 갖고 있던 영지를 대부분 빼앗겼기 때문이다.

(57) Luís Vaz de Camões(1524~1580). 16세기 포르투갈의 시인으로, 《오스 루지
아다스(Os Lusiadas)》를 통해 불후의 이름을 남겼다. 그것은 인도 항로 발견과
바스쿠 다 가마의 첫 번째 원정을 중심으로 한 극적인 줄거리를 부각시켜 포르투
갈의 역사와 신화를 엮어 그 영웅적 위업을 높이 찬양하는 애국적 대서사시이다.

(58) 모잠비크와 말린디는 아프리카 동쪽 해안의 지명이고, 캘리컷은 인도 서쪽 해안
의 항구이다.

(59) Karl V(1500~1558). 1519년부터 신성로마제국 황제였으며, 이탈리아에서는
카를로 5세, 스페인에서는 카를로스 1세라고도 불렸다. 그는 아라곤 왕국과 카
스티야 왕국의 트라스타마라 왕가, 부르고뉴 공국의 발루아-부르고뉴 가, 오스
트리아의 합스부르크 왕가의 상속자로서 중유럽과 서유럽 및 남유럽을 넘어 아
메리카 대륙과 필리핀 제도의 카스티야 식민지까지 포함한 광대한 영토를 다스
렸다.

(60) Alexander VI(1431~1503). 르네상스 시대 교황들 가운데 가장 논란의 대상이
되는 교황 중 한 사람으로, 호색과 족벌주의, 탐욕 등의 문제로 역사상 최악의

교황으로 손꼽힌다. 세간의 악평과는 반대로, 후임자들인 교황 식스토 5세와 교황 우르바노 8세는 알렉산데르 6세를 성 베드로 이래 뛰어난 지력을 갖춘 교황들 가운데 한 사람으로 평가하기도 했다. 알렉산데르 6세는 영적 지도자보다는 외교관이자 정치가, 행정관으로서 탁월한 능력을 갖춘 것으로 전해진다. 그가 성사시킨 토르데시야스 조약(1494)은 신세계를 포르투갈과 스페인의 탐험 영역으로 나누었다. 이 조약은 스페인과 포르투갈이 콜럼버스 및 그 밖의 15세기 후반 항해자들이 탐험한 지역들에 대한 소유권 분쟁을 해결할 목적으로 맺은 협정으로, 알렉산데르 6세는 북극에서 남극에 걸쳐 카보베르데 제도의 서쪽 400㎞ 지점을 경계선으로 삼는 교서를 발표해 스페인에게는 이 경계선 서쪽 지역을, 포르투갈 탐험대에게는 경계선 동쪽을 차지하게 했다.

(61) Felipe II(1527~1598). 합스부르크 왕가 출신의 스페인 국왕으로, 로마 가톨릭의 반종교개혁 운동의 옹호자였다. 그러나 그의 대외 정책은 거의 실패했다. 치세 말기에는 귀족 작위나 영주권이 매매되었고, 식민지로부터 엄청난 양의 귀금속을 들여왔음에도 불구하고 군사비 증대로 인한 국고의 파탄을 막지 못했다. 결국 1596년에 대규모 파산 선고를 하지 않을 수 없었다. 이 선고는 지난 1557년, 1560년, 1575년에 이어 네 번째였다.

(62) 퀸탈은 무게의 단위로 약 100㎏에 해당한다.

(63) 몽테스키외가 착각한 것으로 보인다. 콜럼버스가 신대륙을 발견한 1492년에 프랑수아 1세는 태어나지 않았었다. 프랑수아 1세는 콜럼버스가 죽은 다음인 1515년에야 왕위에 올랐다.

제 22편 화폐 사용에 관련된 법

(1) 통북투는 말리의 통북투주(州)에 있는 도시로 팀북투라고도 한다.

(2) 트레미스는 고대 로마와 로마의 영향권에 속해 있던 지역에서 사용하던 금화의 기본 단위인 아우레우스의 3분의 1에 해당한다.

(3) 아스는 고대 로마의 청동 화폐이다.

(4) Pyrrhos(BC318~BC272). 고대 그리스 지방인 에페이로스와 마케도니아 왕국의 왕으로 초기 로마의 강력한 적수였다. 그는 로마와의 두 번에 걸친 전쟁에서 모두 승리를 거두었지만 대신 장수들을 많이 잃어 마지막 최후의 전투에서는 패망했다. 이후부터 많은 희생이나 비용의 대가를 치른 승리를 '피로스의 승리'라 부르게 되었다.

(5) Didius Julianus(133~193). 부유한 로마 원로원 의원으로, 황실 근위대를 지원

하기 위한 경매에서 최고 액수로 입찰해 황제(193년 3월28일~6월1일 재위)가 되었다.

(6) Publius Licinius Egnatius Gallienus(218~268). 로마 제국 황제로 아버지 발 레리아누스와 공동 황제로 다스리다가 260~268년에는 단독 황제를 지냈다.

(7) 살라미나는 그리스의 사로니코스만에 있는 큰 섬으로, 서쪽의 아테네에서 16km 정도 떨어져 있다.

(8) Aulus Gabinius(BC101~BC48/BC47). 로마의 정치가이다. BC67년 호민관 이었던 가비니우스는 해적 약탈을 막기 위한 방안으로 폼페이우스에게 지중해와 그 연안 81km 안에 있는 모든 지역을 다스릴 권한을 주는 법안과 원로원 의원들 이 뇌물 받는 것을 막기 위해 로마에 있는 외국 대사들에게 돈을 빌려주는 것을 금지하는 법안을 내놓았다.

제23편 주민 수와 관계되는 법

(1) Thomas Gage(1603경~1656). 영국의 선교사이자 여행 작가이다. 그는 스페 인에서 수학했고, 1625년에 도미니크회 수도사가 되어 멕시코에 선교사로 파견 되어 12년간 그곳에서 설교했다. 1637년 영국으로 돌아온 후에는 성공회로 개종 했다. 아메리카에 체류하는 동안 누에바에스파냐(스페인어로 새로운 스페인이 라는 뜻으로 북아메리카와 아시아-태평양에 위치한 스페인의 영토 행정 단위였 다)와 중앙아메리카의 사회와 문화를 밀접 관찰할 수 있었고, 이를 토대로 쓴 여 행기가 유명하다.

(2) 제5편 옮긴이 주 16 참조.

(3) Eusèbe Renaudot(1646~1720). 프랑스의 성직자로서 신학자이자 동양학자이 다. 그는 18세기 초에 아랍어로 된 《두 이슬람 여행자들의 인도 지역과 중국 여 행기》를 프랑스어로 번역했다.

(4) William Petty(1623~1687). 영국의 경제학자이자 통계학자이다. 중농주의의 선구자로 노동가치설을 주장하였으며, 저서 《정치산술(*Political Arithmetic*)》에 서 사회와 경제를 통계학적으로 설명하려 하였다.

(5) Lucius Aemilius Paullus Macedonicus(BC229~BC160). 로마 공화정의 군인 이자 정치가로, 제2차 포에니 전쟁 후 주로 동방 마케도니아 왕국과의 전투에서 활약했다.

(6) Quintus Caecilius Metellus Numidicus(BC152~BC91). 유구르타 전쟁 때의 로마 장군으로, BC109년에 집정관이 되어 누미디아인의 지도자 유구르타를 물

리쳤고 BC102년에는 감찰관을 지냈다.

(7) 속간(束桿)은 도끼 둘레에 채찍을 다발로 엮은 것으로 집정관의 권위를 상징했다. 전통적인 고대 로마의 속간은 하얀 자작나무 막대기를 붉은 가죽띠로 묶고, 막대기 사이에 옆으로 날이 선 청동 도끼(때로는 두 개)를 끼웠다.

(8) Marcus Ulpius Trajanus(53~117). 로마 제국 13대 황제로, 로마 제국의 경계선을 동쪽으로 확장했다. 특히 아라비아, 메소포타미아 등지에서 영토를 넓히려고 애썼으며 대규모 토목공사를 벌이고 사회복지를 확대했다. 그는 서민층에 관대했으며 국가로부터 곡식을 무상으로 배급받는 빈민층의 숫자를 늘렸다.

(9) 게테족은 도나우강 하류 지역과 오늘날 남부 러시아 일부 지역에서 살던 고대 민족이다.

(10) Aurangzeb(1618~1707). 무굴 제국의 제6대 황제로, 비록 그의 정책이 제국 해체의 원인이 되었지만 그의 치세 동안 무굴 제국은 최고의 전성기를 누렸다.

지은이 · 옮긴이 소개

지은이_몽테스키외(Charles Louis de Secondat, Montesquieu, 1689~1755)

프랑스 계몽주의 시대의 법률가, 작가, 사상가. 본명은 샤를 루이 드 스콩다.
보르도 법복귀족 집안에서 태어나 지리학, 과학, 수학, 역사 등 신학문을 교육받았고
법학을 공부했다. 1714년 보르도 고등법원 판사가 되었고, 2년 뒤 법원장이 되었다.

1721년 당대 파리를 풍자적이고 익살스러운 어조로 묘사한 서간체 소설 《페르시아인
의 편지》를 익명으로 출판한다. 1728년 프랑스 아카데미 회원이 된 후 3년간 유럽 각국
을 여행하면서 각 나라의 지리, 경제, 정치, 풍습 등을 관찰했는데 특히 1년이 넘도록
영국에 체류하면서 의회정치에 대한 깊은 인상을 받았고 이는 그의 사상적 발전에 큰 영
향을 미쳤다. 1731년 보르도로 돌아와 《로마인의 흥망성쇠 원인에 대한 고찰》을 출판
했다.

1748년 20여 년에 걸쳐 저술한 필생의 역작 《법의 정신》을 출판하자마자 폭발적인
반응을 불러일으키며 성공을 거두지만, 다른 한편으로는 많은 비판과 반박에도 직면한
다. 1751년 《법의 정신》이 로마 가톨릭교회에 의해 금서로 지정당한다.

1755년 2월 10일, 열병에 걸려 파리에서 세상을 떠난다. 유지에 따라 수정된 《법의
정신》은 1757년에 발간되었다.

옮긴이_진인혜

연세대 불어불문학과를 졸업하고 동 대학원에서 플로베르 연구로 석사 및 박사 학위를
받았으며 파리 4대학에서 D. E. A. 를 취득했다. 연세대, 충남대, 배재대에서 강의를
했고, 목원대에서 재직한 후 퇴직하였다. 저서로 《프랑스 리얼리즘》(단독) 및 《축제
와 문화적 본질》, 《축제 정책과 지역현황》, 《프랑스 문학에서 만난 여성들》, 《프랑스
작가, 그리고 그들의 편지》, 《문자, 매체, 도시》(공저) 등이 있다. 역서로 《부바르와
페퀴셰》, 《통상관념사전》, 《감정교육》, 《플로베르》, 《마담 보바리》, 《티아니 이야
기》, 《잉카》, 《말로셀 말로셴》, 《미소》, 《루소, 장 자크를 심판하다: 대화》, 《고독
한 산책자의 몽상, 말제르브에게 보내는 편지 외》 등 다수가 있다.

리바이어던 1·2

교회국가 및 시민국가의 재료와 형태 및 권력

토머스 홉스 지음 | 진석용(대전대) 옮김

근대적 의미의 국가 탄생을 고찰한 정치사상의 영원한 고전

홉스는 근대 사상가들 중에서 최초로 근대국가의 본질을 '개인주의'와 '계약론'의 관점에서 살펴보았고, 이러한 시각은 여전히 자유민주주의의 철학적 토대를 이루고 있다. 홉스는 국가란 '평등한 인간들'에 의해 철저히 '인공적으로' 만들어졌다고 주장한다. 오늘날에도 국가의 의미, 국가권력의 범위, 국가와 개인의 관계는 뜨거운 논쟁의 중심에 있다. 홉스의 정치사상이 끊임없이 재조명되는 이유가 바로 여기에 있다.

신국판 · 1권 520면 | 28,000원 · 2권 480면 | 28,000원

나남
nanam
031) 955-4601
www.nanam.net